SHI ZHE ZHI GUI

师者之规

《小学教师专业标准》细考

高金岭 主编

GUANGXI NORMAL UNIVERSITY PRESS
广西师范大学出版社

图书在版编目(CIP)数据

师者之规：《小学教师专业标准》细考 / 高金岭 主编.—桂林：广西师范大学出版社，2013.5（2014.8 重印）
ISBN 978-7-5495-3786-0

Ⅰ.①师… Ⅱ.①高… Ⅲ.①小学教师—师资培养—研究 Ⅳ.①G625.1

中国版本图书馆 CIP 数据核字（2013）第 105624 号

广西师范大学出版社出版发行
（广西桂林市中华路 22 号 邮政编码：541001
网址：http://www.bbtpress.com）
出版人：何林夏
全国新华书店经销
服务电话：0771-2092860
南宁市友谊印务有限责任公司印制
（广西南宁市青秀区保爱路 42 号 邮政编码：530012）
开本：787mm × 1092mm 1/16
印张：15.25 字数：220 千字
2013 年 5 月第 1 版 2014 年 8 月第 6 次印刷
定价：25.00 元

前言

2010年7月8日，是一个注定要载入中国教育史册的重要日子。这一天，党中央、国务院印发《国家中长期教育改革和发展规划纲要（2010—2020年）》（以下简称《纲要》），这是进入21世纪以来我国第一个关于教育改革与发展的战略规划纲要，是指导我国未来教育改革发展的纲领性文件。《纲要》提出“严格教师资质，提升教师素质，努力造就一支师德高尚、业务精湛、结构合理、充满活力的高素质专业化教师队伍”。与《纲要》一脉相承，2012年8月20日国务院印发的《关于加强教师队伍建设的意见》再次提出，要把教师队伍建设作为教育事业改革发展最重要的基础性工作，“到2020年，形成一支师德高尚、业务精湛、结构合理、充满活力的高素质专业化教师队伍”。

据此，教育部经过详密的前期组织与研究工作，制定并颁布了幼儿园、小学和中学的《教师专业标准》。这是贯彻落实《纲要》精神，构建完整科学的教师专业标准体系，建设高素质专业化教师队伍的又一重要举措，标志着我国幼儿园、中小学教师队伍建设进入了一个制度化、秩序化的新时期。教育部关于印发幼儿园、小学和中学《教师专业标准（试行）》的通知（教师〔2012〕1号）明确提出“各地、各校要紧密结合实际，抓紧制订贯彻落实《专业标准》的具体措施。要依据《专业标准》调整教师培养方案，编写教育教学类课程教材，作为教师教育类课程的重要内容”。

根据教育部文件精神要求，结合广西教师教育的实际情况，我们组织区内外教师教育的学者、专家编写《师者之规——〈小学教师专业标准〉细考》一书，帮助广大小学教师和师范生准确理解《小学教师专业标准》的基本理念，全面把握《专业标准》的内容要求，切实增强专业发展的自觉性，把《专业标准》作为开展教育教学实践、提升专业发展水平的行为准则。

《师者之规》一书，遵循《纲要》精神主旨，紧扣《小学教师专业标准》内容要义，以新颖的体例安排，严谨的学理阐释，生动的案例分析，试图揭示与呈现《小学教师专业标准》对现代教师专业发展的素质修养、行动能力的规范与要求。相信该书会助益于教师对《专业标准》内容、要求的全面理解和准确把握。

百年大计，教育为本。《国家中长期教育改革和发展规划纲要（2010—2020年）》提出我国要从教育大国迈向教育强国、从人力资源大国迈向人力资源强国，这是国家发展的重大战略选择，更是未来教育发展的战略任务。强国必强教，强教先强师，教育是兴国之大业，其使命崇高而神圣；教师是兴教之所依，其责任重大而光荣。为师者，教书育人，进道正命，学为人师，行为世范。师者之规，格物致知，正心诚意，治身齐教，修专业之道，为人学之经，育民族英才。如此，“中国梦”可期可待也。

编　者

2013年5月

CONTENTS 目录

第一编　标准总体解读

第二编　基本内容解读

第三编　实施建议解读

第一编 标准总体解读

第一章
现实与趋势：政策背景解读

《小学教师专业标准（试行）》指出，“为促进小学教师专业发展，建设高素质小学教师队伍，根据《中华人民共和国教师法》和《中华人民共和国义务教育法》，特制定《小学教师专业标准（试行）》。”

教育大计，教师为本。教育事业发展的关键在教师。改革开放特别是进入21世纪以来，我国教师队伍建设取得明显成效，为教育改革发展提供了强有力的师资保障。但随着我国经济社会的发展，教育改革的深入，小学教师队伍建设总体上还有待提高。教师专业化水平亟待提升，教师职业吸引力亟待进一步增强，教师资源配置亟待改善，教师管理机制亟待完善。在新的历史起点上，建设高素质专业化教师队伍，关系着少年儿童的健康成长，关系着教育改革发展的全局，关系着国家的前途和民族的未来。

为了加强教师队伍建设，造就高素质的专业化教师队伍，教育部从2004年开始着手研究建立教师教育标准体系，教师专业标准是其中的重要内容之一。研制工作经历了课题研究、标准研究、征求意见、专家审议、审定统稿等五个阶段[①]。2012年2月10日，教育部发布《教育部关于印发〈幼儿园教师专业标准（试行）〉〈小学教师专业标准（试行）〉和〈中学教师专业标准（试行）〉的通知》（教师〔2012〕1号），正式公布《小学教师专业标准（试行）》（以下简称《专业标准》），要求各地教育行政部

① 康丽：《充分发挥标准的引领和导向作用——教育部师范司负责人就教师专业标准公开征求意见答记者问》，载《中国教师报》2011年12月14日第1版。

门、开展教师教育的院校、小学要把贯彻落实《专业标准》作为加强教师队伍建设的重要任务和举措，认真制订工作方案，精心组织实施。《小学教师专业标准（试行）》是我国关于小学教师专业要求的第一份政策文本[①]。这是教师专业化发展的国际趋势的产物，也是我国社会发展的新需要和我国基础教育改革的内在要求。

一、《专业标准》是教师专业化国际趋势的产物

教师专业化是自资本主义学校建立以来就形成的一个教师发展的重要趋势。英国自中世纪以来的学校教育多由教会举办，教师一般由牧师担任，并采取师徒制培养模式，教师资格的审核也由教会控制。随着 17 世纪中后期资本主义的发展，开始建立新式学校，并在民间自发成立新的教师培训学院培训教师，18 世纪上半期，中学教师的培训主要依赖这些民办教师培训学院。直至 1852 年，曼彻斯特大学开始为在职小学教师提供夜间培训，1879 年剑桥大学开始为中学教师提供课程并颁发资格证书，1883 年伦敦大学也为本校毕业生及拥有相应资格证书的学生设置教育文凭考试。1890 年负责起草初等教育法的克罗斯委员会提交报告要求大学开设日间培训学院，更是大大促进了大学在教师培训中的作用。法国大革命之后，为了培养法国公民，由国家开办了师范学校负责培养小学教师。[②] 教师培养由专门的师范学校来承担，教学开始作为一门专业从其他行业中分化出来。教师培养的专门化，正是教师专业化之始。随着学校教育的发展，“专业”的视野成为人们对教师的基本期望。1935 年，国际教育大会提出了第 4 号建议《小学教师的专业培训》，突出了“专业”

《小学教师的专业培训》（1935）摘选

（大会）认为教师的个性在教育工作中是一种决定性的因素，因而认为未来教师的专业培训这一问题就显得十分重要；

认为与此培训相一致，必须不仅充分重视一般知识和所谓教育学知识的传授，而且要尤其重视道德价值观的培养；

大会在记住因不同的历史、地理、经济和社会条件而导致的各国教师培训之差异的同时，注意到当前有一种支持在完成中等学校学业后，应由大学或大学教育研究院或师范学院来培养小学教师的观点。

---

① 史宁中：《〈中学教师专业标准〉说明》，载《中国教育报》2011 年 12 月 14 日第 3 版。

② 卢乃桂、叶菊艳：《英、法教师专业化历程的解读及其启示》，载《比较教育研究》2010 年第 2 期，第 64–68 页。

（大会）希望作为最先进教育思想之基础的原理，要推动未来的小学教师的专业培训（教育学的、社会的和实践的培训），专业培训还要包括足够的个人研究，并认为这种专业培训应具有这样的内容，即未来的教师与他们将来必须提供教育的人们之间可以签订一份内部合同。

——赵中建主译：《全球教育发展的历史轨迹——国际教育大会 60 年建议书》，教育科学出版社 1999 年版，第 28-29 页

的视野，并规定了“专业培训”应该包括的基本内容。

20 世纪 60 年代，世界各国均面临着教师极为短缺的情况，因而都采取了各种应急措施以应付对教师“量”的急需。但是，20 世纪 60 年代中期以后，形势有了新的变化：世界许多国家出现了出生率下降的情况，对教师的需求量相对降低；经济上的困难导致政府需要大幅度削减公共支出，并往往把教师培养机构作为减少开支的对象。从总体上来说学校教育没有达到公众所期望的质量，导致公众对教育的信心下降。在这样的背景下，人们高度关注教师素质，要求从扩大教师数量转到提高教师质量[①]。

在这样的历史背景下，20 世纪 50—60 年代，人们正式提出了教师专业化的概念。[②]1955 年世界教学专业组织在伊斯坦布尔召开了世界教师专业组织会议，讨论了教师的专业地位问题，强调建立完善的教师专业组织，为教师争取更多的权利和更高的社会地位。1966 年国际劳动组织和联合国教科文组织在法国巴黎召开“教师地位之政府间特别会议”，通过了《关于教师地位的建议》，并首次以官方文件的形式对教师的工作性质作了界定：“应把教育工作视为专门的职业，这种职业要求教师经过严格、持续的学习，获得并保持专门的知识和特别的技能。”[③] 国际相关组织大力倡导将教师职业纳入到专业序列的建议中，既包含对促进教师发展的殷切期待与要求，同时也是对近代以来教师职业发展的一个总结。

教师专业化思想明确提出后，教师专业标准成为教师专业化的外在表征。因此，各国纷纷制定本国的教师专业标准，以指导本国的教师培养。教师专业标准开发与

① 孟宪乐：《教师专业化发展与策略》，中国文史出版社 2005 年版，第 3 页。

② 郭志明：《关于美国教师专业化问题的历时性研究》，载《山西师范大学学报》（社会科学版）2003 年第 1 期，第 11-16 页。

③ 教育部师范教育司：《教师专业化的理论与实践》，人民教育出版社 2001 年版，第 3 页。

实施成为教师专业化的国际趋势。[①] 美国于20世纪80年代中期就由全国教师教育认证委员会建立了四种教师专业标准，卡内基教学委员会于1986年发布《国家做好准备：21世纪的教师》以后，又建立国家优秀教学专业标准委员会，专门从事优秀教师专业标准的制定。其后，又有州际新教师评估与支持联合会于1987年成立，支持各州与国家优秀教学专业标准委员会合作，制定入职教师证书专业标准。

在英国，英格兰教师培训署和苏格兰教育署在20世纪90年代初开始制定教师专业标准。前者发布了《合格教师证书标准》，后者于1993年发布了《新教师能力标准》。2007年9月，英国教师培训与发展署颁布了新修订的《英格兰教师专业标准》。

澳大利亚联邦政府于1996年发布《全国新教师能力框架》，规定了五方面的教师专业能力。2003年，澳大利亚教育学会提出《教师专业标准》。澳大利亚联邦政府教育幼儿发展与青年事务部长联席会议于2009年正式着手制定全国教师专业标准，2011年2月经澳大利亚教学与学校领导研究院正式发布《全国教师专业标准》。

部分发展中国家也相继制定教师专业标准，如菲律宾于21世纪初出台的数学、理科教师专业标准，越南于2004—2006年在世界银行资助下开发的小学教师专业标准，都反映了世界各国制定教师专业标准、提高教师质量和教育质量的努力。

正是在这样的国际背景下，我国根据社会和教育发展的需要，制定了我国的《教师专业标准》。

二、《专业标准》是我国社会发展的现实需要

1840年以来，"发展"与"怎样有效发展"一直是国人的努力追求。1840年鸦片战争，使长期自居为"天朝上国"的清王朝遭遇到前所未有的危机。《南京条约》等一批条约的签订，并没有结束这种事态，反而是一系列灾难的开始，中华民族从此进入多事之秋。但当时朝野上下并未认识到这一点，直到30年后，人们才开始认识到中国社会发展处于新的变动之中。1871年，李鸿章在上疏中描述道："欧洲诸国百十年来，由印度而南洋，由南洋而东北，闯入中国边界腹地，凡前史之所未载，亘古之所未通，无不款关而求互市。……胥聚于中国，此三千余年一大变局也。"（《筹议制造轮船未可裁撤折》）"今则东南海疆万余里，各国通商传教，来往自如，麇集京师及各省腹地，阳托和好之名，阴怀吞噬之计，一国生事，诸国构煽，实为数千

---

① 熊建辉、陈德云：《从教育国际化看教师专业化——访国际教育专家周南照教授》，载《世界教育信息》2012年第4期，第4-14页。

年来未有之变局。轮船电报之速，瞬息千里；军器机事之精，工力百倍；炮弹所到，无坚不摧，水陆关隘，不足限制；又为数千年来未有之强敌也。”（《筹议海防折》）[①]此后，奋发图强、寻求发展成为国人不断追求的梦想。首先是开始向西方学习，学习西方的长技，实现中西会通。“五四”运动后，一种新的思想和路径出现，人们将目光东移，向俄国人学习，寻求“社会主义”的发展道路。经过中国共产党将马克思主义中国化的实践，1949 年建立了中华人民共和国，为中国的发展开辟了新的局面。但是，从 1949 年中华人民共和国建立到 1978 年十一届三中全会召开，历史又过去了近 30 年。如何才能实现中国社会的发展的问题仍困扰着国人。面对现实中社会主义国家的发展状况和国际资本主义加速发展的态势，邓小平依据对社会主义建设经验教训的总结，果断提出实行改革开放，为中国社会的发展提出了新的路径，极大地促进了发展观的变革与社会发展现实的变化。[②]

发展观的转变和发展路径的变化，导致整个中国社会发生了巨大变化。1978 年国务院政府工作报告《团结起来，为建设社会主义的现代化强国而奋斗》中指出：加快社会主义经济建设，繁荣社会主义科学教育文化事业，“高速度发展社会主义经济，归根到底具有决定性的意义”。“随着经济建设新高潮的到来，一定会出现一个文化建设的新高潮。我们必须极大地提高整个中华民族的科学文化水平，使广大劳动群众掌握现代生产技能和科学知识，同时造就一支宏大的工人阶级的知识分子队伍，才能胜利实现建设社会主义现代化强国的宏伟目标”。[③]2002 年的国务院政府工作报告指出：国民经济保持良好发展势头；经济体制改革进一步深化；科技、教育和社会事业全面发展，基础教育和职业教育进一步加强，素质教育全面推进；城乡人民生活继续改善。随着科学发展观的提出与践行，人们对社会发展的认识发生了变化。2004 年国务院政府工作报告指出：“……抓住重要战略机遇期，抓好发展这个第一要务，坚持科学发展观，按照‘五个统筹’的要求，更加注重搞好宏观调控，更加注重统筹兼顾，更加注重以人为本，更加注重改革创新，着力解决经济社会发展中的突出矛盾，着力解决关系人民群众切身利益的突出问题，正确处理改革发展稳定的关系，推动经济社会全面、协调、可持续发展，实现社会主义物质文明、政

① 赵靖：《中国经济思想史：续集》，北京大学出版社 2004 年版，第 159 页。

② 任保秋：《近代中国社会发展道路选择的历史考察及启示》，载《陕西理工学院学报》（社会科学版）2011 年第 3 期，第 13-16 页。

③ 1978 年国务院政府工作报告：《团结起来，为建设社会主义的现代化强国而奋斗》，http://www.gov.cn/test/2006-02/16/content_200704.htm

治文明和精神文明共同进步。”2011年政府工作报告提出，“我们要高举中国特色社会主义伟大旗帜，以邓小平理论和‘三个代表’重要思想为指导，深入贯彻落实科学发展观，适应国内外形势新变化，顺应各族人民过上更好生活新期待，以科学发展为主题，以加快转变经济发展方式为主线，深化改革开放，保障和改善民生，巩固和扩大应对国际金融危机冲击成果，促进经济长期平稳较快发展和社会和谐稳定，为全面建成小康社会打下具有决定性意义的基础”。“要大力发展社会事业。坚持优先发展教育，稳步提升全民受教育程度。坚持自主创新、重点跨越、支撑发展、引领未来的方针，完善科技创新体系和支持政策，着力推进重大科学技术突破。……适应现代化建设需要，加强人才培养，努力造就规模宏大的高素质人才队伍。大力加强文化建设，推动文化改革发展实现新跨越，满足人民群众不断增长的精神文化

四种不同类型的发展观

从发展观的变革来看，有学者总结提出，自1949年以来，我国经过了四种不同类型的发展观，体现了人们对中国社会发展的认识以及中国社会现实的发展路径。发展观的变革，内在地包含着对人的发展的追求以及对教育发展与教师素质不断提高的要求。

发展观 主要内容	起步发展观 （1949—1956）	政治发展观 （1957—1977）	经济发展观 （1978—2002）	科学发展观 （2003至今）
发展目标	恢复国民经济	巩固政治基础	发展生产力	人的全面发展
发展标准	工农业总产值	国家政局稳定	人均GDP	人均GNH
发展途径	增长优先	政治斗争优先	生产力优先	全面协调发展
发展重点	重工业	政治意识领域	民用工业农业	着力民生改善
发展方式	外延式粗放型	阶级斗争	外延式粗放型	内涵式与集约式
发展型式	积累优先	政治挂帅	积累消费并举	科学发展
发展动力	生产关系革命	抓革命促经济	经济改革与开放	人对幸福的追求
发展态势	不切实际快速	政治表面稳定	经济快速发展	社会和谐发展
发展层面	单一经济	政治生活为主	经济社会发展	四个文明建设
区域发展	全国一起发展	全国人民革命	东部带动西部	东西兼顾协调
发展结果	经济初步恢复	经济衰落	经济发展迅速	社会发展显著

注：人均GNH是衡量一个国家人民生活质量高低的国民幸福指数。

——罗建文：《60年来中国社会发展观演变特征与启示》，
载《重庆工学院学报》（社会科学版）2009年第10期

需求”。[1]从不同时期的政府工作报告的总结可以看出，随着发展观的转变，我国社会的转型日益明显。

随着社会发展的转型，促进人的全面发展、改善生活质量成为人们的共同追求。在这样的背景下，教育和教师越来越成为人们关注的重点。2002年，中国共产党第十六次全国代表大会报告《全面建设小康社会，开创中国特色社会主义事业新局面》指出，全面建设小康社会的目标之一是："全民族的思想道德素质、科学文化素质和健康素质明显提高，形成比较完善的现代国民教育体系、科技和文化创新体系、全民健身和医疗卫生体系。人民享有接受良好教育的机会，基本普及高中阶段教育，消除文盲。形成全民学习、终身学习的学习型社会，促进人的全面发展。”为此，要“大力发展教育和科学事业。教育是发展科学技术和培养人才的基础，在现代化建设中具有先导性全局性作用，必须摆在优先发展的战略地位。全面贯彻党的教育方针，坚持教育为社会主义现代化建设服务，为人民服务，与生产劳动和社会实践相结合，培养德智体美全面发展的社会主义建设者和接班人。坚持教育创新，深化教育改革，优化教育结构，合理配置教育资源，提高教育质量和管理水平，全面推进素质教育，造就数以亿计的高素质劳动者、数以千万计的专门人才和一大批拔尖创新人才。加强教师队伍建设，提高教师的师德和业务水平”。

2007年，中国共产党第十七次全国代表大会报告《高举中国特色社会主义伟大旗帜，为夺取全面建设小康社会新胜利而奋斗》指出，实现全面建设小康社会奋斗目标的新要求，必须要“加快发展社会事业，全面改善人民生活。现代国民教育体系更加完善，终身教育体系基本形成，全民受教育程度和创新人才培养水平明显提高”。为此，要“优先发展教育，建设人力资源强国。教育是民族振兴的基石，教育公平是社会公平的重要基础。要全面贯彻党的教育方针，坚持育人为本、德育为先，实施素质教育，提高教育现代化水平，培养德智体美全面发展的社会主义建设者和接班人，办好人民满意的教育。优化教育结构，促进义务教育均衡发展，加快普及高中阶段教育，大力发展职业教育，提高高等教育质量。重视学前教育，关心特殊教育。更新教育观念，深化教学内容方式、考试招生制度、质量评价制度等改革，减轻中小学生课业负担，提高学生综合素质。坚持教育公益性质，加大财政对教育投入，规范教育收费，扶持贫困地区、民族地区教育，健全学生资助制度，保障经济困难

---

① 《温家宝在十一届人大四次会议上所作政府工作报告》.http：//www.gov.cn/2011lh/content_1825233.htm

家庭、进城务工人员子女平等接受义务教育。加强教师队伍建设，重点提高农村教师素质。鼓励和规范社会力量兴办教育。发展远程教育和继续教育，建设全民学习、终身学习的学习型社会”。2011年10月，党的十七届六中全会通过了《中共中央关于深化文化体制改革推动社会主义文化大发展大繁荣若干重大问题的决定》，围绕“文化水平与综合国力不适应、文化发展与经济增长不适应、文化发展与国民素质要求不适应”的“三个不适应”问题，部署了“文化兴国”战略，教育与教师在文化大发展大繁荣中处于重要地位。

2012年，中国共产党第十八次全国代表大会报告《坚定不移沿着中国特色社会主义道路前进，为全面建成小康社会而奋斗》指出，全面建成小康社会和全面深化改革开放的目标之一是“人民生活水平全面提高。基本公共服务均等化总体实现。全民受教育程度和创新人才培养水平明显提高，进入人才强国和人力资源强国行列，教育现代化基本实现”。为此，要在改善民生和创新管理中加强社会建设，“努力办好人民满意的教育。教育是民族振兴和社会进步的基石。要坚持教育优先发展，全面贯彻党的教育方针，坚持教育为社会主义现代化建设服务、为人民服务，把立德树人作为教育的根本任务，培养德智体美全面发展的社会主义建设者和接班人。全面实施素质教育，深化教育领域综合改革，着力提高教育质量，培养学生社会责任感、创新精神、实践能力。办好学前教育，均衡发展九年义务教育，基本普及高中阶段教育，加快发展现代职业教育，推动高等教育内涵式发展，积极发展继续教育，完善终身教育体系，建设学习型社会。大力促进教育公平，合理配置教育资源，重点向农村、边远、贫困、民族地区倾斜，支持特殊教育，提高家庭经济困难学生资助水平，积极推动农民工子女平等接受教育，让每个孩子都能成为有用之才。鼓励引导社会力量兴办教育。加强教师队伍建设，提高师德水平和业务能力，增强教师教书育人的荣誉感和责任感”。

在我国社会发展的历史进程中，教育成为民族振兴和社会进步的基石，教育公平变为社会公平的重要基础，完善终身教育体系，建设学习型社会，最终要靠教师的素质来保证。因此，加强教师队伍建设，提高教师的专业水准，成为当前我国社会发展的现实需要。《专业标准》正是贯彻党在各个时期有关社会发展的基本精神，特别是党的十七届六中全会精神要求的表现，是我国社会发展对教育与教师提出的恒定的现实需要的具体体现。

三、《专业标准》是我国基础教育改革的内在要求

在我国基础教育改革不断向前推进的过程中，教师一直成为人们关注的核心力量。1985年《中共中央关于教育体制改革的决定》揭开了我国教育改革的新序幕。决定指出，要“从教育体制入手，有系统地进行改革”，“经过改革，要开创教育工作的新局面，使基础教育得到切实的加强，职业技术教育得到广泛的发展，高等学校的潜力和活力得到充分的发挥，学校教育和学校外、学校后的教育并举，各级各类教育能够主动适应经济和社会发展的多方面需要”。为此，“建立一支有足够数量的、合格而稳定的师资队伍，是实行义务教育、提高基础教育水平的根本大计”。

1993年《中国教育改革和发展纲要》指出，“到本世纪末，我国教育发展的总目标是：全民受教育水平有明显提高；城乡劳动者的职前、职后教育有较大发展；各类专门人才的拥有量基本满足现代化建设的需要；形成具有中国特色的、面向二十一世纪的社会主义教育体系的基本框架。再经过几十年的努力，建立起比较成熟和完善的社会主义教育体系，实现教育的现代化”。为此，“应采取深化教育改革，坚持协调发展，增加教育投入，提高教师素质，提高教育质量，注重办学效益，实行分区规划，加强社会参与的战略”。认为，“振兴民族的希望在教育，振兴教育的希望在教师。建设一支具有良好政治业务素质、结构合理、相对稳定的教师队伍，是教育改革和发展的根本大计”。“教育的改革和发展对教师提出了新的更高的要求。教师是人类灵魂工程师，必须努力提高自己的思想政治素质和业务水平；热爱教育事业，教书育人，为人师表；精心组织教学，积极参加教育改革，不断提高教学质量”。

1999年，《中共中央、国务院关于深化教育改革全面推进素质教育的决定》指出，“建设高质量的教师队伍，是全面推进素质教育的基本保证。教师要热爱党，热爱社会主义祖国，忠诚于人民的教育事业；要树立正确的教育观、质量观和人才观，增强实施素质教育的自觉性；要不断提高思想政治素质和业务素质，教书育人，为人师表，敬业爱生；要有宽广厚实的业务知识和终身学习的自觉性，掌握必要的现代教育技术手段；要遵循教育规律，积极参与教学科研，在工作中勇于探索创新；要与学生平等相处，尊重学生人格，因材施教，保护学生的合法权益”。“建立优化教师队伍的有效机制，提高教师队伍的整体素质。全面实施教师资格制度，开展面向社会认定教师资格工作，拓宽教师来源渠道，引入竞争机制，完善教师职务聘任制，提高教育质量和办学效益”。可以说提出了当时对教师的基本素质要求。

2001年《基础教育课程改革纲要（试行）》，使我国的基础教育改革驶入快车道，这是新中国成立以来第八次国家规模的课程改革，也是21世纪初最大规模的基础教育创新工程。课程改革给教育界带来的最大挑战莫过于对“教师专业化”的挑战。“课程即教师”，课程改革的成败归根结底取决于教师。每一位教师，都能拥有较高的专业素养，不是被动地适应新课程，而是主动地引领新课程，成为整个教育界、整个社会的共同追求。

2010年，《国家中长期教育改革和发展规划纲要（2010—2020年）》阐述了教育改革和发展的总体战略，提出了战略目标和战略主题，明确了各级各类教育发展任务。作为达成战略目标和完成改革任务的保障措施之一，就是要加强教师队伍建设，提出要“严格教师资质，提升教师素质，努力造就一支师德高尚、业务精湛、结构合理、充满活力的高素质专业化教师队伍”。要“健全教师管理制度。完善并严格实施教师准入制度，严把教师入口关。国家制定教师资格标准，提高教师任职学历标准和品行要求。建立教师资格证书定期登记制度”。

在基础教育内部各个重要文件不断对教师规格提出要求的同时，有关的教育法律也在不断明确对教师的要求。1993年通过的《中华人民共和国教师法》明确规定：“为了保障教师的合法权益，建设具有良好思想品德修养和业务素质的教师队伍，促进社会主义教育事业的发展，制定本法”。“教师是履行教育教学职责的专业人员，承担教书育人，培养社会主义事业建设者和接班人、提高民族素质的使命。教师应当忠诚于人民的教育事业”。1995年通过并实施的《中华人民共和国教育法》第三十四条规定：“国家实行教师资格、职务、聘任制度，通过考核、奖励、培养和培训，提高教师素质，加强教师队伍建设。”2006年修订的《中华人民共和国义务教育法》专章阐述了“教师”的权利、责任、义务与要求，规定“教师应当取得国家规定的教师资格”。同时，法律的相关内容也规范了教师的教育教学行为。这些规范是对教师的内在素质与外在行为的一个刚性要求。

不同时期的文件和法律对教师提出的要求，既反映我国基础教育改革发展的内在要求，同时也是对教师规格提出的基本规范。《专业标准》正是在我国基础教育改革的大趋势下逐渐形成的，是我国基础教育改革的内在要求和必然产物。

第二章
价值与功能：政策目标解读

《小学教师专业标准（试行）》指出，“小学教师是履行小学教育教学工作职责的专业人员，需要经过严格的培养与培训，具有良好的职业道德，掌握系统的专业知识和专业技能。《专业标准》是国家对合格小学教师专业素质的基本要求，是小学教师实施教育教学行为的基本规范，是引领小学教师专业发展的基本准则，是小学教师培养、准入、培训、考核等工作的重要依据”。这段阐述，明确地表达了《专业标准》的目标：引导小学教师培养、规范小学教师行为、引领小学教师发展、指导小学教师管理。这四大目标涵盖了教师教育部门的教师培养、教育生活中的教师发展、教育实践中的教师教育教学、教师管理部门的教师管理等各个方面的要求，力图对教师相关的各个方面发挥出它应有的准则作用。

一、引导小学教师培养

我国的教师培养主要由师范院校来直接实施。1999 年，《中共中央、国务院关于深化教育改革全面推进素质教育的决定》提出，建立优化教师队伍的有效机制，全面实施教师资格制度，开展面向社会认定教师资格工作。因此，一部分教师也由其他类型的学校来培养，教师教育的范围得到扩展，从传统的师范院校扩展到了整个社会的相关教育机构。这极大地扩展了教师培养的途径，增强了教师培养的竞争力。

为了做好教师培养工作，培养造就高素质专业化教师队伍，我们一直重视教师教育工作。一方面重视师范院校的建设，另一方面加强教师教育的管理与指导。2011 年 10 月教育部发布《关于大力推进教师教育课程改革的意见》，就教师教育课程改革提出了指导性意见，强调要“以‘三个面向’为指导，构建体现先进教育思想、开放兼容的教师教育课程体系”。要“开展师范教育类专业评估，确保教师培养质量。将师范生培养质量情况作为衡量有关高校办学水平的重要指标。要将师范生培养情况纳入高等学校教学基本状态数据年度统计和公布制度。加强教师教育课程和教材管理”。同时公布了《教师教育课程标准（试行）》，为教师教育机构设置教育类课程提供了理念、目标与课程设置的规定，极大地规范了教师教育中教育类课程的设置与考评要求，有利于促进教师专业化水平的提高。

2012 年 8 月，国务院发布了《国务院关于加强教师队伍建设的意见》，指出，“到 2020 年，形成一支师德高尚、业务精湛、结构合理、充满活力的高素质专业化教师队伍”，他们要普遍具有良好的职业道德素养、先进的教育理念、扎实的专业知识基础和较强的教育教学能力。为此，要完善教师专业发展标准体系，作为教师培养、准入、培训、考核等工作的重要依据。

2012 年 9 月 6 日，教育部、国家发改委、财政部联合发布了《关于深化教师教育改革的意见》，提出“构建开放灵活的教师教育体系。发挥师范院校在教师教育中的主体作用，重点建设好师范大学和师范学院。鼓励综合大学发挥学科综合优势，参与教师教育。地方综合性院校、师范高等专科学校、中等师范学校要根据教师培养要求，积极调整专业结构，加强小学和幼儿园教师培养。教育部与各省级人民政府共同建设一批师范大学和职业技术师范院校。支持部属师范大学与地方师范院校合作建立区域性教师教育联盟”。同时要健全教师教育标准体系，落实幼儿园、小学、中学教师专业标准。2012 年 9 月 20 日，教育部、中央编办、国家发改委、财政部、人力资源社会保障部联合发布《关于大力推进农村义务教育教师队伍建设的意见》，指出要探索建立严格准入、能进能出的教师管理新机制，造就一支师德高尚、数量充足、配置均衡、城乡一体、结构合理、乐教善教、稳定而充满活力的高素质农村教师队伍。

很明显，《专业标准》对于教师教育机构培养合格的教师提供了有效的引导，今后教师教育改革的重要任务就是要落实《专业标准》，按照《专业标准》的要求，改革与完善培养活动。虽然教育部公布了《教师教育课程标准（试行）》，但课程标准主要是学生通过一段时间的学习后所产生的行为变化的最低表现水准或学习水平，用以评价学生的学习表现或学习结果所达到的程度。《专业标准》则应是教师教育人才培养的具体规格，所有教师教育机构，不管如何开展教师培养活动，最终培养出来的学生都应符合《专业标准》的要求，才算是达到了培养目标的要求。因此，随着教师教育体系的逐步开放，《专业标准》实际上成为小学教师培养的目标参照，有利于完善小学教师培养方案，科学设置教师教育的课程，降低教师职前培养的盲目性和随意性，提升小学教师的培养质量，同时也为小学教师培训提供了基础性的要求，有利于切实促进教师教育的一体化，确保教师持续的专业发展。[①] 所以，《专业标准》是国家对合格小学教师专业素质的基本要求，是培养小学教师的教育机构培养目标的具体化，对于教师教育部门的培养活动具有重要的引领价值，对于教师教育实践起到引领作用。

二、规范小学教师行为

在具体的教育实践中，教师是通过自己的行为来引发教育活动、影响学生和自己的变化的。没有教师的行为，就没有教育实践，教师行为与教育实践具有高度的一致性。教育实践通过教师行为来体现，教师行为的具体特点与性质影响着教育实践的性质与价值。因此，教师行为是教师素质的外在表现，是教师专业发展水平的重要标志，是教育实践的具体表现。所谓教师行为，就是教师为实现教育教学目标或意图所采取的一系列具体的行动[②]。教师的教育理念、教育教学能力、身心健康状况等都通过教师行为表现出来。学生通过教师的行为，来理解教师的要求，掌握知识，发展能力，形成品德。所以，教育实践中的教师行为的恰当与否，直接影响着教育的有效性。

教师行为具有时代性，不同时代对教师行为会有不同的要求。随着基础教育改革的不断深入，教育的新理念不断转化为教师的具体行为，并规定着教师的行为。就当前深入进行的基础教育新课程改革来说，课程改革有两个不可分割的因素，即技术因素和人的因素。课程设计是课程改革的“技术因素”，教师是课程改革中“人的因素”，只有实现“技术因素”与“人的因素”的统一，新课程实施工作才能顺利进行。在新课程中，教师作为“人的因素”，不再只是课程的执行者，而且是课程的建设者、调适者，是课程实施中问题的协商者、解决者。因此，新课程对教师在课程决策、开发、研究能力上提出了许多新要求，同时，教师的课程地位和对课程的作用也将获得新的提升。因此，教师必须要建立起与新课程改革要求相适应的行为，

---

① 顾明远：《〈小学教师专业标准〉说明》，载《中国教育报》2011 年 12 月 14 日第 3 版。

② 林正范、徐丽华：《对教师行为研究的认识》，载《教师教育研究》2006 年第 2 期，第 23-26 页。

传统课程环境与新课程环境的区别

基础教育新一轮课程改革使教师角色与教学方式都发生了巨大的变化。这种变化，反映在传统课程环境与新课程环境的显著区别上。这种变化，要求教师必须要更新自己的素质，以适应新课程的需要。

表现方面	传统课程环境	新课程环境
教师与学生	教师中心	学生中心
学生的发展	单方向发展	多方面发展
学生的学习方式	独立学习	合作学习
学生的学习状态	接受学习	探究式学习
学生的学习反应	被动反应	有计划的行动
学习活动的内容	基于事实知识的学习	批判思维和基于选择、决策
教学的背景	孤立的人工背景	仿真的、现实生活中的背景
教学媒体	单一媒体	多媒体
信息传递	单向传递	双向（多向）交换

——傅道春：《新课程与教师行为的变化》，载《人民教育》2001 年第 12 期

改革教育教学行为方式，以适应新课程环境，增强教育教学的有效性。

在教育实践中，根据不同的依据，教师行为可以分为不同的类型。如根据教师行为的时间维度，可分为课余行为与课堂行为；根据行为方式维度，可分为言语行为与非言语行为；根据行为效果维度，可分为高效行为与低效（无效）行为；根据教师发展阶段，可分为初职型教师行为、经验型教师行为、专家型教师行为等。不管怎样认识教师行为类型，教师行为都需要处理好教师与自身的关系、教师与学生的关系、教师与社会的关系等三种关系，并在处理这三种关系中呈现出具体的行为。在教师与自身关系的处理上，教师行为表现为有合理、恰当的认识和理念，并以此认识和理念来引导自己外在行为的能力状态；在教师与学生关系的处理上，教师行为表现为引导学生有效学习与发展的合理与恰当的言行；在教师与社会关系的处理上，教师行为表现为遵循社会的各种合理规范。教师如果不能恰当地处理这三种关系，就会出现行为问题，如教师失职行为、教师低效行为、教师非人性化行为、教师职业倦怠等；从而会影响师生双方的发展，影响国家教育目的的达成。

《专业标准》从专业理念与师德、专业知识、专业能力三个方面，对小学教师的内在素质进行了具体的规定。这种素质规定，直接规范着小学教师的外在行为，是教育实践中教师行为是否到位、是否恰当、是否规范的评判依据。因而,《专业标准》是小学教师实施“教育教学行为的基本规范”，是对小学教师众多具体行为的原则性规范，违背《专业标准》要求的教师行为，都可以说是失范的教师行为。

三、引领小学教师发展

入职后的教师，虽然已经达到了教师的基本要求，但仍然有一个发展的过程。实际上，教师专业发展是一个贯穿教师整个职业生涯的终身过程，并呈现出阶段性的特点，每一阶段的变化都是一种“质变”，即教师的基本理念、心理、认识、能力等方面的内部变化。

自20世纪60年代，国外学者就开始研究教师发展阶段①。1969年，美国学者富勒(Fuller)将教师发展划分为四个阶段：①任教前关注阶段(preteaching concerns)，这是职前培养时期。②早期生存关注阶段(early concerns about survival)，这是初次接触实际教学的阶段，教师关注的是自己能否在这个新环境中生存下来，因而教师重视班级的经营管理、对教学内容的精通熟练以及上级的视察评价、学生与同事的肯定、接纳等。③教学情境关注阶段(teaching situations concerns)，教师较多关注教学所需的知识、能力与技巧，以及尽其所能地将其所学运用于教学情境之中。④学生关注阶段(concerns about students)，适应或满足学生的需要，关注学生的学习、品德乃至情绪需求，真正地关怀学生。1979年，美国学者伯顿(Burden)将教师发展划分为三个阶段：①求生存阶段(survival stage)，教师刚踏入一个新环境，没有实际教学经验，对于教学活动及环境只有非常有限的知识，所以，所面对的各种事物都在适应之中，特别关心班级经营、学科教学、改进教学技巧、教具的使用，以及尽快地了解所教的内容，做好课程与单元计划及组织好教学材料，做好教学工作。②调整阶段(adjustment stage)，在进入教学第二年至第四年之间的时期，教师的知识已较丰富，心情也较轻松，开始了解到孩子的复杂性，寻求新的教学技巧与解决问题的新方法，以迎合学生各种不同的需求。③成熟阶段(mature stage)，在进入第五年或五年以上的教学时间之后，教师的经验更加丰富，对教学活动和教学环境有充分的了解与熟悉，放心地、专心地处理教学所发生的事情，不断追求并尝试新的方法，

① 杨秀玉：《教师发展阶段论综述》，载《外国教育研究》1999年第6期。

更能关心学生，更能配合学生的需求，逐渐获得专业见解，并能处理大多数可能发生的新情况。1985 年，美国学者费斯勒（Fessler）提出了一套动态的教师生涯循环理论，认为教师发展可分为职前教育阶段（pre-survice）、引导阶段（induction）、能力建立阶段（competency building）、热心和成长阶段（enthusiastic and growing）、生涯挫折阶段（career frustration）、稳定和停滞阶段（stable and stagnant）、生涯低落阶段（career wind down）、生涯退出阶段（careerexit）等八个阶段。1989 年，美国学者司德菲（Steffy），依据人文心理学派的自我实现理论，建立了教师生涯发展模式，将教师发展分为预备生涯阶段（anticipatory career stage）、专家生涯阶段（expert master career stage）、退缩生涯阶段（withdrawal career stage）、更新生涯阶段（renewal career stage）、退出生涯阶段（exit career stage）等五个阶段。

我国学者也对教师发展阶段进行了研究①。北京师范大学申继亮教授运用访谈等方法，将中学教师职业生涯发展划分为四个时期：①学徒期，持续 3—5 年，教师不了解教学，主要任务是熟悉教学及学校环境；②成长期，持续 5—7 年，教师具备一定的教学能力，主要任务是积累个体经验；③反思期，教师经验丰富，可能出现倦怠，主要任务是学会反思；④学者期，教师教学能力、反思能力都很强，主要任务是开展科研。华东师范大学叶澜教授及其学生提出了“教师自我更新取向发展阶段论”，其中白益民以教师的自我专业发展意识为标准将教师专业发展过程划分为五个阶段：①“非关注”阶段，接受教师教育之前，形成一般的知识、能力的打基础阶段；②“虚拟关注”阶段，师范学习阶段，虚拟的专业环境导致专业发展意识仍很薄弱；③“生存关注”阶段，初任教师阶段，面对理想与现实的差距；④“任务关注”阶段，稳定持续发展时期；⑤“自我更新关注”阶段，专业发展动力转到了专业发展自身。

教师发展是一个漫长的、动态的、纵贯整个职业生涯的历程，其间既有高潮，也有低谷。不同的时期可能会有不同的发展重点，但是，由于教育目标与任务的不变性，围绕着教育目标的达成与教育任务的实现，所有时期的发展，其范围与目标是相同的。从发展范围来说，都应该包括专业理念与师德、专业知识、专业能力三个方面；从发展目标上来说，每个时期在不同方面具体指标上的发展水平不同。《专业标准》作为教育实践中的小学教师基本素质的规定，为教育实践中的小学教师的进一步发展明确了发展的维度与具体的指标体系，小学教师的发展首先应该是实现

① 闫宏迪、赵庆华：《中外教师发展阶段比较研究及我国教师专业发展培养策略》，载《现代中小学教育》2011 年第 8 期。

《专业标准》中各个方面的发展，不断地提高其水平。因此，《专业标准》是引领“教师专业发展的基本准则”，对于教育实践中的小学教师个人的进一步发展，具有引领价值，有利于引导立志成为小学教师者以及小学在职教师自觉加强修养，倡导与践行公平公正。

四、指导小学教师管理

加强教师队伍建设，必须对教师的培养、准入、培训、考核等各个环节都进行有效的管理。这种管理，既包括教育行政部门对教师的宏观管理，也包括学校内部对教师的具体管理。从教育行政部门来说，教师管理包括教师培养、教师资格认定、教师聘用、教师工资和待遇、教师评价、教师继续教育等方面；从学校内部来说，包括教师的运用、教师的激励、教师的考核等方面。

从教师的行政管理来说，我国从国家到地方教育行政部门，都设立了相应的管理机构，制定了各种管理规定。1993 年通过的《中华人民共和国教师法》，是对教师进行管理的法律依据。《教师法》明确了教师的权利和义务、资格和任用、培养和培训、考核、待遇、奖惩等内容。1995 年，依据《中华人民共和国教师法》，国务院发布了《教师资格条例》，要求“中国公民在各级各类学校和其他教育机构中专门从事教育教学工作，应当依法取得教师资格”，并对中小学教师资格条件、考试、认定、撤销等进行了规定。2000 年，依据《中华人民共和国教师法》和《教师资格条例》，教育部发布了《〈教师资格条例〉实施办法》，进一步明确了资格认定条件、资格认定活动环节、资格证书管理等内容。这些规定，给教师管理明确了原则性的依据，但并没有对教师各方面的素质进行具体的规定，教师管理与教育实践中的教师素质并不一定相联系。

为了加强教师队伍的管理，国家与相关部门出台了各种措施。《国家中长期教育改革和发展规划纲要（2010—2020 年）》提出，“健全教师管理制度。完善并严格实施教师准入制度，严把教师入口关。国家制定教师资格标准，提高教师任职学历标准和品行要求。建立教师资格证书定期登记制度。省级教育行政部门统一组织中小学教师资格考试和资格认定，县级教育行政部门按规定履行中小学教师的招聘录用、职务（职称）评聘、培养培训和考核等管理职能。逐步实行城乡统一的中小学编制标准，对农村边远地区实行倾斜政策。……建立统一的中小学教师职务（职称）系列，在中小学设置正高级教师职务（职称）。……加强学校岗位管理，创新聘用方式，规范用人行为，完善激励机制，激发教师积极性和创造性。……加强教师管理，完善教师退出机制”。《纲要》的规定，为教师管理奠定了新的管理架构，但是，这种管理架构的落实，离不开明确的教师资格标准和评价依据。

2012 年 8 月，国务院发布《国务院关于加强教师队伍建设的意见》，提出构建师德建设长效机制，提高教师培养质量，建立教师学习培训制度，完善教师培养培训体系，培养造就高端教育人才，加强教师资源配置管理，严格教师资格和准入制度，加快推进教师职务（职称）制度改革，全面推行聘用制度和岗位管理制度，健全教师考核评价制度等。这些内容的落实，既需要有教师评价的依据，也需要有教师提升的目标与标准。

从学校内部的教师管理来说，教师的运用、教师的激励、教师的考核等，既需要看教师的工作表现，也需要对教师素质进行考评。特别是教师的校本培训，更需要有一个教师素质的指标体系来做参照。

《专业标准》对小学教师的专业理念与师德、专业知识、专业能力等的具体规定，为小学教师的培养培训提供了具体的目标，为小学教师的准入提供了具体的、严格的资格条件，为小学教师的任用提供了参考条件，为小学教师的考核与晋升提供了素质依据。因此，《专业标准》是小学教师“培养、准入、培训、考核等工作的重要依据”，为小学教师的全程管理提供了目标参照，有利于有关部门严把小学教师入口关，确定小学教师管理制度，保证和维持小学教师的质量。

第三章
结构与线索：总体框架解读

一、文本基本结构

《小学教师专业标准》由基本理念、基本内容与实施建议三大部分构成。文本结构简约清晰，学理线索通畅鲜明。

《专业标准》第一部分“基本理念”包含“师德为先，学生为本，能力为重，终身学习”等4个理念。

《专业标准》第二部分“基本内容”由“维度”、“领域”和“基本要求”3个层级构成，第一层级“维度”包括“专业理念与师德”、“专业知识”、“专业能力”等3个维度。第二层级为“领域”，各维度下设若干领域，其中“专业理念与师德”与“专业知识”两维度各含4个领域，“专业能力”维度含5个领域。《标准》“基本内容”共涉及13个领域。各领域下包含若干“基本要求”，《小学教师专业标准》共包含60项基本要求。

国外教师专业标准的构成维度主要基于心理学领域对元认知的研究。元认知概念最初是由美国心理学家Flavell等人提出。Flavell认为元认知就是在个人在对自身认知过程意识的基础上，对其认知过程进行自我觉察、自我反省、自我评价与自我调节。据此，国外教师专业标准维度基本涉及教师专业特质、教师专业知识、教师专业技能和教师专业沟通能力等四个维度。

——康晓伟：《发达国家教师专业标准的构成要素研究综述》，
载《教育学术月刊》2011年第6期

该部分是《专业标准》的主体部分。

《专业标准》第三部分“实施建议”分别对学校教育活动（包括教师教育）的四个主体——教育行政部门、教师教育机构（主体为开展教师教育的院校）、小学及教师提出了政策实施的基本要求与建议。该部分是《专业标准》实施行动的总纲。

二、文本学理线索[①]

（一）《专业标准》的第一部分是“基本理念”

基本理念是《专业标准》提纲挈领部分。该部分是《专业标准》制定的核心价值体现，是《专业标准》基本内容的综合性反映。四项基本理念是我国基础教育改革经验的集中体现，也是未来我国基础教育改革的重要方向。“师德为先、学生为本、能力为重、终身学习”四项基本理念是对教师职业素养和专业发展的高度概括和提炼，其表述简洁明晰、科学合理，塑造了一个符合时代要求的“真的追寻者、善的传播者、美的创造者、爱的践行者”的教师专业形象。

基本理念集中反映了教师标准制定的四个突出特点，一是突出了教师职业的特点。教师育人，以师德为先。师德包括为人之德与为师之德，两者相互融通。教师要履行职业道德规范，增强教书育人的责任感和使命感，践行社会主义核心价值体系，尤其凸显了教师职业道德的基本内涵；二是凸显了现代教育的进步学生观。强调学生主体地位，要求教师要尊重学生，关爱学生，充分发挥学生的主动性，为学生提供适宜的教育，促进每个学生主动、健康、活泼地发展；三是强调行动与实践

> 作为行业性组织的美国全国教育协会制定的《职业道德规范》，是对全行业都具有约束力的标准。该《职业道德规范》开篇就强调，教育工作者应坚信并维护每一个学生的价值与尊严，认同追求真理、力争卓越、培养学生民主精神的极端重要性。要达到这些目标，根本在于教师要保护学习与教学的自由，确保所有学生平等接受教育的机会。规范对教师有两大原则性要求。其一是对学生的责任，即教育工作者应努力帮助每一个学生实现其潜能，使之成为一名有价值、有能力的社会成员。其二是对本职业的责任。教育工作者应该不遗余力地提高职业水准，努力营造一个鼓励运用专业判断能力的氛围，创造条件吸引值得信赖的人从教。
>
> ——杨铮：《国外教师标准重在育人》，
> 载《辽宁教育》2012年第11期

① 《专业标准》文本中的“实施建议”部分在本书最后一章中解读，本节不作解读。

能力，要求教师要把学科知识、教育理论与教育实践相结合，研究与改善教育教学工作，提升专业能力；四是强调与时俱进，要求教师要主动适应经济社会和教育发展的要求，不断优化知识结构，不断提高文化修养，做学习型社会中的典范。

（二）《专业标准》的第二部分是“基本内容”

“基本内容”是《专业标准》的主体部分，是《专业标准》基本理念的具体化。各维度和各领域的设计科学合理，充分反映了现代教师专业角色的素质结构，而相应的基本要求则准确地标示了现代合格教师的素质标准。

1.“基本内容”的第一个维度是“专业理念与师德”

《小学教师专业标准》在该维度中从教师对待职业、对待学生、对待教育教学和对待自身发展四个方面，确定了“职业理解与认识”、“对学生的态度与行为”、“教育教学的态度与行为”、“个人修养与行为”等四个领域，并相应提出了教师专业修养与行为的基本要求。这些基本要求指向于造就具有良好职业道德和专业精神的合格教师，既体现了“师德为先”理念的要求，比如依法从教、爱岗敬业、为人师表等；也体现了对“学生为本”理念的细化，比如尊重学生、关爱学生、教书育人等。

各国都重视教师的高尚道德品质和良好文明行为的修养，要求教师必须具有热情、坚定、同情、关爱、耐心、自制等品质和献身未来的职业理想。如英国《把学校办得更好》白皮书中就提出教师要具有良好的个人素质；法国强调增强教师的职业责任；美国要求具有良好的品德等。有的国家还规定教师就职宣誓制度，以表明忠于教育事业，恪守教师职责。

——唐琼：《国外教师素质要求》，载《江苏教育》2002 年第 5 期

在该维度设计中，《专业标准》在以下几个方面体现出鲜明的时代精神和教育发展的特点。

第一，强调教师职业的专业性和独特性。教师专业化是社会发展中劳动与专业分工的必然，教育活动的独特性和专业性必然要求教师的专业化和职业化，这意味着教师职业本身的不可替代性，这种不可替代性的前提是教师本身需要有特殊的培养过程和素质标准。教师队伍专业化过程是社会、政府以及教师自身共同塑造的过程。尤其是教师自身应注重专业的规划与发展，这是时代发展和教育进步对教师专业发展的诉求。

第二，突出小学生的生命教育。生命教育是当代社会的重音符，它体现出不断革新的教育观，因此生命教育也自然成为教师对学生的一种最原始、最重要的姿态和使命。与《中学教师专业标准》中的教师要“保护中学生生命安全”的基本要求相比，《小学教师专业标准》更是提出了教师要“将保护小学生的生命安全放在首位”的要求，这更凸显了小学阶段学生发展的重心与规律：“尊重小学生的人格”，“信任小学生，尊重个体差异”，“平等对待每一位小学生”。这即意味着，教师要服务于小学生生命成长的需要，关心小学生的生命状态，同时也关注小学生自身对生命的体验和态度，更要关注学生对平等社会的最基本的生活体验。

学生生命安全：没有如果

根据三大标准，无论是幼儿园、小学还是中学教师，都要保护学生生命安全，其中小学教师要将小学生生命安全放在首位。

据统计，2006 年、2007 年各类校内外安全事故导致中小学生死亡的数字分别比上年下降了 9.24%和 13.67%。在汶川地震中，许多学校由于注重安全教育和演练，避免了更大的伤亡。在地震中被网友称为“史上最牛校长”的安县桑枣中学校长叶志平，从 2005 年开始，每学期要在全校组织一次紧急疏散的演习。5 月 12 日，地震发生的那一刻，全校 2200 多名学生，上百名老师，全部冲到操场，用时 1 分 36 秒，没有一人伤亡，是这次大地震中的一个奇迹。

教育部曾发文号召全国中小学师生和家长观看以“知识守护生命”为主题的学校安全教育节目。由社会各界名人、奥运冠军一起上课，对观众进行生命意识教育，强化教师和学生的安全意识，提高中小学生自我保护的能力和素质。让全国的幼儿园、中小学学生增强生命意识教育，认识生命、尊重生命、守护生命，同时参与到应急避险学习中来，并在全民中推广、普及应急避险措施。

教育部为全国的中小学上好了安全教育的第一课，我们要做的是如何上好第二课、第三课……学生的安全教育问题，其实并不单纯是一个学校教育问题，而是一个社会问题。学生的“安全教育”需要学校、家庭、全社会来共同完成，缺少了任何一个环节，学生的安全问题都会存在隐患。

第三，《小学教师专业标准》强调营造快乐的学生学校生活。学校生活是学生整个生命过程的一个有机组成部分，教育是为了让学生未来的生活更快乐、更幸福，这首先需要让学生今天的学校学习生活快乐。学校生活是教师和学生共同营建，共同拥有，共同分享的。以学生为着眼点提出快乐学校生活，意味着要依据素质教育的要求和新课程改革的精神深入。外在环境的改善固然重要，但是在教师与学生交往的微观世界里，教师对教育、对学生的理解与行动将会更为直接地决定小学生是否能够拥有一个快乐的学校生活。

第四，要求教师要注重修身养性。《专业标准》提出了教师个人修养和行为方面的诸多要求。这些要求更多反映出教师作为平凡的人，哪些心性、品质、行为是适当的，其次才将教师作为“教育者”特有的心性、品质和行为要求融入进来。

2.“基本内容”的第二个维度是“专业知识”

教师知识结构是专业标准制定的核心内容之一。在传统认知中，教学专业不像医学专业那样具有明确界定的培养标准，公众也把教师教学视为一种专业不足的职业。问题的实质不是教育的实践与其他专业实践之间的差异，而是一种专业的界定。专业性不足是专业发育与成长问题，并不意味着它就不是一种专业。每个社会职业和专业领域，都有自身特有的知识基础和知识结构。教师职业也不例外。

该维度根据现代社会知识分类与甄别、知识认知与价值、知识累积与增长、知识分享与需求，依据中小学生身心发展的规律以及中小学教育教学的本质特征，确立了国内外学界基本形成共识的教师知识构成的四个基本领域，即“一般教育知识”、“学科知识”、“学科教学知识”、“通识性知识”。

“一般教育知识”是指传统上认为的教育学、心理学知识，包括对教育一般原理、概念的理解，对教育哲学、教育理念、教育价值的思考以及教学法知识等，涉及学生心理规律、学习规律、成长规律与教育教学活动一般规律等领域的知识。这是支撑教师学科专业知识的理论基础。近年来教师实践性知识研究认为，教育专业知识不应该与学科专业知识分开，这样容易把教育专业知识与学科专业知识割裂开来。虽然如此，对教师的质量仍然要分别进行评估，因为目前还找不出更有效的方法来评估教师的质量，当然也无法评估教师教育质量。

“学科知识”涉及各教学阶段所开设课程对应的学科知识体系。学科是分化的科学领域，课程是立足于社会需要与学生成长目标而构建起的学科教学知识体系，教师专业修养包括其教学学科知识与能力的素养。

“学科教学知识”领域涉及根据各执教学科的特点所采取的有效教育教学方法、手段实施教学活动的知识体系，该知识体系是一般教育教学知识和具体学科教学认知的融通。无论是人文学科、社会学科还是自然学科，不同学科领域的知识呈现方式都存在着差异，因此在具体学科的教学与学习过程中，应根据各学科的不同规律，进行针对性的教育教学组织形式和方式、手段、方法的选择。

“通识性知识”与“专业知识”或“职业知识”相较而言，通识性知识是全人类的文明经典和思想结晶，也是现代公民生存、发展所应具备的共通性的知识修养。基于“通识性知识”的现代“通识教育”旨在培养健全的个人和自由社会中健全的公民，造就具备远大眼光、通融识见、博雅精神和优美情感的人才，它强调关注人的生活、道德、情感和理智的和谐发展，给学习者一种关于人类兴趣的所有学科的准确的、一般性的知识，增加学生知识的广度与深度，拓展学生视野，使学生兼备人文素养与科学素养，把学生培养成“全面发展的人”。通识教育是素质教育最有效的实现途径之一。

由于小学生和中学生身心成熟度存在比较明显的差异，教育教学活动与知识学习活动也存在着不同，因此，对小学教师和中学教师专业知识结构和重心的要求也存在着一定的差异。据此，在“专业知识”维度四个领域的设计中，《小学教师专业标准》和《中学教师专业标准》遵循求同存异的原则，做出了科学而灵活的区分：小学标准“专业知识”维度由“小学生发展知识”、“学科知识”、“教育教学知识”、“通识知识”四个领域构成；中学标准“专业知识”维度则由“教育知识”、“学科知识”、“学科教学知识”、“通识性知识”四个领域构成。

小学标准“专业知识维度”中，“小学生发展知识”领域的设计是一个亮点。小学生具有鲜明的年龄段特点，无论是心理、情感还是行为都处于明显的养成与变化期，因此教师必须充分了解该年龄段儿童的心身发展特点、规律与需要，才能有效实施教育教学活动。《专业标准》对该领域的基本要求中包含了“保护”、“身心健康发展”、“行为习惯养成”、“幼小衔接过渡”、“青春期性健康教育”等关键词，这些关键词无一不指向于该阶段学生的特殊心身发展需要。与中学标准中将“教育知识”与“学科教学知识”两领域分立相比，小学生标准将两者以“教育教学知识”领域合并提出，这是小学教育教学活动特殊性要求的必然结果，与小学生身心发育特点及小学教育目标相适应，使小学教育教学活动的启蒙性、养成性、基础性、综合性更加鲜明和突出。

在该维度设计中，《专业标准》在如下几个方面体现出鲜明的时代精神和教育发展的特点。

第一，科学合理地构建起了现代合格教师应具备的知识结构体系。现代教师肩负教书育人的使命，无论是“书”与“人”，还是“教”与“育”，在现代社会知识发育过程中，都分别具有完整的知识体系。而教师的使命首先要了解与掌握四大领域的知识结构和知识体系，更重要的是应具备将“教”、“育”、“人”、“书”在教育活动中如何有效统合融通的知识。

第二，根据小学生心身特点和教学特点，构建教师专业知识体系。小学教育的基础性、综合性特点要求小学教师了解多学科的知识，在此基础上掌握所教学科的知识体系、基本思想与方法；也正是综合性特点才特别要求小学教师关注所教学科与社会实践的联系、与其他学科的联系。

第三，要求教师掌握科学的教育与教学理论。了解不同年龄段学生的认知规律或认知特点。小学教师更强调关注儿童身心健康、行为习惯养成的规律以及教育方法。（中学教师则更应关注中学生世界观、人生观、价值观的养成规律以及群体文化的特点与行为方式）

第四，关注通识性知识的重要价值。通识性知识要求所关注的是教师作为人的整体素质的提升，它是非功利、非职业性的，同时也是教师作为专业人员必须具备的素质。

3. 基本内容的第三个维度是“专业能力”

在该维度中，《小学教师专业标准》设计了“教育教学设计”、“组织与实施”、“激励与评价”、“沟通与合作”、“反思与发展”等五个领域。（《中学教师专业标准》则设计了“教学设计”、“教学实施”、“班级活动与教育活动”、“教育教学评价”、“沟通与合作”、“反思与发展”等六个领域）

> 日本强调教师要有五种能力，即富有成效的教学和学习指导能力，对学生强有力的生活、就业指导能力，理解和把握学生心理的能力，教育管理的能力，独立的自修能力。法国招聘教师注重教师的上课能力，与学生交往的能力，指导学生能力。美国要求教师要有向学生传授知识的愿望和能力。有些国家则强调教师对未来的开拓创造能力等。
>
> ——唐琼：《国外教师素质要求》，载《江苏教育》2002 年第 5 期

《小学教师专业标准》提出了二十四项有关教师专业能力的基本要求，涵盖了小学教师应有的三方面基本能力：一是教育教学能力，小学教育工作的基础性、综合性和启蒙性决定了小学教师教学活动与教育活动的融通。这也是“教书育人”使命所决定的“教”“育”之责在小学教师身上的体现。二是人际交往能力，因为教师工作

是一项与人打交道的工作，教师必须能够有效地与学生交流，此外，拥有与同事、家长、社区等沟通与合作的能力是有效开展教育教学的基本保障。三是自我发展能力，在终身学习社会中，教师只有具有自我发展的能力，才能不断提升自己的专业水平，才能适应教育教学工作的需要，尤其是作为育人职业，教师更应该成为学习型社会的典范。

“教育教学设计”领域是“专业能力”维度的第一个领域。该领域是教师教育教学活动过程的起点。教学设计是根据教学对象和教学目标，确定合适的教学起点与终点，将教学诸要素有序、优化地安排，形成教学方案的过程。它是一门运用系统方法科学解决教学问题的学问，它以教学效果最优化为目的，以解决“为什么学”、“学什么”、“如何学”等教学问题和实现教学目标为宗旨。教学设计既体现了课程标准的要求，同时也是教师教育教学理念和思想的集中反映。

在该领域的设计中，《小学教师专业标准》和《中学教师专业标准》有所不同，由于小学教学活动的综合性、基础性、教育性更加凸显，而中学教学的学科性更加鲜明，因此，小学标准和中学标准将该领域分别确定为“教育教学设计”和“教学设计”是科学合理的，反映了标准研制者对中小学教育活动特点的精确把握。在该领域中，《小学教师专业标准》强调教师要有合理制订小学生个体和集体教学计划的能力，其关注点在教师为学生个体学习和集体教学制订计划；而中学标准则关注教师应具备帮助和引导学生自己制订个性化学习计划的能力。除此之外，《小学教师专业标准》在基本要求中还强调教师要“合理设计主题鲜明、丰富多彩的班级和少先队活动”，体现了小学教学活动的综合性和教育性特点。

“组织与实施”是“专业能力”维度的第二个领域。教育教学的组织与实施是教学过程的中心阶段，是教学设计付诸教学行为的环节。实施教学活动包括选择和组织教学内容、开发教学材料与课程资源、运用教学策略、实施课堂管理、运用教学技术手段，要求教师“采取逻辑化、连续化、结构化的方式，选择并组织学科内容；为学生的学习提供一系列合适且具有吸引力的资源与材料的知识”。如果说设计是决策、规划，实施则是执行与行动，两者相辅相成，并与“评价”、“反思”形成一个完整的教育教学过程。

在该领域设计中，《小学教师专业标准》和《中学教师专业标准》无论是领域名称还是基本要求都有一定的差异，前者领域定名为“组织与实施”，后者定名为“教学实施”，其名称之差异，来源于小学教学活动呈现更鲜明的综合性特点，而中学教学活动则具有更鲜明的学科性特点，具体要求中也体现了该差异。同时也是两标准在该维度第一领域不同设计的一个后续反映。

“激励与评价”是“专业能力”维度中的第三个领域。评价是教育教学过程中的一个有机环节，更是教育教学过程控制、质量改进的不可替代的途径。教师的教育教学评价都包括诊断性评价、过程性评价和终结性评价，同时也包括对学生的评价和教师的自我评价。小学标准将该领域确定为“激励与评价”，而中学标准将该领域确定为“教育教学评价”,之所以做如此区分,并非在中学生的教育教学评价中“激励”不重要，而是因为小学生与中学生相比，其心理活动与学习活动的外控性更为明显，其心理和行为的稳定性、自主性发育程度较低，教师评价过程中的激励元素对小学生的心理成长、行为习惯养成、自我评价、学习效果等尤其重要。《小学标准》特别提出“对小学生日常表现进行观察与判断，发现并赏识每一位小学生的点滴进步”，从该要求中我们可以发现，近几十年来“成功教育”、“赏识教育”等教育教学改革实践的有效经验以及理论成果被有效引入了该要求中，积极性评价应渗透到日常教育生活的每个环节中和每一位学生的点滴进步中。

“沟通与合作”是《专业标准》“专业能力”维度的第四个领域。教师沟通与合作的对象均指向于学生、同事、家长和社区，教师是否具备较强的与学生沟通能力是能否建立良好师生关系的关键。因此，与学生沟通的能力在发达国家的教师质量标准中得到了相当程度的体现。教师与同事之间的沟通合作能力也是教师专业能力的重要组成部分，因为教师要面对一个个富有个性和好奇心的孩子，单靠个人的力量是远远不够的，因此教师与同事之间的教学合作显得日益重要。在现实的教育教学环境中存在着各种各样的教师合作和互助小组，例如教研组、学科组、年级组等，这些教师团体组织在一定程度上促进了教师之间的沟通合作能力的提高。教师“能够有效地经常与家长、社区保持联系，使之明确在学生学习、权力、责任和志趣等方面的作用，促进并参与社区内的合作关系，了解学校及社区可持续发展教育，并能够为其作出贡献。”在该领域，与《中学标准》基本要求唯一不同的是,《小学标准》特别强调在与小学生的沟通与交流过程中，应使用生动、形象、直观、活泼等符合小学生特点的语言形式或表达方式。

教师职业是典型的“人—人交流”职业，职业活动过程中的主体成分就是与特定的个体或群体进行沟通交流。在教师群体生活中，学生是其主要的交流对象，除此之外，同事、家长乃至社区都会与教师的教育教学生活形成密切的联系，因此，教师具备与各群体进行有效沟通、交流、支持、合作的能力就成为应然之事。

"反思与发展"是"专业能力"维度的最后一个领域。反思是教师教育教学活动的有机组成部分，是教师完整的教育教学过程中不可或缺的环节；反思贯穿于教师教育生活的各个角落、各个环节；反思是教师教学改进与改善的基础，更是教师进步与发展的基础。在标准基本要求中，教师反思包括了关注教学反馈、注重教学研究等内容，严格意义上而言，教师教育教学的反思还应当包括自我评价等内容。在基本要求中，"发展"指向于教师的专业发展，教师专业发展既是教师自身全面发展的应有之意，也是学生发展、教育发展的必然之需。"教师专业发展"对现代教师而言是一种价值观、一种态度、一种能力，更是一种行动。标准中提出教师应制定合理的个人专业发展规划，主动参与各种培训和学习活动，这充分体现了"终身学习"基本理念的要求。

法国教育部提出，小学教师的专业能力包括四个方面，即多学科教学能力、处理学习状况的能力、管理班级的能力、教育职责方面的能力。初中、普通与技术高中以及职业高中的教师作为国家的公务人员，兼具公务员的一般身份和其所属的教师团体的特殊身份。这两种身份确定了其权利和义务。法国学校致力于传递法兰西共和国的价值观念，尤其是传递排斥任何性别歧视、文化歧视或宗教歧视的世俗理想。中学教师应该参与到教育的公共服务之中。

——http://www.diyifanwen.com/kaoshizhuanti/

《小学教师专业标准》"专业能力"维度在如下几个方面体现出鲜明的时代精神和教育发展的特点。[①]

第一，充分体现"学生为本"的基本理念，如要求教师"发现和赏识每一个小学生"、"制定小学生个体教育教学方案"、"引导学生进行积极地自我评价"、"激励和保护学生的学习兴趣"等；主动反映进步的教育思想，如该标准体现出了建构主义（如要求"结合儿童已有经验"组织教育教学）、教育智慧（如要求"妥善应对突发事件"）、多元智能（如要求"灵活使用多元评价方式"）等教育新理念。

第二，对教师能力的要求尽可能跟上时代发展的新需要，如要求教师"帮助学生建立良好的同伴关系"、"现代教育技术手段渗透运用于教学中"等。

---

① 顾明远：《详解〈小学教师专业标准〉》，http://news.xinhuanet.com/edu/2011-12/13/c_122412991.htm

第三，强调教师的沟通与合作能力。这是考虑到小学教师工作依托于多角色人际互动这一活动特征，因此对教师如何有效地进行人际沟通合作提出了细致的要求。

第四，重视培养教师的反思与发展能力。这一能力领域的提出，是对全球教师专业化发展背景下的教师专业发展内在要求的回应。教师专业化的本质就是发现教师自身，让教师意识到自身在专业成长中的力量和自主发展的角色，进而在各项专业发展活动中体现出积极的自我反思意识和专业发展规划意识和能力，能主动对教育教学进行探索和研究活动。

第四章
思想与信念：基本理念解读

《小学教师专业标准》提出了师德为先、学生为本、能力为重、终身学习等四大基本理念。《专业标准》中由“专业理念与师德”、“专业知识”、“专业能力”三个维度和“职业理解与认识、对小学生的态度与行为、教育教学的态度与行为、个人修养与行为、小学生发展知识、学科知识、教育教学知识、通识性知识、教育教学设计、组织与实施、激励与评价、沟通与合作、反思与发展”等十三个领域构成的基本内容，始终贯彻着这四大基本理念的精神。

一、师德为先

“师德为先”是《专业标准》中的第一大理念。《专业标准》认为，“师德为先”就是要“热爱小学教育事业，具有职业理想，践行社会主义核心价值体系，履行教师职业道德规范，依法执教。关爱小学生，尊重小学生人格，富有爱心、责任心、耐心和细心；为人师表，教书育人，自尊自律，做小学生健康成长的指导者和引路人”。

师德，也就是教师的职业道德。职业道德是与人们的职业活动紧密联系的、具有自身职业特征的（包括人在进行职业活动时的思想、感情和行动时所应遵循的）道德准则和规范。师德，作为职业道德的一种，它是教师在从事教育活动中所形成并应当遵循的比较稳定的道德观念和行为规范的总和，它从道义上规定了教师在教育过程中应该以什么样的思想、情感、态度、行为和作用去待人接物，处理问题，做好工作，为社会尽职尽责，是调整教师之间、教师与学生之间、教师与学校领导之间、教师与学生家长之间、教师与社会各方面之间的行为准则，是教师道德品质的主要组成部分。

与其他行业相比较，师德建设更具有其重要的现实意义和深远的历史意义。这是由教师劳动的任务、对象及其特点所决定的。教师的劳动是以教书育人为专业的独特的社会劳动，劳动对象是人而不是物，是可塑性大、尚未成熟的儿童。教师的任务是育人，是把学生培养成为德智体美全面发展的社会主义建设者和接班人。教师劳动的手段是教师本人的学识、才能、品德、情感和意志，教师劳动的过程是直接处理人与人之间的关系，教师劳动的"产品"只能是高质量，不容许有"次品"、"废品"。所以，教师是小学生成长的引路人，教师的职业道德水平直接关系到小学生的健康成长，关系到国家的前途命运和民族的未来，加强小学教师职业道德建设，提高小学教师的师德素养，对于全面建设小康社会，构建社会主义和谐社会，实现中华民族伟大复兴，具有十分重要的意义。因此，小学教师必须首先具有高尚的职业道德，"师德为先" 应是对小学教师素质的首要要求。这种高尚的教师职业道德需要在教育教学的实践中不断地陶冶和锻炼，加强师德修养应是教师终身的任务。

加强师德建设，提高师德修养，在社会、经济和教育的不同发展时期，要有不同的要求。我国社会历来重视教师的师德要求，强调教师要为人师表。20 世纪 80 年代以来，随着社会的发展变化，我国先后四次发布 "中小学教师职业道德规范" ①。1984 年，教育部、中国教育工会颁发了《中小学教师职业道德要求（试行草案）》，共提出了六条基本要求，强调热爱祖国、遵循教育规律、钻研业务、热爱学生、遵纪守法与团结协作、礼貌待人与为人师表等基本精神，教师首先应该是一个好公民，更应该是一个好职员。1991 年，通过对 1984 年的《中小学教师职业道德要求（试行草案）》进行修订，国家教育委员会、全国教育总工会颁发了《中小学教师职业道德规范》，仍然提出了六条基本要求。1997 年，根据社会的变化，国家教委和全国教育总工会再次修订了教师职业道德规范，颁发了《中小学教师职业道德规范》，内容由 1991 年的六条扩充为八条。为贯彻落实党的十七大精神，进一步加强教师队伍建设，全面提高中小学教师队伍的师德素质和专业水平，在广泛征求意见的基础上，对 1997 年的《中小学教师职业道德规范》进行了修订，由教育部、中国教科文卫体工会全国委员会发布了《中小学教师职业道德规范（2008 年修订）》，提出了爱国守法、爱岗敬业、关爱学生、教书育人、为人师表、终身学习等六条基本要求。

① 刘良华：《"中小学教师职业道德规范" 的四个文本的比较》，载《教育观察》2012 年第 1 期，第 34-40 页。

中小学教师职业道德规范

（2008年修订）

一、爱国守法。热爱祖国，热爱人民，拥护中国共产党领导，拥护社会主义。全面贯彻国家教育方针，自觉遵守教育法律法规，依法履行教师职责权利。不得有违背党和国家方针政策的言行。

二、爱岗敬业。忠诚于人民教育事业，志存高远，勤恳敬业，甘为人梯，乐于奉献。对工作高度负责，认真备课上课，认真批改作业，认真辅导学生。不得敷衍塞责。

三、关爱学生。关心爱护全体学生，尊重学生人格，平等公正对待学生。对学生严慈相济，做学生良师益友。保护学生安全，关心学生健康，维护学生权益。不讽刺、挖苦、歧视学生，不体罚或变相体罚学生。

四、教书育人。遵循教育规律，实施素质教育。循循善诱，诲人不倦，因材施教。培养学生良好品行，激发学生创新精神，促进学生全面发展。不以分数作为评价学生的唯一标准。

五、为人师表。坚守高尚情操，知荣明耻，严于律己，以身作则。衣着得体，语言规范，举止文明。关心集体，团结协作，尊重同事，尊重家长。作风正派，廉洁奉公。自觉抵制有偿家教，不利用职务之便谋取私利。

六、终身学习。崇尚科学精神，树立终身学习理念，拓宽知识视野，更新知识结构。潜心钻研业务，勇于探索创新，不断提高专业素养和教育教学水平。

《专业标准》在《中小学教师职业道德规范（2008 年修订）》基本精神的基础上，根据时代的变化与学生的年龄特征，提出了富有时代特征的新内容，教师必须要“践行社会主义核心价值体系”、“做小学生健康成长的指导者和引路人”。这些内容，既体现着时代的变化，也反映了教育理论领域的最新理念向师德的转化。因此，“师德为先”引领着小学教师的基本素质，具有社会存在的恒定性与社会发展的时代性。

二、学生为本

“学生为本”是《专业标准》中的第二大理念。《专业标准》认为，“学生为本”就是要“尊重小学生权益，以小学生为主体，充分调动和发挥小学生的主动性；遵循小学生身心发展特点和教育教学规律，提供适合的教育，促进小学生生动活泼学习、健康快乐成长”。

“学生为本”的理念变革是教育改革的核心问题，是教育本质的具体体现。“学生为本”是“以人为本”理念在学校教育中的具体体现，其产生是时代的必然要求和趋势[1]。首先，树立“学生为本”的理念是实施素质教育的必由之路。《中共中央、国务院关于深化教育改革全面推进素质教育的决定》明确提出中国教育改革的思路和人才培养的目标，就是要培养具有创新精神和实践能力的高素质人才。素质教育所注重的正是人本身的全面发展，使人成为高度自觉和高度完善的人。素质教育的要求与实现，本身就要求以“学生为本”。其次，主体性教育思想启发了以“学生为本”的教育理念。主体性教育理论认为，学生是教育的主体，教育的目的是使学生掌握人类在长期实践活动中积累起来的知识和经验，并通过自身一定的实践活动去认识世界和改造世界，同时学生也是发展的主体。以“学生为本”正是主体性教育思想的集中概括。再次，张扬个性是树立以“学生为本”教育理念的内在因素。崇尚鲜明的个性是当代学生极为普遍的心理倾向，西方文化的输入给当代学生带来了新的思想洗礼，社会主义市场经济给当代学生认识个性提供了广阔环境，学生渴望保持个性，发展个性，张扬个性，要求个性完整成为一种趋势和必然。教育以“学生为本”，正有效地满足着这种需求。第四，人文精神为以“学生为本”提供了思想基础。近代以来的人文精神肯定个人的价值和尊严，强调个人的理性和主体性，提倡以人为本的社会思想和价值观念。因此，“学生为本”是这个时代教育基本精神的体现，也是教师必然要树立的重要理念。

“学生为本”的教育理念，包括丰富的内涵。[2]“学生为本”就是要从学生的发展出发，让学生得到全面和谐发展，让全体学生都得到发展，让学生主动发展，让学生个性得到充分发展，让学生实现可持续发展，充分发挥教师的主导作用，充分实现教育的社会功能。教育是一种培养人的活动，学生是教育过程的终端，是教育的本体。因此，以“学生为本”就是要把学生特别是学生的发展作为教育活动的本体，一切教育活动都从学生的发展出发。“学生为本”的质的规定就是学生全面和谐发展，量的要求就是全体学生都得到发展。现代社会追求教育民主，强调教育要培养全面发展的人。教育的外部民主体现在教育的普及，教育的内部民主表现为让全体学生都得到发展。当代学生的全面发展应包含人的自然性与社会性、体力与脑力、生理与心理的全面、和谐、统一的发展。全体学生的发展，都应该是主动的发展。主动

① 刘为民：《牢固树立以学生为本的教育观》，载《淮南职业技术学院学报》2002年第1期，第1–3页。

② 邵晓枫、廖其发：《“以学生为本”教育理念内涵的解读》，载《中国教育学刊》2006年第3期，第3–5页。

发展的教育思想在古今中外教育发展史上一直存在，从孔子的“不愤不启，不悱不发”到当代的建构主义，都内含着主动发展的追求。因此，《中共中央、国务院关于深化教育改革全面推进素质教育的决定》指出，“全面推进素质教育，使学生生动活泼、积极主动地得到发展”，体现教育个性化的现代思潮。“学生为本”要强调尊重学生的个性，充分开发学生的各种潜能，使学生获得有个性、有特色的发展。这种发展应该是可持续发展，要让学生具有适应当前以及未来社会、生活、职业等方面发展变化的能力，使人的潜能得到不断的、最大限度的发展，学生的发展应是连续的、对学生的一生发挥着持续的影响的发展，也是与周围环境以及自身内部协调的协调发展。在“学生为本”的教育中，教师要充分发挥主导作用，遵循学生身心发展特点和教育教学规律，提供适合学生的教育，调动和发挥学生的主动性，实现学生的有效发展，培养出符合社会需要的人才，促进整个社会的发展。

三、能力为重

“能力为重”是《专业标准》中的第三大理念。《专业标准》认为，“能力为重”就是要“把学科知识、教育理论与教育实践有机结合，突出教书育人实践能力；研究小学生，遵循小学生成长规律，提升教育教学专业化水平；坚持实践、反思、再实践、再反思，不断提高专业能力。”

能力是心理学、哲学、社会学、管理学和教育学等领域研究的对象，尽管人们非常熟悉“能力”一词，但在实际应用领域却难以界定。心理学中一般认为能力是顺利有效地完成某种活动所必须具备的心理条件。因此，能力是和活动紧密相连的，离开了具体活动，能力就无法形成和表现；能力是顺利完成某种活动直接有效的心理特征，而不是顺利完成某种活动的全部心理条件。哲学中一般认为能力是人的综合素质在现实行动中表现出来的正确驾驭某种活动的实际本领、能量，是实现人的价值的一种有效方式，也是社会发展和人生命中的积极力量。总之，能力是人的综合素质在实践中的表现，包括潜能、体力、智力、情感力、意志力、精神力量、实践能力（含专业技能）和道德力；能力受道德和理性引导，是人驾驭各种活动的本领大小和熟练程度，通过人的实际工作表现及其成效表现出来。[①]

《专业标准》中要求教师要以“能力为重”，重视自身的能力提升，这是我国基

① 吴晓义、杜晓颖：《能力概念的多维透视》，载《吉林工程技术师范学院学报》（社会科学版）2006年第4期。

础教育发展的新趋势，也是基础教育课程改革实践对教师有效开展教育教学的要求。《国家中长期教育改革和发展规划纲要（2010—2020年）》提出基础教育要坚持“以人为本、德育为先、能力为重、全面发展”。教育实践中的“能力为重”，要求教师要“优化知识结构，丰富社会实践，强化能力培养。着力提高学生的学习能力、实践能力、创新能力，教育学生学会知识技能，学会动手动脑，学会生存生活，学会做人做事，促进学生主动适应社会，开创美好未来”。基础教育发展中对学生能力培养的追求，要求教师自身首先也要做到“能力为重”，具有有效开展教育教学活动的能力素质。

基础教育新课程改革的实践变化，也对教师自身素质提出了“能力为重”的要求。《基础教育课程改革纲要（试行）》实施以来，教师的观念与基础教育实践都发生了根本性的变化，这一变化正推动着我国基础教育课程发生范式转换，从以“教”为中心的课程向着以“学”为中心的课程变化[①]。但是，由于不同范式的课程理念不同，强调的课程要素不同，其“能力观”以及能力要求也都不同，从而使我国中小学教师的专业能力面临巨大的挑战。以“教”为中心的课程重视知识体系，强调分科、预设、讲授等要素，而以“学”为中心的课程则把学生当下生活中的课题，学生主体地参与、建构自己的知识和同伴文化置于课程的中心地位，强调综合、生成、情境、体验等要素。因此，前者重视“教”的能力——吃透教材、预成教案、讲授知识等为能力重点，而后者则重视搭建“学”的支架的能力——吃透学生、创设环境、捕捉生活中的课程生长点，调动学生参与、对话、共同建构知识等被视为能力的重点。显然，“能力重点”发生了转移，“能力结构”出现了根本性变化。因此，教师自身的能力问题成为基础教育课程改革的关键制约因素。教师是否能够有效地把学科知识、教育理论与教育实践有机结合，增强自己的教书育人实践能力；能否全面研究学生，遵循学生成长规律，提升教育教学专业化水平；能否不断地通过“实践—反思—再实践—再反思”的循环提升专业能力，增长教育智慧，直接制约着基础教育实践的有效开展。

因此，《专业标准》提出“能力为重”的理念，小学教师在自身的专业素质上坚持“能力为重”，不断完善和提高自身的教书育人实践能力、教育教学专业化水平、专业能力，对我国小学教师的发展不仅具有现实意义，也具有长远的战略意义。

① 李季湄、夏如波：《〈幼儿园教师专业标准〉的基本理念》，载《学前教育研究》2012年第8期。

四、终身学习

"终身学习"是《专业标准》中的第四大理念。《专业标准》认为，"终身学习"就是要"学习先进小学教育理论，了解国内外小学教育改革与发展的经验和做法；优化知识结构，提高文化素养；具有终身学习与持续发展的意识和能力，做终身学习的典范"。

终身学习的思想,古今中外早已有之[①]。中国自古就有"活到老、学到老"的说法，在中国古代一些教育家的思想中已蕴涵有终身学习的理念，如孔子提出"吾十五而志于学，三十而立，四十不惑，五十知天命，六十耳顺，七十从心所欲不逾距"。在西方，终身学习思想的起源可追溯到柏拉图对学习的论述。柏拉图认为，一个人要想学得一些知识，就要做到使心灵真正转向善的理念，获得实在的知识，若不经过漫长而艰巨的训练和"严格科学的方式忍苦地学习"，是绝对不能收效的。现在一般认为，终身学习理论出现在 20 世纪 60 年代后期，是伴随着终身教育及其相关理念的普及和认识的深化而逐渐产生的。具体来说，终身学习理念的产生与工业社会向知识社会的转型、人口结构的改变、经济成长与竞争、科技的进步、文化生活的变迁等社会条件的变革有关。终身教育概念的产生是终身学习理念形成的基础，学习型社会理论的兴起是终身教育向终身学习转化的重要契机，以联合国教科文组织为首的国际组织的倡导和推动为终身学习理念的最后形成作出了重要贡献。1976 年，联合国教科文组织将"终身学习"表述如下："终身教育和学习的术语是指，既致力于重建现存的教育体系，又致力于用成年男女都能决定他们自已的教育的方式来发展它的潜力的一个全面的计划。"目前，被学术界普遍认为最具有权威性、且认同程度最为广泛的，是由欧洲终身学习促进会所提出的有关终身学习的解说，这一解说并经 1994 年在意大利罗马召开的首届世界终身学习大会采纳而最终成为一个相对全面和完善的定义。其定义的内容如下：终身学习是通过一个不断的支持过程来发挥人类的潜能，它激励并使人们有权利去获得他们终身所需要的全部知识、价值、技能与理解，并在任何任务、情况和环境中有信心、有创造性和愉快地应用它们。

---

① 吴遵民：《终身学习概念产生的历史条件及其发展过程》，载《教育评论》2004 年第 1 期。

随着我国社会的变革，终身教育、终身学习的思想被人们接受，并日益成为社会实践。2002 年，中国共产党第十六次代表大会报告明确提出，“形成全民学习、终身学习的学习型社会，促进人的全面发展”。要大力发展教育和科学事业，构建终身教育体系。教师以教书育人为天职，理应成为终身学习的先导。社会的进步和公共教育事业的发展为现代终身学习提供了有利的条件，终身学习成为包括教师在内的国民素质的战略目标，教师在形成全民学习、构建学习型社会的过程中应该起到领头羊的作用。教师职业也内在地向教师提出了终身学习的要求。基础教育新课程提倡各科知识要互相渗透，只具有单学科知识能力的教师难以胜任教学工作，新课程中课堂教学的即时生成和课下的师生交流也要求教师不断学习。因此，终身学习是教师自身生存发展的需要。教师只有不断学习先进的教育理论，及时了解国内外教育改革与发展的经验和做法，不断优化自身的知识结构，提高文化素养，具有终身学习与持续发展的意识和能力，成为终身学习的典范，才能完成自己的教育教学工作，促进学生的学习与发展，实现自身的价值。

第二编 基本内容解读

第五章
经师与人师：教师的职业理解与认识

本章关键词

教师职业　职业理想　专业发展　职业道德　合作精神

标准基本内容

维度	领域	基本要求
专业理念与师德	（一）职业理解与认识	1.贯彻党和国家教育方针政策，遵守教育法律法规。 2.理解小学教育工作的意义，热爱小学教育事业，具有职业理想和敬业精神。 3.认同小学教师的专业性和独特性，注重自身专业发展。 4.具有良好职业道德修养，为人师表。 5.具有团队合作精神，积极开展协作与交流。

学理阐释

教师职业是人类社会分工的结果，是历史悠久、神圣而又崇高的职业之一。教师职业与其他职业最大的区别在于它不是以“造物”而是以“树人”为中心，培养社会所需的人才，对人类文明的传承与进步具有深远的社会意义。从教师职业的产生与发展来看，教师经历了一个从兼职到专职、从普通职业到专门职业的发展历程，不同的历史发展阶段对教师的要求是不同的。作为一名现代社会的人民教师，理所当然应该对现阶段自己所从事的职业有全面的认识和系统的了解。

教育部颁布的《小学教师专业标准(试行)》(以下简称《专业标准》)对教师的“职业理解与认识”这一领域提出了五项具体要求。这五项基本要求实质上揭示了个人与国家、职业、专业成长、社会以及与同事之间的内在联系。它要求教师在处理个人与国家之间的关系时，要认真贯彻党和国家教育方针政策，遵守教育法律法规，依法执教；在处理个人与职业的关系时，应深入理解教师教育工作的重要意义，热爱教育事业，具有崇高的职业理想和敬业精神，用理想教书，用心育人；在处理个人与专业成长的关系时，首先要认同教师职业，认识教师职业的特殊性，在此基础上树立终身学习的理念，积极参加教师培训和自主研修，不断提高自身专业发展水平；教师职业以培养人、塑造人为目的，因此，在对待个人与社会的关系时，应意识到只有自身追求并维持高标准的道德行为才能获得社会的信赖。因为“教师的品性与态度，比其他职业的从业人员的品性与态度更容易受到公众的关注。这不仅由于教师以未成年的学生为教育对象，其品性与态度可能对学生产生直接影响；而且由于公众中有受过教育经历的成年人，对教师的品性与职业态度能够做出比较，也就是对在职教师的品德比较敏感”[①]。所以，为师者应坚守专业理想与信念，加强专业行为操守，注意为人师表的形象，具有良好职业道德修养；教书育人作为一种复杂的社会活动，学生的成长和成才是教师集体劳动的结晶。为此,在处理个人与同事之间的关系方面，应当强化教师之间的团结意识和协作精神，组成学习共同体，积极开展协作与交流，促进教师整体专业素养的提升。正确理解和认识以上五种关系，对于教师入职前的思想准备，入职后的专业情感、专业知识、专业技能等方面的发展具有积极的促进作用。

（一）教师必须依法执教

教育方针是党和国家根据一定时期政治、经济和社会发展的要求，为实现教育目的而规定的教育工作的总方向，是教育政策的总概括。教育方针反映着党领导教育工作的基本指导思想，是关系教育工作全局的总方向。《中华人民共和国教育法》规定,教育必须为社会主义现代化建设服务,教育必须与生产劳动相结合,培养德、智、体等方面全面发展的社会主义事业的建设者和接班人。

国家兴办教育事业,需要通过制定相应的教育方针政策、法律法规来协调和制约,

---

① 陈桂生:《师道实话》(增订版)，华东师范大学出版社 2009 年版，第 68-69 页。

依法治教、依法保教、依法促教。教师要全面贯彻、执行党和国家的教育方针政策，既要保证和要求党和国家方针政策导向正确无误，又要严格遵守国家有关教育的法律法规。这些教育相关的法律法规具体包括《中华人民共和国教育法》、《中华人民共和国教师法》、《中华人民共和国义务教育法》、《中华人民共和国未成年人保护法》、《中华人民共和国预防未成年人犯罪法》以及《中小学教师职业道德规范》等。教师要知法、懂法、守法。在教育教学活动中，教师要合法、规范、严谨，用相关法律法规来指导自己的教育教学实践，保证依法治教。

（二）教师的职业之爱

教师是一种特殊的职业，是一种用生命感动生命，用心灵去浇灌心灵的职业。“爱”是教师最重要的职业品质。这种职业之爱既包含对教育事业的追求，也包含对学生的爱护和关怀。它要求教师不仅要具有渊博的知识、较高的素质能力，还要具有崇高的职业理想、高尚的思想道德境界。教师的职业理想是从事教育这一职业所应有的志向和抱负。教师只有树立了崇高的职业理想，产生强烈的职业认同，才会理解教育工作的伟大意义，才会对教与学、对自身、对学生、对各种教育现象持有相对稳定和理性的认知，才不把教育作为职业去应付，而是要作为终生的事业去看待，进而热爱教育事业，终身奉献于教育事业，从根本上确立教师对职业信念孜孜不倦的追求。一个具有崇高职业理想和良好的教育品质的教师，必定会以满腔的热忱、极端负责的敬业精神全身心地投入工作，把教师职业作为实现生命价值的事业来对待。所以说，教师职业理想是教师自身职业行为选择和教育教学行为改造的内在动力和源头活水。正因为如此，一些发达国家以不同的方式强化职业理想的塑造。为表示对教育事业的忠诚，美国、新加坡等许多国家在教师任职前，还进行忠诚宣誓。

美国教师教育联合会的教师誓言

我在此宣誓，我将把我的一生贡献给教育事业。我将履行作为教育者的全部义务，不断改善这一公共福利事业，增进人类的理解和能力，并向一切为教育和学习做出努力的作为和人表示敬意。我将这些义务当作我自己的事，并时刻准备着、责无旁贷地鼓励我的同事们做到这一点。

我将时刻注意到我的责任——通过严格的对知识的追求来提高学生的智力。即使非常辛苦，即使受到放弃这一责任的外界的诱惑，即使遇到失败等等障碍而使之更加困难，我也将坚定不移地执行这一许诺。我还将坚持不懈地维护这一信念——鼓励并尊重终身学习和平等对待所有的学生。

为了忠实地完成这一职业义务，我保证做到努力钻研所教内容，不断改善我的教育实践并使在我教导下的学生能够不断进步。我保证寻求和支持能提高教育和教学质量的政策并提供所有热爱教育的人一切机会去帮助他们达到至善。

我决心不断努力以赶上或超过我希望培养的素质，并坚持和永远尊重一个有纪律的、文明的以及自由的民主生活方式。我认识到有时我的努力可能会冒犯特权和有地位的人，我也认识到我将会受到偏见和等级捍卫者们的反对，我还认识到我将不得不遇到那些有意使我感到灰心、使我丧失希望的争论。但是，我将仍然忠于这一信念——这些努力和对目标的追求使我坚信它与我的职业是相称的，这一职业也是与人民自由相称的。

在这次大会的所有人的面前，我庄严宣誓，我将恪守这一誓言。

——胡东方：《教育新思维：东西方教育对话录》，广西师范大学出版社2003年版，第353页

我国虽未在有关的政策法规中明确使用教师职业理想这一概念，但《中小学教师职业道德规范》和《教师法》等，均从不同的层面提出了教师职业理想所涉及的主要内容，这应引起我们的足够重视。

教师职业之爱的另一重要方面是对学生的爱。热爱学生是一种宝贵的职业情感，这种职业情感也叫教育爱。教育爱是人世间爱的一种表达方式。从古至今，一切有建树的教师都把爱作为教师的首要条件。如中国古代著名教育家孔子提出“有教无类”；近代教育家夏丏尊认为“教育没有了情爱，就成了无水的池，任你四方形也罢，圆形也罢，总逃不了一个空虚”；陶行知先生倡导“爱满天下”；德国教育家第斯多惠提出“出自内心地热爱学生”；前苏联著名教育家苏霍姆林斯基则主张“把整个心灵献给孩子们”。所以，爱是教育的情感基础，是巨大的教育力量。一个没有爱心的教师是不称职的教师。教师的爱是教育教学过程中产生的教育者对受教育者的自觉、普遍、持久的爱，表现为把学生当作人来看待，尊重学生的人格，发自内心地欣赏和悦纳每一位学生。教育爱落实在日常生活中，要求教师了解、关心学生，通过各种形式主动与学生建立联系，掌握他们的学习和思想情况，熟悉任教班级的学生特点，注重教书和育人工作的针对性。无论是课内还是课外，都要关爱、理解、尊重和信任学生，帮助学生解决思想、学习、生活问题。同时，要严格要求学生，特别是对学生的学习态度、学习纪律、学风、考风等，都要认真管理，发现问题，及时纠正，不让任何一个学生掉队。

教师职业之爱是一种具有普遍性的人间之爱，是没有个人理由的、超功利的，

爱就是目的本身。但是，要让教师产生职业之爱，不能简单地靠教师职业教育与培训，而要依靠教师个人的修炼，自觉地将外在的职业道德规范转变为内在的德性，并在教育实践中努力成为真的追寻者、善的传播者、美的创造者、爱的践行者，最终逐渐内化为恒定的人格品质，才能为教师职业之爱打下根基，才能使学校中充满着教师之爱。

（三）教师职业的特殊性与教师自我发展

教师职业是以培养人、造就人为宗旨的专门性职业。其职业的特殊性决定了教师角色的多样性，相应地也要求教师具备多种职业素质。面对信息化社会、知识经济的严峻挑战，以及目前正在全面实施的基础教育新课改的新局面、新要求，教师必须具有自我发展的专业意识和专业能力，方能适应时代发展的需要，成为学生在学海泛舟的引路人。

1. 教师职业的特殊性

教师职业的特殊性使其表现出与其他职业不同的特点。我们不妨欣赏一下彼得·基·贝得勒[①]为什么要当教师的心声[②]：

> 我要当教师因为我喜欢学校工作日历所提供的生活节奏。假期给了我一个机会去思索、研究和写作。
>
> 我要当教师因为教学永远是一个变化无穷的工作。
>
> 我要当教师因为我喜欢有出错的自由，有吸取教训的自由，有激励我自己和我的学生的自由。
>
> 我要当教师因为我喜欢提出学生必须尽力思索才能回答的问题。
>
> 我要当教师因为我喜欢学习。我之所以感到我的教师生涯还颇有活力，是因为我总是不断地学习。
>
> 我要当教师因为教学给了我许多的饮料去品味，许多森林去进入和离开，许多好书去阅读，许多象牙塔般高深领域和现实世界的经历去探索。
>
> 我要当教师因为我能设法将我自己和我的学生从象牙塔式的传统封闭式的学习中解脱出来而进入外面的真实世界。
>
> 我要当教师是因为我生活在那些开始呼吸的人们中间，我有时甚至能感受

① 彼得·基·贝得勒，隶哈尔大学英语教授，荣获1983年度美国教育进步和援助基金会授予的全美教授的荣誉称号。

② 节选自《我为什么要当教师》，译自美国《读者文摘》杂志1985年5月号。

到他们的气息中也有我自己的气息。

……

彼得·基·贝得勒之所以抛弃众人所向往的金钱和权力而甘于做一名贫穷的教师，正是源于他对教师职业的热爱，而这种执著的爱又源自教师职业独具的特性和魅力。

教师职业具有以下几个方面的鲜明特点：

（1）复杂性

教师劳动是一种复杂的精神劳动，这是由教师的劳动对象、劳动内容、劳动过程的复杂性所决定的。教师的劳动对象是具有个性差异的学生和学生集体。教学过程中需要教师根据学生的实际情况，因材施教。现代教育要求学生德、智、体、美、劳全面发展，决定了教育教学内容的多样性和复杂性，教师劳动的过程既要教书，又要育人，是一种综合使用知识技能的复杂脑力与体力劳动相统一的过程。这些复杂、繁重的职责，体现了教师劳动的复杂性，要求教师必须通过艰苦细致的劳动去实现。

（2）自主性

教育是培养人的活动，教师所有的教育教学活动都必须围绕教书育人的目标进行，这是统一的规定。但是，相同的教育目标，可以通过各种不同方式去达到。因此，教师的工作，无论从教学手段的选择、教学形式的组织等方面都具有很强的自主性。教师角色的这一特点为教师发挥个人的主动性和创造性提供了较大的空间，同时也要求教师具有较强的自觉性和主动性。

（3）创造性

从表面看，教师年复一年重复着备课、上课、批改作业、课外辅导、组织活动等工作程序，毫无创造，毫无新意。其实不然，教师工作是最富有创造性的脑力劳动。因为教育对象、教育内容和教学过程的多样性和复杂性，迫使教师无论是在因材施教上，还是在对知识、技能的再创造上，都要根据不同教育对象、不同班级、不同教育环境和客观条件，创造性地运用教育教学规律，采用不同的教育内容，精心设计不同的教学方法，进行独特的艺术创造，每一步骤的环节，都具有开拓和创造的意义。

（4）示范性

“师者，人之模范”，教师劳动与其他劳动的一个最大区别，就在于教师主要是用自己的思想、学识和言行，通过示范的方式去直接影响劳动对象。所以，教师必须身体力行，以身作则，充分认识身教重于言教的意义，无论在言论行动上，还是在思想感情、立场观点方面都应成为学生的榜样。教师的这一角色特征，需要教师加强自身人格和道德方面的修养，并在实际的教育教学中注意自己人格因素对学生所起的影响作用。

（5）长期性

所谓“十年树木，百年树人”，既说明培养人才是长久之计，也反映培养人才很不容易。人的身心发展的固有特点决定了学生的成长不可能在短时期内完成，因而教育是一个长期而缓慢的潜移默化的活动过程。教师对学生的教育效果要在学生步入社会作出贡献后才能最终体现出来。因此，人才的成长和教育效果需要很长时间才能得到检验，这种社会效果的长期性，既表现为后效性，又表现为长效性，需要教师付出长期的大量的艰辛劳动。

（6）专业性

所谓“专业”，指“专门职业”，是专业化程度较高的职业，其成员须经过专门教育或训练、具有较高深和独特的专门知识与技术、按照一定专业标准进行专门化的处理活动。教师职业是一种具有明显专业性的职业。1966年，联合国教科文组织和国际劳工组织在《关于教师地位问题的建议》指出“应把教育工作视为专门的职业，这种职业要求教师经过严格的、持续的学习，获得并保持专门的知识和特别的技术”[①]。自此，教师专业化开始成为教师职业发展的自觉追求、主动选择和显性目标。1994年，我国实施的《中华人民共和国教师法》将教师明确定义为“教师是履行教育教学职责的专业人员”，教师则成为一种专业化的职业。1995年国务院颁布了《教师资格条例》，2000年教育部又颁布了《教师资格条例实施办法》，教师资格制度开始全面实施，是提高教师专业化程度的又一实质性的步骤与措施。因此，教师应是专业人员，教师职业应具有专业性。

我们不妨观察下面一个案例[②]：

一个孩子的母亲因孩子把她刚买回来的金表当成新鲜的玩具给弄坏了，就狠狠地揍了孩子一顿，并把这件事告诉了孩子的老师。老师幽默地说：“恐怕一个中国的爱迪生被你枪毙了。”这个母亲迷惑不解，老师对她说：“孩子的这种

① 刘薇：《教师专业化：世界教师教育发展的潮流》，载《中国教育报》2002年1月3日第4版。
② http：//www.qnwz.cn/plus/view.php?aid=47875

行为是创造力的一种表现，你不该打孩子，要解放孩子，让他从小有动手的机会。”

“那我现在该怎么办?”这个母亲听了老师的话后悔不迭。

“补救的办法是有的，你可以和孩子一起把金表送到金表铺，让孩子站在一旁看钟表匠如何修理。这样钟表铺成了课堂，修表匠成了先生，令郎成了学生，修理费成了学费，孩子的好奇心就得到了满足，说不定他还学会了修理呢。”

案例表明，教育专业人员与非专业人员的教育行为之所以存在差异，是因为专业人员具有特定的专业知识和专业能力，经过特定的专业训练和专业实践，所以在发现问题、解决问题方面比一般人更具有专业的敏锐性、灵活性和不可替代性。

2. 教师的自我发展

现代社会赋予了教师更多的内涵。教师必须根据社会发展的需要，结合基础教育课程改革的要求，找准职业角色定位，确定自己的发展方向和内容，不断完善专业理论知识，提升专业能力，才不至于在社会、学校、学生对教师的多种角色期望中迷失方向。

长期以来，教师的职业角色定位受到诸多方面的限制，一方面要求体现“师道尊严”的社会伦理，另一方面，被赋予“春蚕”、“蜡烛”、“人类灵魂工程师”的社会美誉。这些角色定位使教育活动带有某种浓重的人为色彩，使教师在教育活动中不能“真正”参与其中，不能充分展现自己的创造性。新时期教育的主要目标是“教育要为了每一个学生的发展”。在这种理念的关照下，教师对教师职业角色重新定位和转换的认同，成为每个教师的行动指南和发展方向。对新时期教师角色的转变，归纳起来有以下几个方面：

（1）由知识的传递者向学习的促进者转变

教师作为学生学习的促进者，意味着要从知识传授者这一核心角色中解放出来，由“重教”向“重学”转变，成为学生有效学习的指导者、促进者。

（2）由单一型教师向综合型教师转变

从世界各国的教育改革来看，知识综合化、课程综合化已成为一种发展趋势。传统的“单科型”教师已经不能适应未来社会发展的需要，取而代之的是知识渊博的综合型教师。这就要求教师尽快转型，担当起全面提高学生综合素质的重任。

（3）由经验型教师向研究型教师转变

随着社会的发展和教育模式的变革，要求教师由传统的经验型教师向研究型教师转变，以研究者的姿态重新审视自己的工作对象、工作内容和各种教育教学活动。

（4）由绝对权威者向合作者、协作者转变

在传统的教育体制中，教师的民主、平等观念比较淡薄，教师仿佛是真理的代言人，学生不敢也不会有丝毫的怀疑和否定老师的权威地位。现代教育要求教师放下架子，由绝对权威的领导者转变为学生学习的合作者、协助者，与学生情感相通，人格互敬，平等相待。

（5）由阶段性学习者向终身学习者转变

随着现代知识更新速度的加快，传统的阶段性学习已经不能适应社会发展的需要，与时俱进而持续不断地终身学习，成为当今社会发展的必然趋势。因此，新型教师必须重新树立终身学习的观念，根据自己的职业角色确定发展方向，不断更新知识结构，适应新的变化。这要求我们具备以下的要求：

首先，教师要转变知识结构观念，由传统的"学科知识＋教育学知识"的模式向"通识知识＋学科知识＋教育学知识"的新型知识结构转型，形成博、专统一的金字塔式的知识结构体系，在"精深"和"全面"两个维度都有所造诣。为此，应具备当代科学和人文两方面的基本知识，以及工具性学科如英语、计算机等的扎实基础和熟练运用的技能、技巧，为自身的知识结构奠定深厚的文化底蕴和发展的空间。

其次，教师对所教学科的专业知识必须系统、扎实、精通，才能保证有较高水平的教学，了解本学科发展的前沿动态，掌握本学科的新知识、新方法、新成果，才能满足学生的求知欲。

再次，超越本学科，掌握相关学科的广泛知识。教育是一种复杂的综合性的活动，要求教师既要懂得教育学、心理学等教育基础理论以及教育技术等多门教育学实用理论，还需具备基本的音乐、美术等方面的知识，方可引导学生认识美、欣赏美、创造美，激起学生对美好事物的热爱和追求。教师具有宽阔的知识面，具备多元性、多层次性、交叉性的能力结构，才能在教书育人的过程中得心应手，成为知识渊博的成功教育者。

作为一名优秀的教师，除了具备高度集中的注意力、敏锐的观察力、丰富的想象力、灵活的思维力、积极的应变力等基本能力以外，还应具有满足教育教学工作实践和教育研究等方面要求的特殊能力。主要包括：娴熟的教学工作能力、较强的思想工作能力、有效的管理工作能力、灵活的沟通能力和一定的教育科研能力等等。教师传授知识的过程中，需要运用专业知识的能力和科研能力，领会教材的主旨，制订教学计划，组织课堂教学，指导课外活动，总结教学经验，用新理论新方法提高教学水平。有了这些多方面的能力素质，才能保证教学工作有条理地顺利进行，出色完成教学任务，提高教学的效果。

（四）为师之道，重在学养，贵在师德

为师之道，重在学养，贵在师德。大到遵纪守法、献身教育事业，具体到个人修养、言谈举止，都属于师德之列。教师道德是教师职业的核心要素。教师道德包含教师的个体道德和教师职业道德两种内容。教师的个体道德是自我追求的道德，体现为教师的教育价值追求与敬业精神；教师职业道德是教师群体应当遵循的职业范围内的行为准则和必备品德。教育与其他职业不同，它的特殊使命和道德要求更体现在超越职业范围之外的领域。因此，教师道德应该是教师个人内部状态与外界环境交互作用的产物，教师的个体道德和职业道德作为研究是可分的，而在实践中是不可分的，只有美德伦理与规范伦理合一，个人与集体合一，教师人格与品德的完美合一，才能促使教师实现由职业境界—专业境界—事业境界的跨越，这才是教师职业的本真。

教育部和科教文卫体工会全国委员会联合颁布的《中小学教师职业道德规范》中提出：爱国守法、爱岗敬业、关爱学生、教书育人、为人师表、终身学习等六项要求。从职业道德观念、职业道德态度、职业道德行为三个维度对中小学教师的职业道德进行了规范。《专业标准》中“基本理念”的“师德为先”部分也对教师的职业道德做了详细解说。这些规定无一例外都强调教师要时刻加强师德修养，做到“既美其道，又慎其行”，以自己的学识、品行和人格，影响和塑造学生，当好学生健康成长的引路人，做良好社会风尚的积极推动者。

德国教育家第斯多惠认为：“教师本人是学校里最重要的师表，是最直观的最有教益的模范，是学生最活生生的榜样。”正在成长的小学生有很强的向师性、模仿性，教师就是学生最直接的认同和模仿的对象。教师的知识才能、思想品行、情感意志、人格特征对学生会产生潜移默化的影响，甚至直接影响学生未来的发展。因此，作为人才培养者的教师，在教育教学过程中应重视示范性的价值，增强榜样意识，时时、事事、处处以身作则。凡是要求学生做到的，自己要率先做到；要求学生不能做的，自己坚决不能做；要求学生不迟到，预备铃一响，教师就提前到教室门口等待等，看似区区小事，实则细微之处见精神、做表率。

记得在一个寒冬的早晨，西北风呼呼地刮着。同学们在上早读，书声琅琅。我刚到校，来到班上，手插在裤兜里，脸对着全班同学。这时，一个学生走进教室。我大声说："××，你为什么又迟到？把手放下站好……"忽然，我听到有人叽咕："自己也迟到……"一个女同学正在向旁边的同学使眼色，脸上露出不服气的神情。我心头一惊，正要发作的火一下子熄灭了。这事儿使我陷入深思。平时，一些看起来很细小、很微不足道的事情，由于没有重视，结果给了学生潜移默化、耳濡目染的影响。课上，有的学生被叫到前边板演，写完后随手粉笔往台上一扔，没有轻轻地放回粉笔盒；小干部用教鞭敲击讲台面要同学安静下来……这不都是我的行为在学生身上的再现吗？我感到，在学生面前，教师的一举一动都要十分审慎。数十双眼睛好像数十面明澈的镜子，照得教师毫发毕现，不容你有丝毫的懈怠。

——教师资格考试用书编委会主编：《中学综合素质》，北京师范大学出版社2012年版

古人云："师者，人之模范也。"[①] 教师具备良好的道德修养，才能在思想、品德、言行举止上成为学生的表率。孔子说："其身正，不令而行；其身不正，虽令不从。"[②] 如果要求学生做到的教师自己都没做到，那他在学生心目中会是一种怎样的形象呢？因此，教师只有以身作则，为人师表，才能有力地说服学生，感染学生，教育学生。由此可见，教师劳动的示范性对于教师又是一种束缚和限制，它要求教师在日常的教学和与学生交往的过程中要加强自身人格和道德品行的修养，更加注意自己的言行举止，以高尚的人格去感染人，以丰富的学识去引导人，以高雅的形象去影响人，以和蔼的态度去对待人，避免不良行为习惯对学生产生负面影响。

（五）做合作型、开放型教师

教师职业的发展，需要专业知识与技能，更需要以开放、合作的职场环境为载体，实现教师与教育、教育与社会、教师与社会的协调发展。

现行的学校教育制度中，培养学生的任务不可能由个别教师独立完成，必须经由不同阶段、多门学科或多种职能的教师来共同完成。所以说，教师的劳动具有集体协作的性质。就教育对象而言，学生的成长发展需要多方面的知识和修养。一个学生的成长，绝不是靠某个教师的教育就能达到目的的，它是教师集体协作劳动的结果。对一个教师而言，他的时间、精力和生命是有限的，一个教师的知识再渊博，

① 《法言·学行》。
② 《论语·子路》。

也只能教一门或几门课，不可能包揽一切，每个教师的劳动只能是整个教师集体劳动中的一部分。教师的科研活动，同样也具有集体协作的性质。尤其在现代社会里，教育成果的这种集体协作性更为突出。这就要求教师在工作中具有团队合作精神，遵守“关心集体，团结协作”的道德规范，自觉关心维护教师集体的利益；处理好与同事和学生之间的关系，学会相互尊重、相互理解、相互信任、相互包容。积极开展协作与交流，互帮互进，以实现共同的教育目标。当然，教师间的团结协作，不仅是为了达到共同的教育目标，而且能在互相尊重、信任、合作等方面做好学生的表率，给学生集体以良好的道德影响。

此外，基础教育课程改革提出教师要成为合作型、开放型教师，与家庭、社区进行有效交流、沟通合作，共同促进学生发展；协助学校与社区建立互助的良好关系，充分利用社区资源对学生进行教育。这些目标的实现都需要教师具有团队意识和团队合作精神，在认识上、情感上、意志上、行动上协同共进。

案例诠释

【案例一】

“张老师，您比妈妈还好！”①

在课间时，一个一年级的学生不慎在厕所里弄得裤子、鞋子上都是粪便。班主任张老师给她脱掉满是粪便的裤子和鞋子，一遍遍给她清洗身体，并把衣服洗得干干净净。当这位学生接过衣服的时候，两眼含着感激的泪水说：“张老师，您比妈妈还好。”这话一点儿也不夸张。不知有多少次，她给呕吐的学生打扫脏物，给学生系裤子、擦鼻涕；又不知有多少次，她给学生买早餐，从家里端来开水，给学生服药，一连两个月给患眼病的学生上眼药，背着烫伤脚的学生上厕所、送回家。有多少家长拉着张老师的手说：“孩子交给您，我们心里踏实。”

【思考题】

1. 请分析说明张老师担当了什么角色？案例体现了教师的什么精神？
2. 谈谈你对张老师这一角色的认识。

---

① http：//qhpx.cersp.com/article/browse/511322.jspx

【案例评析】

张老师扮演的是“班妈妈”的角色。案例中的张老师给学生清洗身体,洗净衣服，打扫脏物，而且经常给学生买菜送饭，送水送药，上学放学来回接送，体现了教师的敬业精神以及对学生无微不至的关怀和爱护，受到了学生及家长的爱戴。

教师与其他职业人员的区别之一，在于教师角色的多样性。从学生角度来说，小学生对教师的态度很像对自己父母的态度，视教师为长辈，充满尊敬、依恋之情，教师需要经常扮演父母的角色。从家长角度来说，他们已将管理、教育孩子的责任部分地移交教师，希望教师成为自己在教育子女方面的指导者和释难者；从教育教学工作的角度来说，教师是知识的传授者，学生学习的促进者、指导者，班级的管理者、组织者。虽然张老师富有爱心，作为班主任事无巨细，事必躬亲，成功扮演了多重角色，让学生喜欢，让家长放心，是一位不可多得的好教师。但是，如果老师事事充当“主角”，就有点“越俎代庖”了。作为班主任要逐渐培养学生自理能力，不能包办代替。要给学生一点自信，相信他们自己能管好自己，该他们自己能做到的、能办好的，让他们自己去做、去办。这样，既培养了学生自立、自理的能力，又培养了他们的自信心和自主意识。班主任要明确自己的角色是“配角”，不要争当“主角”，也不要成为“管家”和“保姆”，因此也要求家长履行好自己的职责。但这并不代表着班主任不去关心帮助学生，由于班主任的多职能化，使之与学生接触的时间较多，对学生的影响较大，因此对班级中的学生，班主任不仅在学习上悉心指导，在生活和情感上无微不至关怀，而且还要在安全上给予保障。

【案例二】

投票选“贼”①

一位学生在班里丢了10元钱，班主任气不打一处来，让全班32名学生投票选“贼”，结果有2名学生入选。当2名学生要求拿出证据来,老师举起手中的选票说:“这就是证据!”

【思考题】

1. 班主任的做法对不对？为什么？
2. 教师在教育教学工作中应该怎样依法执教？

① 赵显坤:《老师，你心中有条职业“底线”吗》,《中国教育报》2003年7月19日第3版。

【案例评析】

该班主任对于“班级里学生丢10元钱”事件,采取了学生“投票”选“贼”的办法,并以此作为证据来处理，这是侮辱学生人格尊严的行为，不仅违背了教师职业道德规范，也违反了教育法律法规，不仅给学生造成心灵上的伤害，也有悖于教师的职业形象。

教师在教育教学工作中应该做到:(1)要模范遵守宪法及其他各项法律、法规,尤其是要带头遵守《教育法》和《教师法》等有关教育的法律、法规,坚持德法并重,使自己的教育教学活动完全符合法制的要求和教师职业道德要求;(2)要学法、知法、懂法，自觉增强法律意识，全面履行教师的义务和正确行使教师的权利，并运用法律武器，维护学校、学生和自己的合法权利。

推荐阅读

1. 叶圣陶著，杨斌选编:《如果我当教师》，教育科学出版社2012年版。
2. 管建刚:《不做教书匠》，福建教育出版社2012年版。
3.〔美〕卢安·约翰逊著，薛妍译:《跳出教育的盒子》，中国青年出版社2009年版。
4. 刘捷:《专业化:挑战21世纪的教师》，教育科学出版社2002年版。
5. 杨斌:《教师职业幸福的秘密》，华东师范大学出版社2012年版。
6. 王君:《教育与幸福生活》，福建教育出版社2007年版。
7.〔英〕苏·里奇著，王亦兵、张振成译:《如何成为优秀教师:英美教师职业成长“圣经”》，中国青年出版社2012年版。
8. 吴非:《致青年教师》，教育科学出版社2010年版。
9. 傅维利:《教师职业道德教育指南》，高等教育出版社2007年版。
10. 连秀云:《新世纪教师职业道德修养》，教育科学出版社2002年版。
11. 伍新春、张军:《教师职业倦怠预防》，中国轻工业出版社2008年版。
12. 肖川:《教师的幸福人生与专业成长》，新华出版社2008年版。

第六章
尊重与信任：对小学生的态度与行为

本章关键词

生命教育　健康　人格　差异　关爱　尊重　信任

标准基本内容

维度	领域	基本要求
专业理念与师德	（二）对小学生的态度与行为	1.关爱小学生，重视小学生身心健康，将保护小学生生命安全放在首位。 2.尊重小学生独立人格，维护小学生合法权益，平等对待每一位小学生。不讽刺、挖苦、歧视小学生，不体罚或变相体罚小学生。 3.信任小学生，尊重个体差异，主动了解和满足有益于小学生身心发展的不同需求。 4.积极创造条件，让小学生拥有快乐的学校生活。

学理阐释

教育与人、教育与社会是教育中的两大基本关系。我国教育理论界曾长期轻“教育与人”的研究，重“教育与社会”的研究；同时，教育实践深层的基本表现也是“见物不见人，重物不重人”。这种状况直到20世纪80年代末期才有所转变。随着现代化建设的发展，人的权利、人的尊严、人的价值问题日益被重视。社会转型使学校这个以培养人为基本职能的机构受到很大的冲击，人们认识到教育要为经济建设服务，但经济建设更要为人服务；克服教育危机，必须重视人，教育学首先是“人”学，“人”才是教育的起点。1989年5月，《外国社会科学》编辑部、《教育研究》编辑部、中国教育学研究会教育基本理论专业委员会等单位联合召开了“教育与人”研讨会。

“人的教育”既是与忽视个人的“社会本位教育”相对而言的，也是与把人仅仅培养成劳动力的“劳动力教育”相对而言的。人是教育的中心问题和最基本的着眼点。教育的直接目的是满足人自身生存和发展的需要，促进人的自由、全面的发展是教育的最高目的；从根本上讲，教育应当把人作为社会的主体来培养，而不是把人作为社会的被动客体来塑造。

20世纪80年代中期，日本临时教育审议会接连发表了几个关于教育改革的咨询报告。第四次报告（终结报告）明确将“重视个性的原则”作为教育改革最基本的原则。该报告指出：“我们必须对照‘重视个性的原则’，从根本上重新认识教育的内容、方法、制度、政策等整个教育领域。”几乎与此同时，前苏联的一批教育改革家提出了“合作教育学”的思想，主张“个性的民主化”，即“个人的一切才能和精神力量的发展和解放”。他们重视发展人的个性，反对全民头脑的“标准化”，认为“合作教育学应该成为个性发展的教育学，而不仅仅是智力发展的教育学”。在他们看来，“个性的自由发展是我们的目标”。

我国也开始讨论学生的主体地位、学生的独立人格、学生的个人价值，反思长期以来把学生只是当作工具的教育观念与实践。有研究者具体论述了学生的主体性及其培养问题，有研究者具体分析了教育活动过程的组成及其主体性表现，有研究者具体构建了小学生主体性发展的指标体系，并开展了规模宏大的实验研究。主体性作为全面发展的人的根本特征被凸显出来。

教育的起点是人，这个命题自20世纪80年代以来几乎已经成为共识。提出这个命题无疑是个巨大的进步，然而这个命题的准确性仍令人质疑。人的本能是教育的起点，还是人的理性是教育的起点？人的身体是教育的起点，还是精神是教育的起点？

1993年5月，教育学者张文质受《教育评论》之托，对哲学家黄克剑作了一次以“教育的价值向度与终极使命”为题的访谈。黄克剑提出教育是“对人的成全”。黄克剑认为：“教育，说到底它的使命只在于对人的整体发展的一种成全，而人的整体发展提挈起来也可以说是人在自己的对象世界（外在）和内在世界中赢得自由。我所说的自由，不是一个相对于纪律的概念，也不是一个相对于必然性的概念，而是一个高格位的人文概念。它的本始而终极的意涵是：自己是自己的理由，自己是自己的主宰，功过自承而不把命运推诿于自己的践履省思之外。”[①]

1997年，华东师范大学叶澜教授在《教育研究》发表文章《让课堂焕发出生命活力》，从生命的视角来探讨教学。立足于生命视野是对“人的教育”的一种重新认识和理解，它以生命为教育的基点，认为教育就是要遵循生命的特性，不断地为生命的成长创造条件，促进生命的完善，提升生命的价值。

（一）安全和身心健康是第一要义

生命高于一切，人类一切活动的终极目的就是实现自身的健康和幸福。而生命对于每个人都只有一次，它神圣不可亵渎。其中，安全和健康是第一要义。

从法律意义上说，人之所以为人，因其具有基本人权，尽管各国对人权的界定不一，但被多数国家认同的人权立法包含的首要内容都是“安全的权利”。人格权也就是做人的权利（人格是指“人”的“资格”），是自然人对自身享有的权利，是公民的基本权利。具体而言就是自然人对自己的生命、身体、健康、自由、姓名、肖像、名誉、隐私等“人格利益”所享有的权利，称为人格权。

生命健康权是人格权的首要，分为生命权和健康权。生命权是公民作为人的存在，作为权利主体的前提条件，是每个公民行使其他权利的基础，生命的存在和生命权的享有是每个人最高的人身利益；健康权又称身体健康权，它包括精神和身体两个方面。未成年人作为社会中的弱势群体和民族的未来，其生命和健康受到法律的特殊保护。

从教育意义上看，就是要把尊重、关爱、呵护学生的生命和健康放在首位。教人痛心的校园伤害事件，教人揪心的校车安全问题，还有午餐质量问题，这些都还只是一些比较“硬性”的、易被察觉的安全和健康问题，还有许多软性的安全和健康问题，潜藏着巨大隐患。

（二）尊重学生的独立人格

教育不是生产，学生不是产品。在人格的层面，老师、学生是平等的，都拥有相同的人格权。而且小学生的生理、心理、智力等还没有发育完全，在思想行为上自然会有一些异于成人的地方，师生之间每时每刻都在进行的心灵接触，更需要自由、民主、平等以及感情的倾注，需要特别的耐心和尊重。

---

① 参见百度文库 http：//wenku.baidu.com/view/89246f84ec3a87c24028c42f.html

教师是否尊重学生人格，对学生的全面发展往往具有决定性的影响。作为教师，任何体罚、训斥、辱骂、讽刺和挖苦或嫌弃都是对学生人格的侮辱。美国心理学家塞利格曼的实验结果表明，经常遭受批评和挫折的学生容易形成习得性无力感，时间久了就会自暴自弃，不再努力尝试，这种消极行为会严重妨碍新的学习。

尊重学生人格：没有偏见

三个标准同时提出，尊重幼儿人格，尊重小学生、中学生独立人格，平等对待每一个幼儿或学生，强调教师应做到不讽刺、挖苦、歧视，不体罚或变相体罚。尊重学生人格不仅是专业标准，更是一项法律规定。

1993 年公布的《教师法》就有明确要求：关心、爱护全体学生，尊重学生人格，促进学生在品德、智力、体质等方面全面发展；2008 年修订的《教师职业道德》也将“关心爱护全体学生，尊重学生人格，平等公正对待学生”列入其中。

对教师职业道德的规范各地已有诸多尝试，济南市教育部门向老师发放了《教师禁言禁行、励言励行 100 条》的小册子，“你真笨”“没见过像你这么笨的学生”等被列入其中。

古希腊德菲尔神庙门柱上刻着一句话：“认识你自己”。生命的核心任务之一是理解我们是谁。著名法国哲学家和思想系统的历史学家福柯穷尽一生探索的是“自我”问题，认识自我——弄清楚自己是谁，以及会变成什么样子。美国著名人本主义心理学家罗杰斯说：“你一生中唯一能做的事情就是成为你自己。”

著名的漫画家蔡志忠为了让女儿懂得成为自己的重要性，在女儿的一次生日会上给孩子讲了一个童话故事：

> 从前，有一棵很小的番茄树，安静而快乐地生长着。但是人们都告诉它，只要它努力，就可以长得很大，结的果实会像大西瓜一样大，像香瓜一样香，像苹果一样营养丰富。于是，小番茄树很努力地吸取营养，很卖力地做体操，运动强身。结果，它的果实仍然只是小小的番茄。而且，最糟糕的是，现在的小番茄树“不再是”番茄树了，它到处夸耀，说自己是一棵西瓜树、苹果树。

蔡志忠告诉女儿，千万不要把自己交给别人，自己就要是自己！实际上，学生在家长、老师的成人意识居于统治地位的环境里，多多少少对自我有些迷失！家长总是强迫学生作为实现自己未完成的梦想的工具，老师总是一厢情愿地让学生按自己的意愿发展。其实，学生不是为了家长和老师而存在。

英国经济学家哈耶克认为，“强制之所以是一种恶，是因为它否定个人选择与实现自己目标的能力与权利，将其降低为别人的工具”。倘若一个班级处于学生受班主任专断、强制下的生活状态，那么，这里的学校生活已不是真正的学校生活，推行的也就不是现代教育。倘若一个社会处于一部分特权人物压迫另一部分人的专制的社会状态，那么，这种社会状态就不是文明的社会状态。

生命需要个体自主把握，因为人的生存不能替代。教育不应遮蔽每一个生命的色彩，教育要把本来属于人的东西重新还给人，把本来属于人的灵气重新还给人。任何带有强权烙印的东西，不论是人的还是物的，只要遮蔽了生命的意义，妨碍了生命的舒张，都应在被清除之列。

（三）尊重个体差异

教师一定要正视学生个体的差异，对不同层次的学生采用不同的教育教学方法。真正做到面向全体学生，使每个学生都积极主动地投入到课堂教学中去，不搞“一刀切”，而是“一把钥匙开一把锁”。

教师须知每一个生命的个体都是世界上独一无二的存在。上帝是公平的，当世界对你关上一扇门的时候，一定会打开另一扇窗，只是看你是否发现了那扇窗。人的自然禀赋也是一样，每个孩子都有自己擅长的事情。

尊重个体差异

三个《教师专业标准》(含《幼儿园教师专业标准》)同时提到，信任学生、尊重个体差异，主动了解和满足学生的不同需要。前不久，全国不同地区学校出现了绿领巾、三色作业本等教育事件，被冠以“教育歧视”，有损教育公平。山东师范大学教授张茂聪认为，“尊重个体差异”不能误解为“分层”，尤其是以成绩为标准的粗暴分层，真正的因材施教是根据每个学生的兴趣、能力制订个性化的教育方案，这样才能保护学生的兴趣和求知欲。

三个标准还同时提出，教师应注重激发和保护幼儿、小学生或中学生的好奇心、求知欲。一名不愿透露姓名的教育专家举了一个广为人知的例子，与外国学生问自己的画作画得“好不好”相比，中国孩子更多地在问“画得像不像”。

——http://www.chinadaily.com.cn/hqpl/zggc/2011-12-13/

学生的个体差异不仅表现在“多元智能”的不同维度上，也表现在性格气质、反应类型等方面，历史上似乎还没有人能证明性格外向的人比内向的人对社会发展的贡献更大或更小。给一群儿童讲故事，一类儿童肢体规矩，认真地倾听；另一类难以专心静坐，这里走走，那里动动。当故事讲完，问他们故事相关内容，情况却可能分成典型的四类：专心听讲状，能回答的；专心听讲状，回答不出的；东走西晃，回答得清清楚楚的；东走西晃，什么都不知道的。这说明，外部的表现与内部的心智运作并不完全对等。其中还有进一步的情况，那些回答问题和不回答问题的，也并非一一对应其内在的心智工作和发展程度。因为，有些孩子属于“直接反应型”，你给他一样东西，他马上做出反馈；有些孩子则是“系统反应型”，今天给他一组信息，他没反应；明天给他第二组信息，他还是没反应……到某一天，他才从沉睡中醒来似的，突然做出反应。此时你发现，“突然爆炸”式的头脑，已将整个系统的里里外外融会理解透彻。儿童如此，青少年甚至成人亦是如此，每个生命都是以差异的方式真实存在。

（四）让学生在快乐的天空下成长

孩子的学校生活快乐吗？若这样的问题抛给我们自己，我们该如何回答，若把该问题提给我们的学生，他们的答案又将是什么？

快乐，是成长的目标，也应是成长的过程。我们的教育是否预设了这样的目标？我们的学校是否塑造了这样的学习生活？

我们不妨欣赏下面这篇小学生作文，作文虽短，但对学校学习生活的体验和描述却很别致有趣：

> 学习快乐吗？NO，一点儿也不快乐。在我刚上幼儿园的时候，我家隔壁住着一个正在上六年级的大哥哥，在我还在熟睡的时候，他就向着校园奔去，在我吃晚饭的时候他还没有回来。时光过得真快，转眼间我就要踏入小学大门了。虽然我极不情愿，但是在父母的“威逼利诱”下，我无奈地进入了一年级的课堂。随着时间的消逝，我渐渐地习惯了这个大家庭。慢慢地我觉得学习并非是我想象的那样，学习也有快乐的时候。
>
> 每当我听到新的故事，学到新的知识，懂得正确的人生道理时，我就会感到快乐。随着年级的提高，我有足够的能力，阅读一些少儿读物了。每当读到主人公遇到挫折时，我就会暗暗地为他们加油；每当读到主人公重振精神时，我就会为他感到高兴；每当读到主人公战胜挫折，取得成功时，我就会为他喝彩。
>
> 渐渐的，渐渐的，我觉得有学习的生活，才是真正快乐的生活。[1]

---

① 摘自小学生作文网：http：//zuowen.tonghua5.com

小学生是一个特殊的社会群体，有着自己独特的对于快乐的体验——快乐感。这种快乐感对于他们的健康成长有很大影响。一个内心充满快乐感的儿童不仅心理健康，而且学习的积极性和主动性也会很高；相反，缺乏这种快乐感的儿童，身心发展会受到不同程度的消极影响。

今天中国小学生的学校快乐感是什么状态呢？何更生等人对二至五年级小学生的快乐感状况进行的调查表明，小学生的快乐感总体水平较高，对学校生活的满意度处于基本满意的水平，同时也存在性别和年级方面的差异。引起小学生对学校生活满意度较高的因素依次为：教师的评价、学校环境、教学方式和方法、同学之间的人际关系以及教学内容等。①

小学生是一个天性涌动的成长阶段，感受快乐，分享快乐，是小学生学校生活的应用内容；在快乐中挖掘孩子真善美的自然天性，在快乐中催生学生品行的成长潜能，是小学教育生活的应用品质。

案例诠释

【案例一】

迟到要不要“报告”？②

平等地对待学生，体现在教师工作中的方方面面，只要平时我们能留个心眼，时时提醒自己，学生一定能感受到公平的待遇。学生迟到，几乎是各个学校每天都要发生的事。迟到的学生要想回到班里上课，按“常规”必须要先站在门口喊“报告”，在得到老师的允许后方可推开门走进教室。多数情况下，还要在老师略带责备的询问后，说完自己真正的或在路上事先编好的理由后，才能回到自己的座位上。这一套程序是所有的学校老师一贯的、传统的做法，但对此我有一些自己的看法。

每个老师都会有过相同的感受，在你正讲得兴致勃勃、旁征博引，学生也正听得津津有味、聚精会神时，突然一声震天响的“报告”，把这一切美好的情景都打破了。你的思维突然中断，学生们的目光也都齐刷刷地转移到门口。如果碰上了胆子小的学生，就又是另外一番情景了。可能门外有个胆战心惊的学生已经喊了好几声“报告”，可教室里的你

① 何更生等：《小学生在学校的生活快乐吗？》，载《教育科学研究》2010 年第 5 期

② 《尊重和平等对待学生》.http：//blog.wledu.org/user1/whawdjr/archives/2011/95496.html#

却浑然不知，仍陶醉在自己的讲课中，直到发现有些学生的目光异样，有学生用手势向你暗示，指向门外，你才恍然大悟。赶紧让迟到的学生回到座位上，却已不知自己刚才说到哪了。还有一种情景就是你喊了一声“进来”后，门外的学生丝毫没有反应，还继续喊，弄得你哭笑不得，只得再大喊一声“请进”，否则，班里就会有热心的同学帮你齐声大喊了。

如此兴师动众，为何不请迟到的学生安静地走进教室呢？学生迟到有他们的原因，迟到的学生也是个别人，在上课时间内，为了问清一个人的迟到原因而耽误全体学生的学习，实在得不偿失。于是，凡是上我的课迟到的，不管什么原因都不用喊“报告”，自己直接推开门悄悄地回到自己的座位上。开始我很担心，会不会学生迟到的人次大幅度增加，班里上课的秩序乱作一团呢？几次之后，我发现以上的尴尬场面都避免了，而且往往是学生用略带歉意的眼神和我交流后，赶忙投入到整个课堂学习、思考的氛围之中。等到下课，他们通常都会主动找我说明原因。除此以外，我还收到了一些意想不到的效果。那就是我和学生之间的距离更近了，关系更融洽了，上课的效果也更好了。私底下，有的学生跟我说：“老师，我们觉得上您的课，心情特别放松，而且觉得在您的课上我们每个人是如此的重要，课堂是我们自己的，我们每个人都是课堂的主人。”

【思考题】

1. 你认为我们制定课堂规则的基本出发点应是什么？

2. 如果有一位学生经常迟到，而且屡教不改，你是否会经常打断课堂教学过程，对其施以颜色？

【案例评析】

每个人生下来无论出身、性别、年龄、种族，都有着完全平等的人格。在教师的品质中，十分难能可贵的是平等地对待每一个学生，尊重他们每一个人，使每一位学生都能从教师的行为中看到希望，受到鼓舞。我们要求孩子们尊敬师长，礼貌待人，入校门时向值班老师鞠躬行礼，那老师就不能自顾自聊天或对孩子的行礼置若罔闻。尊重是相互的，在这个案例中，迟到的学生有错，但老师仍然表现出了对他们人格的尊重，也充分尊重了班上其他孩子的听课权。老师的行为为孩子尊重老师、尊重课堂树立了很好的榜样。

【案例二】

面向全体学生的理念能否落实？①

最近一年来，姐姐常常会打电话来向我诉苦——小外甥女（姐姐的女儿）在小学里的种种“遭遇”，听到这些“遭遇”，我不禁想到基础教育的标准中所强调的“义务教育要面向全体学生”的理念，不禁感叹现实与理念的巨大反差。

外甥女去年刚刚上一年级，她是个喜欢做美梦的小公主，喜欢看童话，常常沉浸在自己美好的梦幻世界中，也喜欢把这些幻想的美好童话画在她的画里。这些让我们大家都觉得她很可爱，但是去年上了小学后她的噩梦便开始了。

遭遇一：

数学课上，老师叫她起来回答问题，在老师眼里这是一个已经讲得很透的计算问题，小外甥女天生反应比较慢，在她还在进行心算的时候，老师的火气已经忍不住发出来：“这么简单的计算还要想那么久！这节课别想坐下了，罚站一节课！哪位同学还像她那样就要罚站！”小外甥女便委屈地在老师的训斥声和同学的嘲笑中整整站了一节课。

遭遇二：

小外甥女在上小学之前都是在家里吃的早餐，上小学后学校统一安排早餐，但是小妞妞努力去适应了很久还是吃不下学校的包子，所以姐姐和姐夫每天给她在家吃完早餐才送去学校。有一天轮到她的小组打扫卫生，需在上课前完成，那天虽然妞妞提前半个小时到了学校，但是小组同学已经把地扫干净了，并且还向老师报告了小妞妞没有参加打扫。在未询问不参加打扫的原因的情况下，老师就直接对小妞妞下了惩罚：罚她一个人打扫清洁区一周，还强调任何同学都不许去帮忙。

遭遇三：

上小学了，是到了成为少先队员的时候了，老师在跟同学们讲述了做个少先队员的光荣和使命后，叮嘱孩子们从今天开始只要好好学习和积极表现，每个人都可以成为优秀的少先队员。听完老师的话，小同学们都特别渴望戴上鲜艳的红领巾成为光荣的少先队员，小妞妞回家后就激动地跟父母说了这件事情并积极和努力地学习。过了一周，终于迎来了加入少先队员的那一天，老师跟大家说第一年学习和表现优秀的同学可以先成为少先队员，便公布了名单。听完后，小妞妞很是受挫，因为全班就只有5个同学没能成为少先队员，

---

① 梁园园：《谈基础教育要面向全体学生的理念能否落实》，广西师范大学科学教育研究所课程论文，2013年1月。

而她就是其中一个，最要命的是这5个人中只有她一个女生，其他的都是大家眼中的淘气男生。那天小妞妞回到家后一句话都不说，低着头哭了起来。

遭遇四、遭遇五、遭遇六……

小妞妞性格安静温和，在家里人眼中她是个很乖很善良的小女孩，但这样可爱的女孩，就仅仅因为喜欢发呆和反应动作慢而饱受老师的批评和指责，老师总会跟家长抱怨她做作业总是比别人慢、她总是跟不上大家的步伐。在老师眼里，她似乎是个掉队的北雁，跟不上要飞向远方的雁群。

义务教育阶段强调教育要面向全体学生的理念，但在现实中，又有多少教师真正地读懂和践行了这样的理念？对于能否落实理念，我持明确的态度：好老师能落实，不好的老师落实不了。我的观点中其实默认了这样评价好老师的标准：好老师心中能面向全体学生，即心中能关注每一个学生。

或许许多教师会有现实中的各种理由来否定落实，其中最主要的是学生之间本身存在很多差异和教师要完成教学任务并要取得好成绩的目标之间的矛盾。所以这个主题的本质关键在于：孩子本身存在差异后，在现实环境中教师应如何对待这样的差异？小妞妞的老师显然是没能坚持学生的根本利益，没能做到平等地对待学生，她只给所谓的优秀学生最好的奖励，却给所谓的差生以最恶毒的打击。现实中也有许多教师为了能整齐划一地让全体学生一起大步向前，从而忽视了学生个体的个性发展。

教师或许真的没有那么多精力来时刻关注着每一个学生，但我认为教师至少应该在教学工作方面努力达到这个目标，特别是面对学习能力暂时还比较差的学生时要耐心了解原因并给予指导。但是在小妞妞的作业上，我看不到老师对个人的任何指导或交流的迹象。小妞妞努力完成的每一天的日记，字迹里透露着她写每一个字每一句话的认真和吃力，但是面对孩子这样活生生的生活感悟，语文老师却像改数学作业一样，她认为写得好的就打个钩，写得太少或写得不好的就直接打个叉，这些冰冷的勾勾叉叉恶狠狠地切断了本是学生和教师心灵交流的最好纽带。

还有在课堂上，教师对回答比较慢的妞妞给予惩罚和讽刺，这不仅仅给她带来了自尊心和自信心的伤害，还教会了其他孩子嘲笑和歧视弱者。每当妞妞暂时忘掉这些痛苦，开心地和父母去散步或去超市购物的时候，偶遇的同班同学都无一例外地当着妞妞的面跟妞妞父母打小报告，“妞妞爸爸，今天妞妞在学校又被老师罚站咯。”“妞妞妈妈，今天早上妞妞又被老师骂咯。”“妞妞爸爸，妞妞好笨的，作业写得慢慢的，我早就写完了，她都还没写得一半。”每当这时，妞妞的头就会习惯性地低下来，她没有哭，等她的同学走后她才和父母说明情况。父母没有因此责备她，但是老师和同学对她这样的伤害却让他们无比揪心，因为孩子的自信已经被摧残得所剩无几了。

【思考题】

1.“因为事太多了，所以我可能会忽视学生的个别需要，但不是我不想去满足每个学生的需要”。许多老师如此感慨。你如何评价这种感慨？

2.“成人社会中会有惩罚，为什么对学生就不能有惩罚呢？”你是如何认识该问题的？

【案例评析】

“遭遇”，或许是一种不期然，或许是一种不幸运。生活中言说“遭遇”，是因为生活有无数的偶然，是因为生活中有无数的不顺。成人生活中的遭遇或许让人学会更丰满地理解生命，也可以让人更沉重地误解甚或歪曲生命。而学校教育生活（我们给孩子、给学生刻意设计塑造的一种生活）中，我们的孩子是否也需要一些另类“遭遇”呢？

推荐阅读

1. 黄克剑、张文质：《教育的价值向度与终极使命》，载《教育评论》1993 年 5 月。

2. 李正涛：《为“生命·实践教育学派”的创建而努力——叶澜教授访谈录》，载《教育研究》2004 年第 2 期。

3.〔美〕塞林格：《麦田里的守望者》，译林出版社 2010 年版。

4. 朱永新：《新教育之梦》，人民教育出版社 2004 年版。

5. 华姿：《在爱中行走》，山东画报出版社 2005 年版。

6. 范梅南：《生活体验研究——人文科学视野中的教育学》，教育科学出版社 2003 年版。

7. 吴非：《不跪着教书》，华东师范大学出版社 2004 年版。

8. 张文质：《教育是慢的艺术》，华东师范大学出版社 2009 年版。

9. 张文质：《保卫童年》，福建教育出版社 2009 年版。

10.〔苏〕苏霍姆林斯基：《给教师的建议》，教育科学出版社 1984 年版。

11.〔意〕蒙台梭利：《童年的秘密》，中国妇女出版社 2012 年版。

12. 印度电影《地球上的星星》。

第七章
发展与成全：教师的教育教学态度与行为

本章关键词

整体发展　自主　兴趣　保护　助推　成全

标准基本内容

维度	领域	基本要求
职业理念与师德	（三）教育教学的态度与行为	1.树立育人为本、德育为先的理念，将小学生的知识学习、能力发展与品德养成相结合，重视小学生全面发展。 2.尊重教育规律和小学生身心发展规律，为每一个小学生提供适合的教育。 3.引导小学生体验学习乐趣，保护小学生的求知欲和好奇心，培养小学生的广泛兴趣、动手能力和探究精神。 4.引导小学生学会学习，养成良好学习习惯。 5.尊重和发挥好少先队组织的教育引导作用。

学理阐释

立德树人是教育的根本任务，小学教育是每个人成长的奠基阶段，品德素质则是学生全面发展的动力和基础。

当前，面对科技高度发展和社会迅速变迁的强烈冲击，整个社会在一片的追求卓越声中大刀阔斧地改革，生活富裕了，物质享受增多了，但同时人与人之间的疏离、相互不信任，呈现出种种不安的状况，传统的价值观正受到前所未有的质疑、挑战和考验，尤以伦理关系与道德意识式微最令人心寒，但现代伦理观念与行为规范却有待建立，社会文化正在重建。与之相伴随的是，教育教学中把知识能力的培养与人的整体发展割裂开来，出现了一系列问题。

教育负有对受教育者点拨人生价值取向的责任，以帮助青少年追寻人生的终极意义，包括身心的“幸福”和境界的“高尚”。我们的孩子在将来能不能成才，根本的问题还是能不能成人。

（一）因材施教：为每个学生提供适合的教育

《礼记·学记》中言：“君子既知教之所由兴，又知教之所由废，然后可以为人师也。”又说：“使人不由其诚，教人不尽其材。其施之也悖，其求之也拂。”就是说，教师对学生要诚心，要了解学生的学习情况，了解他们的优势和劣势，因材施教，否则就达不到育人的目的。

儿童的成长是一个不紧不慢的自然过程，需要在适当的时间提供适当的帮助。

笔者曾在本地一所很有名望的小学听过一节一年级数学课。教学目标是让孩子认识时钟的“小时”和“五分钟”。课堂有大量直观教学，生动活泼，可是作为一个家长，本能地感到这节课对提高孩子识别时钟水平效用不大。课的最后老师请同学们把自己的小闹钟拨到一天中最快乐的时刻，很多孩子拨到八点零二三分的位置——那是动画片在广告之后正式开始的时间。但这未必证明孩子识别时钟，可能只是一种图像（钟表的指针形态）与动画片之间的时间对应关系。于是笔者走过去问了几个孩子，验证了这一假想。

后来笔者到美国学习，发现从幼儿园到小学三年级，每个教室都有一面墙，孩子们轮流值日。每天在老师指导下，值日的孩子在这面墙上移动那些简易的卡片，完成年月日、星期、天气以及钟表时刻的更新。日复一日，年复一年。此时再回想当年那节课，如果当堂测验，一定有一批孩子达不到教学目标；到单元测验，还会有孩子答不上来；甚至到期中考试、期末考试……但是，这些孩子会一直不能识读时钟么？在我们的生活中，有多少正常人看不懂钟表？那些当时未“达标”的孩子，只是他们内在的生长还没到时候而已。

成长也是一个差异化的过程。运动员需要有超出想象的肌体，舞蹈家需要有恰到好处的体型，经济师需要有古灵精怪的智力，演奏家需要有纤长而又丰满的手指。现代社会的特点之一是专业分工，因此，生命热情出口的重要载体是专业能力。而只有发展基于个人自然禀赋的专业能力，才最可能导向生命价值最大化。

作为学校教育，就是要尽可能地为每个学生提供适合的教育，而不是让他们参加唯一的赛跑。

（二）兴趣、求知欲和好奇心：儿童生命的张力

小学生的天性中依然充满着对世界的好奇、兴趣，包含着求知的冲动。

小学生首先是个孩子。他们不能失掉快乐的精神生活。孩子只有生活在游戏、童话、音乐、幻想、创作世界中时，他的精神生活才有充分价值。没有了这些，他就是一朵枯萎的花朵。[①] 这种精神生活，说“快乐”，太轻；说“兴趣”，更恰当。虽然兴趣的性质不见得都是好的，但兴趣是生活的原动力，没有兴趣，生活便成了无意义。兴趣之中，充满着热情、好奇、探究，有一种与生俱来的向上、向好的生命张力。

在英国的课堂上，老师不会随意对学生的思想、想法加以肯定或否定，老师永远是鼓励学生的。老师的问题刚提出，就会有学生立刻抢着回答，虽然这样的回答许多是错误的，但老师从不会对回答错误的同学出言讥讽。老师们认为很多问题的回答只有好和不好，没有孰对孰错。有时候即使老师不同意学生的意见，他们也会说 OK。只是用其他方式暗示学生：你的想法还需要补充和完善。

——http://edu.people.com.cn/n/2012/0917/c1053-19025062.html

在我们被抛入世界的那一刻成长就开始了。尽管刚出生时，婴儿还不能自由移动自己的身体，但却有一种力量，帮助我们逐渐唤醒身体的每一部分。这种力量弥散在我们身体的每一个细胞里，弥散到我们所有的意识状态和情绪里。我们饮食，我们哭，我们挥舞四肢，我们划动空气或者敲响床板，甚至能够在困倦的时候伸个懒腰。这种力量或许就是被称为“生命力”的东西，她是如此旺盛。她会推动儿童突然快速奔跑，就像一团燃烧着的火，密实而热烈，需要释放与喷发。“你有没有做过这样的实验，模仿一个 4 岁孩子一天的活动，他做什么，你就做什么。”“我做了，但我模仿的时间都没有超过一个早晨。他弯腰我就弯腰，他蹲下我就蹲下，他跑多远我就跑多远。最后我累得都不能动弹了，但他什么事都没有，该做什么还是做什么。”[②]

① 〔苏〕苏霍姆林斯基：《育人三部曲》，人民教育出版社 1998 年版，第 71 页。
② 参见孙瑞雪：《爱和自由：孙瑞雪幼儿教育演讲录》，中国妇女出版社 2009 年版。

我们既有的知识和能力这些"冷"的智慧，需要在小学生生命张力的承载下，才能达成教育教学的深层使命，而儿童生命的热力正是建立在他们对人生世界、自然世界的些小细微之处的兴趣、好奇和求知欲望的基础之上。任何对儿童兴趣的忽视，对儿童好奇心的漠视和对儿童求知欲的无视都是对儿童生命张力的伤害。如果我们从不赞赏，不给予一定的时间空间，甚至一直地折挫儿童少年循着自然的直觉与好奇心的自主状态，那么我们也就没有理由抱怨他们的人格缺乏自主、自立、自强之品质。

（三）习惯成自然：让我们的孩子学会学习

人的品格和技能是不可见的，只能从其人的行为中见之。人的行为和活动是多样的，只能从其人习惯行为才见其品格和技能。什么是习惯？习惯就是一系列动作的程序化、自动化。怎样才能程序化、自动化？"习惯成自然"。我们走路，为什么总是先迈左脚，后迈右脚，两条胳臂随之摆动？我们说话，为什么总是先说一句，后说一句，一直连贯地说下去，把心里想的意思明白告诉别人？因为我们从小就习惯了走路，习惯了说话，而且"成自然"了。什么叫"成自然"？就是不必故意费心用力，仿佛本来就应该那样。就像计算机程序，只要你一点击，它便会自动运行下去，想停也停不了。走路、说话是我们最需要的两种基本能力。推而广之，无论哪一种能力，要达到了"习惯成自然"的程度，才算我们有哪种能力；无论哪一种品格，要达到了"习惯成自然"的程度，才算我们有哪种品格。[①]

是什么贯穿人的一生，且对人的一生有着至高无上的发展推动力？学习，唯有学习。学习的力量决定着生命发展的力量，而又是什么决定着学习的力量？学习动机、学习环境、学习条件……"未来的文盲不是不识字的人，而是没有学会学习的人"，阿尔文·托夫斯所言并非危言耸听，是否会学习才是真正决定"学习力量"的核心要素。"会学习"是一种能力，而养成好的学习习惯，则无疑就变成一种好的品质。

学生是学习的主体，也是自己未来生活和发展的主人。陶行知先生曾经说过"先生的责任不在于教，而在教学生学"。从小开始，我们就应该逐步让孩子养成"自己是自己的理由……功过自承而不把命运推诿于自己的践履省思之外"的自主自立的人格品质。也只有这样，学生才能真正学会学习，自主学习，才能形成主动的、长久的，甚至贯穿一生的学习习惯，被迫的、机械训练式的习惯养成终究是脆弱和抵触的。

---

① http：//blog.163.com/guoronglan_grl/blog/static/109018902201211167484189/

案例诠释

【案例一】

动物学校[1]

很久很久以前，动物们决定创办一所学校以应付日益变化的世界的需要。在这所学校里，教授一组由跑、跳、爬、游泳、飞行等科目组成的活动课程。为了便于管理，所有的动物都要学习所有的科目。

第一批学员有鸭子、兔子、松鼠、鹰以及泥鳅。

鸭子在游泳这门课上表现相当突出，甚至比它的老师还要好，可飞行课只能勉强及格，而对于跑则感到非常吃力。由于跑得慢，它不得不每天放学后仍留在学校里，放弃心爱的游泳以腾出时间练习跑步。它不停地练呀练呀，脚掌都磨破了，终于获得了勉强及格的成绩。而它的游泳科目，由于长期得不到练习，期末时只获得了中等成绩。学校对中等成绩是能够接受的，所以除了鸭子本人以外没有人在乎这一点。

兔子在刚一开学时是班里跑得最快的，但由于在游泳科目中有太多的作业要做，结果精神都快崩溃了；松鼠的成绩一向是班里最出色的，但它对于飞行感到非常沮丧，因为它的老师只许它从地面上起飞，而不允许从树顶上起飞。由于它非常喜欢跳跃，并花了很多时间致力于发明一种跳跃的游戏，结果期末时爬行只得了一个 C，跑只得了一个 D；鹰由于活泼爱动受到老师们的严格管制，在爬行课上的一次测验中，它战胜了所有的同学，第一个到达了树的顶端，但它用的是自己的方式而不是老师所教的那种方式，因此它并没有得到老师的表扬。

学期结束公布成绩，普普通通的泥鳅同学，由于游泳还马马虎虎，跑、跳、爬成绩一般，也能飞一点，因此它的成绩是班里最好的。毕业典礼那天，它作为全体学员的唯一代表在大会上发了言。

生活在草原上的许多鼠类动物没有在这所学校里学习，因为这所学校的管理者拒绝在课程里增加挖掘这一科目。为了子女的将来着想，它们把孩子送到一个商贩那里学习，之后又联合了其他鼠类创办了一所私立学校，据说这所学校办得相当相当成功。

---

① 胡东芳：《〈动物学校〉告诉了我们什么？》，载《福建教育》1999 年第 11 期。

【思考题】

1. 在你的教育生活中没有受到过关注和重视的学生，你认为他们会在想什么？
2. “没有在动物学校中学习的动物更有成功的机会”，你认同这个观点吗？

【案例评析】

是谁扼杀了鸭子的游泳天赋？为什么兔子的精神会崩溃？为什么第一个到达树顶的鹰得不到老师的表扬？为什么普普通通的泥鳅的成绩是班级里最高的？这所动物学校的管理者为什么要拒绝鼠类动物的要求？教育应该是选择适合“教育”的受教育者，还是创造一种适合受教育者的教育？教育应该是一种要求学生循规蹈矩、强调个性服从的共性教育，还是一种想方设法发掘学生的无穷想象力和创造力、尊重学生个体的差异的个性化教育？教育应该是从便于学校管理出发、便于教师教学出发对学生进行教育教学，还是从学生的个体差异出发、从学生的全面发展出发，从因材施教的教育、教学理念出发来培养学生？

以生命为起点的教育，应该根据学生不同的个性与能力安排活动，目的是使学生发现自己的存在、自己的能力，是使每个学生都能成为有别于他人的独特个体，总而言之，应该是一种力求适合学生的教育。

【案例二】

跟着直觉和好奇心走①

在17岁那年，我真的上了大学。但是我很愚蠢地选择了一个几乎和你们斯坦福大学一样贵的学校，我父母还处于蓝领阶层，他们几乎把所有积蓄都花在了我的学费上面。在6个月后，我已经看不到其中的价值所在。我不知道自己想要在一生中做什么，我也不知道大学能帮助我找到怎样的答案。但是在这里，我几乎花光了我父母这一辈子的所有积蓄。所以我决定要退学，我觉得这是个正确的决定。不能否认，我当时确实非常地害怕，但是现在回头看看，那的确是我有生以来做出的最棒的决定之一（笑）。在我做出退学决定的那一刻，我终于可以不必去选读那些令我提不起丝毫兴趣的课程了，然后我还可以去旁听那些有点意思的课程。

但是这一点都不罗曼蒂克。我没有了宿舍，所以只能睡在朋友房间的地板上；我去捡5美分的可乐瓶子，仅仅为了填饱肚子；在星期天的晚上，我需要走7英里的路程，穿过

① 乔布斯在2005年斯坦福大学毕业典礼上的演讲。

这个城市到Hare Krishna寺庙（注：位于纽约Brooklyn下城），只是为能吃上每周才能享用一顿的美餐。但是我喜欢这样。我跟着我的直觉和好奇心走，遇到的很多东西，此后被证明是无价之宝。让我给你们举一个例子吧：

里德学院在那时提供也许是全美最好的美术字课程。在这个大学里面的每个海报，每个抽屉的标签上面全都是漂亮的美术字。因为我退学了，不用去正常上课，所以我决定去参加这个课程，去学学怎样写出漂亮的美术字。我学到了san serif和serif字体（注：非衬线字和衬线字），我学会了怎么样在不同的字母组合之中改变空格的长度，还有怎么样才能做出最棒的印刷式样。那是科学永远不能捕捉到的、美丽的、真实的艺术精妙，我发现那实在是妙不可言。

当时看起来这些东西在我的生命中，好像都没有什么实际应用的可能。但是十年之后，当我们在设计第一台Macintosh电脑的时候，就不是那样了。我把当时我学的那些东西全部设计进了Mac。那是第一台使用了精美印刷字体的电脑。如果我当时没有退学，就不会有机会去参加这个我感兴趣的美术字课程，Mac就不会有这么多丰富的字体，以及赏心悦目的字体间距。如果windows没有抄袭MAC，（笑）那么现在个人电脑就不会有现在这么美妙的字型了。（鼓掌，欢呼）当然我在大学的时候，还不可能把从前的点点滴滴串联起来，但是当我十年后回顾这一切的时候，真的豁然开朗了。

【思考题】

1. 乔布斯退学了，比尔·盖茨退学了，但他们成功了。为什么会有这种现象？
2. 如果在今天，我们的小学生中途退学了，他们未来成功的机会又有多大呢？

【案例评析】

上了大学的乔布斯在寻找答案："自己想要在一生中做什么？"有多少人会思考这个问题，我们的孩子是否会在某个时候认真地思考这个问题，并付诸实践？乔布斯退学后，日子一点都不罗曼蒂克，没了宿舍，睡在朋友房间的地板上，捡5美分的可乐瓶子以填饱肚子……但他却喜欢这样。他跟着直觉和好奇走，无因而奋发，终于找到了自己钟爱的事物，找到了一生的目标。他豁然开朗是因为当他回顾时，那些洒落在人生中的散点，一个个独立的或悲或喜的事件、场景，因为自己的理由，被串了起来，便具有"乔布斯"的意义。

推荐阅读

1. 孙瑞雪 :《爱和自由》，中国妇女出版社 2009 年版。

2.〔日〕黑柳彻子 :《窗边的小豆豆》，南海出版社 2010 年版。

3.〔美〕艾斯奎斯 :《第 56 号教室的奇迹 : 让孩子变成爱学习的天使》，中国城市出版社 2009 年版。

4. 朱永新 :《过一种完整的教育生活》，华东师范大学出版社 2008 年版。

5.〔美〕帕默尔 :《教学勇气》，华东师范大学出版社 2005 年版。

6.〔日〕佐藤学 :《教师的挑战 : 宁静的课堂革命》，华东师范大学出版社 2012 年版。

7.〔美〕杜威 :《民主主义与教育》，人民教育出版社 2003 年版。

8.〔英〕尼尔 :《夏山学校》，南海出版社 2010 年版。

9.〔美〕迈考特 :《安琪拉的灰烬》，南海出版社 2010 年版。

10.〔法〕克利斯提昂·约里波瓦 :《不一样的卡梅拉》，二十一世纪出版社有限责任公司 2006 年版。

11. 李镇西 :《民主教育在课堂》，山东文艺出版社 2012 年版。

12. 电影《放牛班的春天》。

第八章
尚美与重道：教师的个人修养与行为

本章关键词

心理素质　举止规范　处事态度　学习态度

标准基本内容

维度	领域	基本要求
职业理念与师德	（四）个人修养与行为	1.富有爱心、责任心、耐心和细心。 2.乐观向上、热情开朗、有亲和力。 3.善于自我调节情绪，保持平和心态。 4.勤于学习，不断进取。 5.衣着整洁得体，语言规范健康，举止文明礼貌。

学理阐释

教育部颁布的《小学教师专业标准（试行）》（以下简称《专业标准》）在对教师的“个人修养与行为”这一领域提出了五点具体要求，明确地规定了小学教师在“个人修养与行为”方面的衡量标准和行动指南。

（一）教师既要“美其道”，又要“慎其行”

《专业标准》提出“个人修养与行为”五项具体内容是力促小学教师自身修养达

到教师这一具有特殊性、专业性职业要求的重要保障。由于教师是一种既特殊又非常专业化的工作，虽然孔子曾说三人行必有我师焉，但严格地说其实不是任何人都可以从事教师职业的。教师职业有自身的严格要求。那么这些要求是什么？具备什么样的个人修养与素质的人才能从事教师职业？这就必须通过教师的专业标准来规范。

教师这一职业有着非同一般职业的特殊性，教师既要“美其道”，又要“慎其行”，才能在教书育人的过程中使美的德性渗入学生的心田。因此，小学教师审慎地观照自身的个人修养，规范自己的行为是作为一名合格人民教师的必修课。我国古代典籍中对“修”与“养”的解释体现着各时代思想家对人生哲理与教化民众的主张。《大学》论道：“如切如磋者，道学也；如琢如磨者，自修也”；《辞源》中对“修养”的释义十分恰切：“乃学问上精密之功夫也。修以求其粹美，养以期其充足。修犹切磋琢磨，养犹涵育熏陶也。”此外，辞书上对“个人修养”也多有解释。“个人修养”是指“个人在政治、思想、道德品质和知识技能等方面经过长期锻炼和培养所达到的一定水平。‘修’是整治、提高；‘养’是指培育、长养。在中国伦理史上，古代伦理学家都十分注重道德修养的研究，尤其是儒家。儒家所说的‘修养’，是指通过内心反省，修身养性，培养完善的人格”①。毋庸赘言，儒学思想家的言论集成——《论语》被认为是中国古代较早论述教育思想的著作，《论语》中述及的教育思想，传递出儒学教育思想家为师为教的基本姿态，即在教育活动中都力求使每一位受教者达到“修身养性”，最终培育其完善人格。传承儒家文化精华的使命，也是我国现代教育教学与教师专业发展的应有之义，小学教师专业标准中列出专门一个领域，周详地规定“个人修养与行为”的具体内容正是为小学教师个人修养与行为素质的提高和完善做出保障，这与我国古代教育思想家传承的修身养性的教育理念融容相合。

（二）教师的职业道德与行为密不可分

在专业标准中，教师的职业道德，也即“师德”，是以“专业理念与师德”为维度特别予以列明的，而“个人修养与行为”是“专业理念与师德”维度下的四个领域之一。由此可见，“个人修养及其行为”是“师德”的下位概念，具体说来，若一位小学教师具有良好的个人修养，并严格要求自己的教育教学行为，则可以说这位教师具有一定程度的“师德”，但不能说该教师就是一个师德高尚的人；与此相反，拥

① 何新主编：《中外文化知识辞典》，黑龙江人民出版社1989年版，第102页。

有高尚师德的小学教师，就大体具备了良好的个人修养，并会严格要求自己的教育教学行为。

“个人修养与行为”与“师德”的关系不仅表现在其承脉与发展关系上，也表现在具体的教师优良品格上。研究表明，学生对教师师德的重视胜过对其教育技能的关注，总结发现学生较喜欢教师的如下品质：第一，热爱、同情、尊重学生；第二，知识广博，肯教人；第三，耐心温和，容易接近；第四，对学生实事求是，严格要求；第五，教学方法好。[①] 可以发现，教师的“热爱、同情、尊重”、“肯教人”、“耐心温和，容易接近”的品格都是难得的个人修养与行为规范。由此可以看出，良好的个人修养与行为规范是小学教师师德构成中最重要的因素，其重要性是与小学教师从事的经常性事务联系在一起的。教学占据主要工作范畴的小学教师接触最多的就是小学生，而研究发现教师的优良品格，即较高的个人修养与行为规范是小学生关注教师群体较为明显的特点和品质，成为他们学习与成长的明显导向因素。因此，为了全面实施素质教育，提高我国基础教育的整体水平，加大提升小学教师的个人修养和行为规范是当务之急与工作的重中之重。

（三）教师个人修养与行为规定的含义

专业标准提出的五项具体规定语言简练，内容翔实具有可操作性，范围周延、涵盖面较广，在很大程度上对小学教师个人修养与行为规范作了较高层次的引领与规定。

第一，富有爱心、责任心、耐心和细心。“爱心”在《当代汉语词典》中解释为“关怀、爱护人的思想感情”，要求小学教师在职业角色与个体角色之间柔性转换，将个人的爱与关怀放之于家人、朋友和学生身上，使得各有兼顾，同时以职业心为重，偏重于小学生的成长与发展；责任心，一般来说要求小学教师在教育教学过程中将自身的责任感和使命感融入学生的学习与成长过程中，用心教学，教好学生；耐心与细心是指小学教师在教学时应当倾注于学生身上的一种不厌其烦、精心细致的思想感情。著名教育家马卡连柯曾说：“爱是教育的基础，没有爱就没有教育。”陶行知先生也说过：“真正的教育是心心相印的活动，唯独从心里发出来，才能达到心的深处。”

教师的爱心、责任心、耐心和细心，体现为不仅要向学生传授知识和技能，还要注重挖掘学生的潜能，塑造健全的人格，也要对学生的身心健康和安全负责，真

---

① 方晓义等：《小学教师师德观的内隐研究》，载《北京师范大学学报》（人文社会科学版）2002年第1期。

诚无私、善始善终。

第二，乐观向上、热情开朗、有亲和力。“乐观”、“开朗”是人类性格气质的典型取向。乐观的人，常常是面带微笑、态度温和的，他们总是从周围去发现积极有益的东西，总是对他人表现出嘉许的态度。大多数人都喜欢和乐观的人相处，喜欢让他们快乐的天性感染自己，喜欢他们的热情。乐观的人不仅自己成功，也帮助他们亲近的人实现成功。乐观更是小学教师需要具备的性格特质，在教育教学活动中，保持乐观向上的生活态度与热情开朗的心理状态是教师实施身教的心理基础与感情基础，才能在教学过程中达到春风化雨般的效果。

教育的亲和力，归根到底是教育者的亲和力。[1] 教师身上最宝贵、最值得赞美的品质就是理解学生。一个人成年后回想过去的学生时代，会欣赏那些善于管理自己的情绪、善于对学生给予移情性理解的优秀教师，更会对那些触动过他们心灵的教师心怀感激。富有亲和力的人会更多地表现出热情、活力、谦和、真诚、关怀、温暖和移情的能力。一个富有亲和力的人一定会更加受人欢迎。小学教师只有拥有一种能使学生亲近、学生从意愿上主动接触的特质才能将教学效果发挥出来，才能跟学生建立融洽的师生关系。

第三，善于自我调节情绪，保持平和心态。事实表明，教师在工作中都会出现不同程度的不良情绪。教师作为普通的个体，在生活中不可能万事如意，家庭生活的矛盾、身体状况的欠佳、人际关系的烦恼、对问题看法的偏颇等都会影响到他们的情绪。但是，作为教师，职业要求我们必须保持稳定、乐观的情绪，才能营造出和谐的教学氛围，取得良好的教学效果。因此，小学教师必须具备良好的自我调节能力，在面对复杂而繁重的教学任务时，能够保持一颗平常心，平稳转换自身的角色，将个人情绪调至可控状态。

有效地调节和控制自己的情绪，是专业标准对小学教师的基本要求，那么，教师该如何获得和保持平静的心态和健康的情绪呢？首先，思想上要超脱，不计较一时一事的得失，开阔心胸。正所谓，宰相肚里能撑船，要努力站得高一点，想得开一点，看得远一点。其次，不断提醒自己的教师角色，因为事业是神圣的，学生是纯洁的，不能以任何借口影响教师群体的形象。再次，可以进行换位思考，想一想，假如我是对方怎么办，或假设是一位我尊敬的、豁达的人遇到这种情况会怎么对待，以“平

① 肖川：《打造教育的亲和力》，载《青年教师》2007年第7期。

常心”对待周围的人和事，从而消解自己“不满情绪”。也可以找一位自己信得过的人一吐为快。更为重要的是，教师要有合理的思维，这表现为弹性思维和辩证思维。直观事物的发生、变化和发展都有一定规律，是不以人的意志为转移的；每个人都有自己的意愿，我们不可能要求他人按自己的意愿行事，因此无论对自己还是对他人，都不应要求“必须”或“应该”怎样，不应绝对地认为某事非此即彼，而要有一定的伸缩度；同时，要全面地、直观地、发展地来看待任何事物的发生，避免以偏概全，人为地夸大后果，静止地看问题。

第四，勤于学习，不断进取。教师的职业特点，决定了教师的读书风气最能影响学生和社会的风尚。只有热爱读书的教师，才能培养出热爱读书的学生，才能营造出整个社会热爱读书的良好氛围。热爱读书的教师，是社会的一笔无形资产。学识源于读书，处在不断的发展变化之中。《学习的革命》一书中指出：“我们的孩子们将生活其中的世界正在以比我们的学校快四倍的速度变化着。”① 如果教师不能把准时代的脉搏，不断地读书，拓展视野，增长学识，不仅不能教好学生，反而会因为自己的落伍而妨碍学生的发展。可见，学习和进取是教师的立身之本。

当今社会正处于新知识、新信息不断创造、不断产生的时代，而小学教师也正面临知识更新、教育教学方法快速变革的挑战，否则作为教师，本身固有知识结构很难适应知识时代快速发展的特点。因此，勤于学习、不断学习，积极进取的生活与工作态度是小学教师需要具备的职业素养，也是做好人民教师的敬业品质。每一个小学教师都应当做到随时更新自己的知识结构，用新知识修正旧知识，厚积薄发，不断进取，才能在日益变化的课堂上游刃有余，讲好课，教会学生。

第五，衣着整洁得体，语言规范健康，举止文明礼貌。心理学视角下，教师的外在形象美能够在教学时发挥潜移默化的影响作用，启迪学生对美的向往、对美的追求、对美的践履。教师外在形象的构成包括教师的服饰、语言及行为举止。

先谈教师的服饰。教师作为普通的社会成员，在着装上与一般人有相通之处；但是教师作为一种特殊的社会角色，其着装又与一般人有所不同。小学教师在面对年龄尚小、思想和情感极具可塑性的小学生时，不仅要表现出“内在美”，更要在外显形像上表现出“外在美”，以榜样的诱导性功能在教育教学中发挥作用。具体来说，整洁卫生、美观大方、朴素典雅是对教师着装的总要求，也是最起码的要求。另外，

---

① 珍妮特·沃斯、戈登·德莱顿著，顾瑞荣等译：《学习的革命》，上海三联出版社 1998 年版，第 249 页。

在着装方面要注意与自身条件一致，即要从自身条件出发，综合考虑自己的体型、肤色、年龄、家庭经济状况等多种因素，穿出自己的风格和个性。另外还要注意与所处环境协调。学校的环境是整洁、严肃、活泼向上的。教师的衣着在整洁得体的基本要求下，也要随着具体的校园环境的变化而变化。课堂教学时的衣着应该整洁而高雅，劳动、游乐时的着装则应简便、轻盈。

在小学教育教学过程中，教师的表情、言谈举止是最现实、最生动、最有力的教育手段。通过规范的课堂用语、标准的普通话对教材进行讲解、评析与总结，每一节课都在标准化的语言环境和行为规范下实施，由此，从根本上减弱课堂之间的差异，达到预期的教学效果。总之，教师通过简洁得体的服饰传达给学生积极乐观、简单节约、朴实大方的生活理念，从而继承与发扬中国尚简的传统文化和教师的美好形象；又通过自身的文明举止，给学生树立接人待物的道德榜样，在学校生活中引导学生的世界观、人生观、价值观，这也是现代小学德育教育的重要内容。

案例诠释

【案例一】

永远青春的斯霞——写在《爱心育人》出版之际[①]

在本世纪即将走完最后一个秋冬的时刻，在新世纪即将到来之前，曾经被誉为“新中国小学教育的探索者”——全国著名特级教师斯霞把她的又一部关于爱的教育文集奉献给广大读者。这就是斯霞教育生涯——《爱心育人》。

《爱心育人》全书分两部：第一部为“育人之道”，是斯霞老师本人撰写的在各报刊上发表的有关学校教育和家庭教育的重要论述。包括“教育思想篇”、“教学思想篇”和“家庭教育篇”；第二部为“斯霞之路”，是记者专家们撰写的有关斯霞的教育事迹、教学经验的报道特写和评述。包括“爱心育人”、“师生楷模”、“霞红满天”。

斯霞老师把教书育人视为充满情和爱的事业。斯霞老师爱教师职业、爱学生，爱得痴迷，爱得纯真。这种爱是神圣的爱。因为她不仅仅是爱自己的孩子，她还爱别人的孩子；她爱的不仅仅是一两个孩子，她爱的还是所教的全体孩子。这种爱是无私的、最崇高的，是丝毫不容置疑的。

---

① 斯霞、王先炯等著：《爱心育人》，江苏教育出版社1999年版。

斯霞老师把爱灌注在她的全部教育过程中，用爱的教育去关心学生、引导学生、感化学生，用全身心的爱去教育学生。由于爱的教育，再难教的课文（字词）也变得浅显易懂、生动有趣；再顽皮的孩子也变得活泼可爱、聪明好学。

小姑娘的辫子散了，斯老师帮着梳理；

天凉了，斯老师用自己孩子的衣服给衣单的学生穿上；

下大雨了，斯老师背着学生蹚过被水淹没的马路……

一句话，斯老师给了孩子全部的爱。

爱的奉献是斯霞老师高尚品质的所在。

斯霞老师一辈子从事的是小学教师工作，她默默无闻地坚守在别人认为“没出息”的“孩子王”的岗位上，讲的是奉献，而不是索取。她把毕生的精力献给了教育事业，献给了孩子。

为了搞好教学改革，没有教材，自己动手编，硬着头皮顶着困难去攻关；

为了上好每节课，日夜忙于设计教案，改进教法，废寝忘食；

为了教改实验班，顾不了病重的丈夫和自己的小孩；

“文革”期间被批被斗，想的是什么时候能走上讲台去教书；

在荣誉面前，想的是“我是一名小学教师”。

数十年来，斯霞老师赢得众多成就和荣誉，但她从未向组织上要求过什么，相反，她谢绝了南京市教育局副局长的职位和待遇。她以一个普通的教师身份从学校退休。90高龄的斯霞仍住在普通的居民楼里，经常从家步行到学校看看书，看看孩子们。

斯霞，就是这样一位爱奉献的人，一个纯粹的人，一个真正的人。

【思考题】

1. 斯霞老师对学生的爱是如何体现的？
2. 已经颇具名气的斯霞老师为何甘做一名小学教师？
3. 斯霞老师为什么能取得如此大的成就和荣誉？

【案例评析】

斯老师有一颗伟大的爱心。爱教师职业，爱学生，无限忠于人民的教育事业。斯老师从18岁当教师开始，一生只爱教师这一行，爱得痴迷，爱得纯真。她曾主动放弃过当官的机会，放弃过更好的社会地位，一心为师，不为所动；她从未有过跳槽谋利的杂念，金钱和名利不为所动。她只喜欢当小学老师，只喜欢学校。对于从事教师职业，她终身无悔。斯老师的心里只有学生，学生的衣食冷暖在她心里，学生的头疼脑热在她心里，学生的举手投足在她心里，学生的学习品行在她心里，学生的一生未来都在她心里。

斯霞老师有一颗珍贵的童心。童心是智慧之树的小嫩芽儿，是创造之花的花骨朵儿；同时，童心也是师爱的源泉。童心永驻，正是斯老师高尚师德的一个重要组成部分。她善于把握儿童的心理特征，以其敏感的童心，及时捕捉孩子们的童趣，急儿童所急，想儿童所想，爱儿童所爱，恨儿童所恨，悉心呵护孩子们的好奇心、求知欲，从而调动儿童学习的积极性，培养他们的探索精神和创新思维。

斯霞老师还有一颗立异标新的进取心。斯霞堪称一位教育改革的弄潮儿，识字教学改革，她独树一帜，锲而不舍，不断创造出新的教育经验和教学方法。一个创新意识强的人，她必然会自觉地接收新信息，她的思想观念则不会陈旧，她的精神状态就会永远保持进取的蓬勃朝气。

【案例二】

读书与教师成长①

书籍是传承文明的桥梁，是延续文化的中介。充实而有意义的人生，应该伴随着读书而发展。

我一直认为，一个人的精神发育史实质上就是一个人的阅读史。学校就是提供了一个读书的空间，一个学生在老师的指导下读书的空间。而学生读书的兴趣与水平又直接受老师的读书兴趣与水平的影响。因此，教师的读书不仅是学生读书的前提，而且是整个教育的前提。

教师读书当然不仅是为了学生。有人说，教师是一个辛勤的园丁，培育美丽的花朵；也有人说，教师是春蚕，劳作到死吐丝方尽；还有人说教师是人类灵魂的工程师，塑造着学生的精神世界；更有人说，教师是蜡烛，燃烧自己照亮别人。这些曾经写在我们教育学教科书上的东西，现在看来，是有不少问题的。

我认为，教师不仅仅是园丁，他自己本身就该是一朵美丽的花。花是无法去影响园丁的，它只能给园丁带来感官的愉悦，带来工作的成就感。而在现实生活中，学生对于教师的影响是巨大的。教育过程是教师与学生互相作用的过程。同时，园丁自己是如何发展的呢？我们过去的教育理论强调教师的价值必须通过学生的价值体现出来，忽视了教师自己价值

① 《中国教育报》2004年2月19日第8版。

的直接呈现方式。

教师也不是春蚕，教师的生命在每一个季节。春蚕吐丝是没有目的甚至是没有对象的，它的使命是为自己筑一个永远的巢，最多是为人类提供几根纺织用的丝。这显然不应该是现代教师的形象。

教师还不是人类灵魂的工程师。人类的灵魂不可能是一个机器，让工程师任意修理，用一个固定的工艺流程去塑造或者改变。而且，教师自己的灵魂由谁去塑造呢？

教师更不是蜡烛。那种把教师看成是点燃自己照亮别人的说法，其实是很荒唐的。

那么，教师究竟是什么？其实，教师就是教师。教师与学生是一对互相依赖的生命，是一对共同成长的伙伴。教师每一天在神圣与平凡中行走，为未来和现在工作。教师首先是一个人，他有自己的喜怒哀乐，有自己的油盐酱醋，他必须做好一个人，争取做一个大写的人，一个能够影响学生健康发展的人，一个永远让学生记住并学习的人。

教师要达到上述的境界，最重要的途径就是读书。精神财富保存的载体主要就是教育的经典著作，阅读经典，与过去的教育家对话，是教师成长的基本条件，也是教师教育思想形成与发展的基础。

教师读书不仅是寻求教育思想的营养，教育智慧的源头，也是情感与意志的冲击与交流。从过去的教育家的著作中，教师可以学习的东西很多。有心的教师会认真阅读教育的重要文献，认真学习不同时代教育家的人生理想与人格力量。读书会让我们的教师更加善于思考，更加远离浮躁，从而让我们的教师更加有教育的智慧，让我们的教育更加美丽。

【思考题】

1.“园丁”、“春蚕”是教师应有之本色吗？

2. 有人说“读完一本书，书却主宰了我”，你是如何认识这句话的？

【案例评析】

教师的教学自信从哪里来？应该是来自不断的学习。现代社会是一个迅速发展的社会，知识不断地增加，只有终身学习，才能跟上时代的步伐。原来一些死记硬背的知识在现在看来已经没有想象中的重要了，现代社会教师教育的核心是对其能力的培养：学习能力的培养，创新能力的培养……只有教师自身不断地及时学习才能够教给学生最新最有用的知识。而且，教师的魅力在于通过活化知识积淀，形成诸多良好的品质：个性、修养、风度、气质、幽默感，对人的尊重的态度，以及对真理的追求与敬畏。可以这样说，一旦教师自身停止了学习，教师的教学也就丧失了活力。

一个合格的教师，首先应该是一个学习型的教师。通过阅读学习不断提高自身水平，成为一个专业性强的教师。只有一个学风踏实、作风勤勉的教师，才有可能在自己的专业领域里找到真正的价值所在，建立起超越世俗标准的专业自信。拥有这样的自信的老师，就会是博学的老师、智慧的老师、神采飞扬的老师，当然也会是学生们喜爱的老师，能够影响学生一生的老师。

【案例三】

教师该如何着装？①

古人有云："师者，所以传道授业解惑也"。意思是说，教师是向学生传授道理、讲授学业、解决疑难问题的人。在学生面前，老师的一言一行、一举一动，以及穿着仪表等都对学生有着潜移默化的影响。

身教胜于言传。教师的为人师表，不光要在学识修养上使人敬佩，在着装上也不能含糊。"教师站在讲台上，要面对几十双目光的盯视，着装不当会大大影响讲课效果，甚至会降低教师在学生们心目中的地位。"外国语学校校长许永华告诉记者。

人从内到外都应该是美的，有"人类灵魂工程师"之称的教师更应当穿得优雅得体一些。"在我们周围，有许多品貌仪表、学识修养都得到学生称许的教师，我们相信，这样的教师会越来越多。"许校长表示，虽然学校并没有太多限制教师着装的校规，但在校园里并不存在教师着装不当的现象。"教师基本上都是受过高等教育的，对于着装方面都有很高的自我约束力，并且他们都具有自己的着装品位。"

许校长认为，虽然现在我市绝大多数学校还没有统一着装，但只要教师们内心有把"尺"，统一或者不统一着装其实意义并不大。

得体着装显内涵。虽说教师的内涵比服饰更为重要，但拙劣的服饰打扮也会减损教师的内涵、气质，以及对学生的感召力。"作为教师，符合自己的职业特点和教师身份是着装的第一原则。"梁丰小学德育处主任周利亚告诉记者，教师的着装与仪表首先必须大方得体，给人一种端庄、有教养的感觉。

实验小学的朱冬梅老师认为，教师得体着装首先要做到的是衣着要干净，穿戴要整齐。"干净整洁的仪容是教师着装的基本要求，教师衣着忌脏，要及时换洗，且穿戴要整

---

① 摘自《张家港日报》2011年8月22日。

齐，鞋袜要整齐，而且应该保持手指甲的清洁，不留长指甲，不涂指甲油。”朱冬梅告诉记者，教师的穿着脏兮兮、皱巴巴，被学生看见很容易在潜移默化中造成不良后果。其次，教师着装要注意形象，女教师切忌穿着暴露。吊带衫、低胸、露背装、露脐装、超短裙及短裤、单薄透明的衣衫、过于紧身的服装、凉拖抑或特别高的高跟鞋都不适合教师的身份。此外，过于怪异的奇装异服、色彩过于艳丽的服装同样不适合。朱冬梅另外还指出，教师可以适当地化一些淡妆，但不宜浓妆艳抹。

追求时尚有方法。教师着装要得体，但也不能一成不变，过于保守与中规中矩的打扮会给人以老土、墨守成规的感觉，无形中在教师与学生之间产生距离感。

“现在孩子们普遍都有着自己的审美观，如果老师始终保持一个传统保守的形象，学生就会觉得老师很‘老土’，会与这样的老师保持距离感。”港区初中的施小龙老师认为，教师着装要得体，但也要尽量穿出自己的风格，穿出时尚感。

“老师你今天的衣服不漂亮，以后不要穿这件，我们不喜欢。”周利亚苦笑着告诉记者，有时候自己穿了一件颜色过于深沉的衣服或者几年前的旧衣服，有些大胆的孩子就会跑过来对她品头论足，而有时漂亮得体的衣着也能得到孩子们的表扬，“周老师，你今天真漂亮，看起来特别年轻。”周老师告诉记者，女教师特别是幼儿园与小学教师的服饰色彩应该是明快、温暖的。因为有研究表明，儿童乃至青少年，对明快、温暖的色彩特别感兴趣，所以，白、苹果绿、柠檬黄、天蓝、粉红、湖蓝、橘黄等颜色，是女教师的首选。“教师服饰色彩也不宜过于艳丽，过于华丽的服饰很容易在课堂上分散学生的注意力，影响学习效果。”

【思考题】

1. 您觉得自己的着装与身边的其他职业的朋友是否有明显的区别？
2. 如何处理或调和作为教师的你与小学生在着装审美观上的差异？

【案例评析】

“学为人师，行为世范”寄托着公众对教育工作者的殷殷期望，教师的着装仪表是职业的行为规范，应成为全体教师共同遵守的准则。唯有规范自己的行为，才能成为传道、授业的典范。

每一位教师都应该对自己的美丽和魅力有足够的了解，平时不妨多看一些服装方面的时尚刊物或网站，学学服饰搭配技巧，也可以多向身边懂得穿衣的人请教，了解自己的穿衣风格，找到最适合自己的服装。

推荐阅读

1. 斯霞、王先炯等 :《爱心育人》，江苏教育出版社 1999 年版。

2. 方明主编 :《陶行知教育名篇》，教育科学出版社 2005 年版。

3.〔法〕卢梭著，李平沤译 :《爱弥儿》，人民教育出版社 2001 年版。

4.〔苏〕苏霍姆林斯基著，杜殿坤译 :《给教师的建议》，教育科学出版社 1999 年版。

5. 朱永新 :《新教育之梦》，人民教育出版社 2002 年版。

6.〔美〕内尔·诺丁斯著，于天龙译 :《学会关心——教育的另一种模式》，教育科学出版社 2003 年版。

7.〔美〕珍妮特·沃斯、〔新〕戈登·德莱顿著，顾瑞荣等译 :《学习的革命》，上海三联出版社 1998 年版。

8. 肖川 :《打造教育的亲和力》，载《青年教师》2007 年第 7 期。

第九章
洽闻与笃行：教师的小学生发展知识素养

本章关键词

心理特点　学习特点　性健康教育　幼小衔接　安全保护

标准基本内容

维度	领域	基本要求
专业知识	（五）小学生发展知识	1.了解关于小学生生存、发展和保护的有关法律法规及政策规定。 2.了解不同年龄及有特殊需要的小学生身心发展特点和规律，掌握保护和促进小学生身心健康发展的策略与方法。 3.了解不同年龄小学生学习的特点，掌握小学生良好行为习惯养成的知识。 4.了解幼小和小初衔接阶段小学生的心理特点，掌握帮助小学生顺利过渡的方法。 5.了解对小学生进行青春期和性健康教育的知识和方法。 6.了解小学生安全防护的知识，掌握针对小学生可能出现的各种侵犯与伤害行为的预防与应对方法。

学理阐释

《小学教师专业标准（试行）》（以下简称《专业标准》）在对小学教师的“学生发展知识”这一领域提出了十项具体要求。其中包括六点“了解”类要求，即“了解关于小学生生存、发展和保护的有关法律法规及政策规定；了解不同年龄及有特殊需要的小学生身心发展特点和规律；了解不同年龄小学生学习的特点；了解幼小和小初衔接阶段小学生的心理特点；了解对小学生进行青春期和性健康教育的知识和方法；了解小学生安全防护的知识”。四点“掌握”类要求，即“掌握保护和促进小学生身心健康发展的策略与方法；掌握小学生良好行为习惯养成的知识；掌握帮助小学生顺利过渡的方法；掌握针对小学生可能出现的各种侵犯与伤害行为的预防与应对方法”。

（一）政策法规追求教师、学生、教育环境的多方理性

小学教师了解关涉小学生的相关政策法规，一是为了学生发展，使教师能够在传授小学生生存技能、引导发展与成长的过程中，有的放矢，全面兼顾，在政策法规约束的范围内展开工作；二是为了教师权益。教师了解并熟悉政策法规，能够很好地利用它们保护自身的权力与利益；三是为了教育环境。了解并熟悉相关政策法规，能使教师在教育教学活动中有法可依，有据可循，收放自如，促使教育整体环境趋于公平、互利、和谐，最终促使教师在职业生涯发展过程中实现履职价值和人生价值。

（二）尊重学生身心发展规律

小学教师在实施课堂教学和面对学生的生命成长时，都必须立足他们的身心发展阶段，关切并了解这一时段学生的成长、发展与学习规律，才能在教学活动与生命教育中因材施教，因时、因地制宜。我国人民代表大会常务委员会在 2006 年 6 月 29 日审议通过了新义务教育法——《中华人民共和国义务教育法》，其中第十一条规定：

“凡年满六周岁的儿童，其父母或者其他法定监护人应当送其入学接受并完成义务教育；条件不具备的地区的儿童，可以推迟到七周岁。”

我国小学生入学年龄一般在 6—7 岁时段，幼小到小初阶段的小学生正处于身体和心理发育的快速增长期。教师通过学习和研究小学生身心健康的发展规律，才能在教学过程中形成一套独特而针对性强的策略与方法，为做好小学教育教学的日常工作奠定基础。由于小学生年龄阶段的特殊性，刚到入学年龄的适龄儿童还处在幼儿园时期灵活自由的教学模式之中，这种模式与小学一年级的集体性、约束性教学模式存在很大区别。这就要求小学教师具有引导和过渡初入小学一年级学生的心理辅导方法和策略，在教学中结合幼儿园的灵活性和小学教学的集体约束性实施教学，以达到幼小阶段教学的最佳学习效果，成功引导孩子适应小学教学的模式。与此类似，小学生在完成六年级学习目标时，需要升入初中阶段继续进行义务教育的学习，因此，小学六年级任课教师还需在完成规定的教学任务时，为学生升入初中阶段继续学习进行入学前的辅导和训练，以完成小学与初中教学模式的对接。

目前，我国教师准入制度规定，小学教师在进入教师职业前必须取得教师资格证书。因此，小学教师的人员构成无论是否出自师范院校或者师范类专业，在入职前都必须取得相应的教师资格证书。这就要求小学教师或者准教师都必须掌握教育心理学的基本原理与方法。教育心理学是根据教育与教学目标，在具体的学校和课堂情境中进行的心理与行为研究。从这种观点来看，重要的不是教师怎样应用心理学原理于教育，而是如何根据需要切实解决教育与教学中的心理学问题。

（三）掌握学生行为养成

小学教师首当了解并熟知小学生学习的特点，并基于学生表现出来的特点组织教育教学活动。此外，需要学习并了解小学生良好行为习惯养成的知识。一般研究认为，小学生的学习不是自发地独立完成的，而是在教师的领导下，在集体和个别活动中进行的。小学生的认知速度比较快，但认知能力仍处在发展中，这些因素都直接影响学生的学习效率。从生理发展特点来看，小学生的感知系统尚不完善，对教材和阅读材料的认知大多粗糙模糊，呈现出偶然性、随意性的特点；从其生理发展阶段上看，小学生的神经系统发育仍处于继续完善阶段，大脑皮层的兴奋和抑制还不均衡，其参与学习活动的目的性、自觉性较差，且比较容易产生疲劳感；从思维形式上看，小学生的形象思维能力突出，抽象思维则比较欠缺，因此缺乏对学习内容的分析、比较、归纳与总结，阻碍了其知识结构的形成和完善；从其思维状态上看，小学生尚处在对知识和环境极为好奇的情绪状态中，活泼好动，善于探索发现，但注意力不容易集中，且持续注意力较差，容易被突发因素干扰，课堂思绪容易游离。小学教师应当在入职前统括地了解小学生的学习特点，再结合具体任教年龄段学生的具体表现，不断探索总结其学习的阶段性特性，形成系统的个性化方法，再继续指导教育教学实践。另外，小学生还具有认知水平较低、思维和情感变化较大、天性喜欢学习和模仿、性格可塑性极强等心理状貌的特点，因此，教师要结合这些规律性特点总结出小学生良好行为习惯形成的知识与方法，有针对性地施加于教育教学活动中，以达到潜移默化的养成效果。

（四）了解孩子，呵护学生青春期

小学生由于缺乏青春期的经验和知识，面对自己身体和心理发生的变化，往往会惊慌失措，难以应对。小学教师应当明确，对小学生开展青春期和性健康教育不能“想说爱你不容易”，而应当“宜早不宜迟”。

小学教师不仅要了解青少年学生的青春期和性教育知识，更为重要的是掌握开展教育的方式和方法。青春期和性教育知识不能局限于几节简单的生理卫生课，要多开展与学生交流与补充课程素材的活动，教育教学需要灵活多样，方式方法也要求新求变，让学生在生理发育变化前由“未知”变成“预知”，以减少小学生在身体和生理状态发生变化时无法适应的尴尬。一般地，教师应该根据儿童性生理、性心理变化的自然规律制定符合其年龄、性别特征和认知水平的性教育教学课程，依据儿童身心发展的顺序，确定恰当的教育时机，优化教育内容，组织多样化、层次性分明的教育形式，促使儿童正确对待自己的身体生长发育、情感发展和生理表征。小学教师应认识到了解小学生青春期和性健康教育知识和方法的重要性，依照《专业标准》，提升与发展专业素养。

青春期医学概述

青春期或称青春发育期是指从儿童过渡到成年的时期，是小儿发育的最后阶段，也是小儿生长发育的第二个高峰期。这段时间很长，几乎占整个人体生长发育的一半。青春期的主要特征就是性器官和第二性征的迅速发育及体格发育明显加速，同时，小儿的心理和行为等方面都有相应的变化。这一阶段是决定个人一生的体格、体质、心理和智力的关键时期。

目前，青春期的范围和分期标准国内外尚未统一，大多数认为青春期范围女童 10—19 岁，男童 11 或 12—21 岁，比女童晚 1—2 年，也有学者建议女童 101/2—15 岁，男童 111/2—16 岁；少数主张 10—24 岁为青春期范围。世界卫生组织（WHO）将 10—20 岁定为青春期的范畴。

对处于青春期的孩子来说，无论从生理到心理都正在经历着巨大的变化，无论是青春期的生长发育、青春期的生理内分泌变化、青春期的疾病谱以及心理健康等，既不同于儿童，又不同于成人，均需要全社会特别是医学界给予特殊的关注。

——摘自俞建等：《青春期医学与性早熟》，载《第十一次全国中西医结合儿科学术会议文集》

（五）维护学生，防范侵害

小学生的生命安全是进行一切教育的前提和基础，教师与小学生关系最近，接触最多，因此每个小学教师必须提高警惕，善于观察，及时防范，消除小学生可能面对的各种侵犯与伤害行为。小学教师应统筹日常生活中可能发生的侵犯和安全隐患进行预防和应对，主要关注小学生个人的安全、健康的生活方式、坏习惯及预防杜绝；道路危险情景、交通规则、交通危险；社会交通中乘客行为；发生火灾的可能原因，防火安全措施，发生火灾时的行为规则，如何使用灭火器；在水中的危险情况和处理规则，如何救助溺水者；使用日常设备和仪器，掌握日用化工和个人电脑等基本规则；掌握个人的自卫方法，正确使用家用急救药箱和呼吸面罩；在大自然条件下，人的安全行为，地形方向、灾难报警、获取火种、水和食物等方面的知识等。[①] 此外，小学生的现实生活是立体的、多面的，教师应当从生活实际中总结经验，归纳容易导致小学生受到侵犯和伤害的原因，进而有针对性地进行教育和防范。

案例诠释

【案例一】

小学，请还孩子以童年[②]

小学教育究竟应该是什么样的？

“我以为对‘小学教育’的认识，首先要回到对‘童年’的认识上。任何人，对于童年所持守的观点，就决定了他对小学教育的认识。”来自江苏某校的冷玉斌老师对记者说，“现在，一些人、一些小学教师非但对儿童心理了解不够，对‘童年’的认识也不足，如果不能充分了解童年在人一生中的内涵、价值与意义，那么所有的教学，无论其技术上有多么炫目，‘成果’多么绚烂，都可能是七宝楼台，一拆即散。”

国务院参事、中国教育学会小学专业委员会理事长、著名教育家李烈曾经谈道：“教育的前提，就是了解儿童，从儿童的视角和心理去把握整个教育的走向，教育不是对儿童的管制，而是激励、点燃、唤醒”。成都市泡桐树小学校长陈杰说：“如今从事小学教育的教师，儿童心理学素养的确缺乏。当然，这源于多种原因，但作为校长，应该特别引领教师多去关注、研究儿童”。著名小学校长姚文俊先生曾在接受本报记者专访时这样谈及小学教育：“教育就是从儿童出发，发现儿童、了解儿童、认识儿童、发展儿童”。

---

① 赵伟：《俄罗斯中小学生安全教育述评》，载《外国教育研究》2011 年第 8 期。

② 摘自《中国教师报》2012 年 7 月 4 日。

如果不“认识”儿童，甚至是“反儿童”的，后果会怎样？“每一个生命个体的成长都遵循着生物发展和精神发展的规律，这是自然的法则。企图跨越成长的阶段，狂热追求考试成绩，很可能导致儿童的心智、社会阅历、道德的缺陷。纵然赢在了起跑线上，却输掉了童年，甚至人生。”在本报香山会馆读者论坛上，有网友不无担忧地说：“小学教育，不应成为童年杀手。”

在陶行知的眼里，“儿童和青年，在我们的世界是最大，比什么伟人还要大”“儿童社会要充满简单之美”。这就是“伟大的儿童”与“简单的教育”。然而，教育的现实又是怎么样呢?儿童重要却未及“伟大”，儿童的教育始终是“复杂纷繁”的。追究现实的根源，仍然是我们未曾从陶老先生的言论里体悟到真正的“儿童观”。

【思考题】

1. 童年的秘密到底是什么?
2. 你如何看待和理解“不要让孩子输在起跑线上”这句话?
3. 老师该如何帮助小学高年级的孩子更好地做好进入初中的准备?

【案例评析】

教育，不是一蹴而就的，也不是一朝一夕的，教师也是一个需要不断学习和提升的群体，学习的方式之一就是要向儿童学习，正如陶行知说：“不愿向小孩子学习的人，不配做小孩的先生。”教师专业标准提倡教师要具备关于中小学生的知识，而这些知识不仅仅是从书本得来，更多的是在师生的互动与对话中获得。在互动与对话中，教师可能成了学生，学生可能成了教师，这种角色的互换，更加有利于营造出民主和谐的课堂氛围。

【案例二】

性教育跟不上孩子成长的脚步①

“今天的生理课改为数学课”。相信很多孩子都对老师的这句话深恶痛绝，走形式的性教育、欲盖弥彰的性知识，更容易加剧孩子们的好奇心理。

今年8月广东省性学会第15次学术年会发布的《广东省中学生性健康教育研究报告》显示，在性知识来源中，“朋友”是学生最早了解性知识的主要来源，家人仅占11.02%，其中父亲所占比例最低，为1.54%，母亲为7.83%。10.69%的学生在情色网页上获取性知识，

① 摘自《中国妇女报》2012年9月14日。

2.94% 的学生在黄色影碟上获取性知识，2.07% 的学生通过色情读物获取。调查结果显示，30.65% 的中学生认可在双方愿意情况下的婚前性行为，其中有 2.23% 的女生和 3.35% 的男生发生过性行为。

这次调查揭示了一个不容忽视的问题：有 19.7% 的中学生遇到过性骚扰，其中男生有 6.2%，女生为 13.5%。有 4.28% 的中学生被迫发生过性关系。中学生都以“被挑逗”为主要性骚扰形式，这一类学生占到总数的近一半。“被强迫交友”的学生有 15%，“被搂抱”的学生有 12.65%。一方面是孩子们性知识的缺乏和面临的与之相关的困扰，另一方面是青春期教育的缺失。

如今，大部分小学五、六年级的孩子就开始对异性产生好奇，想去了解和接触，这是成长过程中的正常现象，性意识的觉醒和情感的萌动是谁也挡不住的。有专家指出，在小学阶段开设生理卫生或性教育课很有必要，因为性教育的一个基本原则是：在性发育前进行性教育。性好奇是孩子的天性，若没有正确的引导，孩子可能会在好奇心的驱使下接触一些不良的性信息，这反倒会对孩子产生不好的影响。而性教育的一个重要功能就是缓解孩子的性好奇。只要性教育是科学的、专业的，就不会对孩子产生负面影响。

【思考题】

1. 小学性教育的底线究竟设在哪?
2. 小学生性教育需要什么样的教材?
3. 如何应对小学生关于性方面的提问?

【案例评析】

儿童性教育是个敏感而又不可回避的话题，它关乎孩子的身心健康与发展，绝不可掉以轻心。性教育这块阵地应当由学校来占领，可以在某种程度上减弱社会上流传的不良刊物、录像对青少年的侵害。与其绞尽脑汁、想方设法地把孩子们同这些东西隔绝开去，不如多花点工夫给孩子们以正确的引导。现在的初中生都或多或少地上过生理卫生、青春期教育课，应该说他们对必要的生理知识懂得不少。不过，生理上的成熟并不意味着心理上的成熟。许多性错误的产生并不是由于生理知识的缺乏，而是源于好奇心和道德感尚未形成。我们学校的任务不只是对孩子的青春期教育传授一些生理卫生知识，更重要的是要让孩子们学会辨别是非、培养道德观念、懂得爱的真谛。一个人同异性交往时，徒有生理知识和强烈的好奇心却缺乏成熟健康的心态是很可怕的。

【案例三】

英国儿童十大宣言①

1. 平安成长比成功更重要；【安全的权力。教育儿童人人有若干权力，如呼吸权。这种权力任何人不能剥夺。告诉儿童，任何人也无权剥夺儿童的安全权。安全重于一切】

2. 背心、裤衩覆盖的地方不许别人摸；【保护自己身体的权力。儿童应当知道身体属于自己，身体的某些部分应被衣服所覆盖，不许别人看，不许触摸。儿童有拒绝亲吻、触摸的权力】

3. 生命第一，财产第二；【生命第一的权力。告诉儿童在遇到暴徒时有权获得朋友的帮助或坚决拒绝暴徒的要求。许多暴徒表面凶狠，内心却很胆怯。所以许多儿童齐心协力，一齐高喊："滚蛋！"这通常能把坏人吓跑。万一遇到真正的身体威胁，儿童身小力薄，一般只能向坏人屈服。有时，孩子们会担心被坏人抢去财产回家挨打受骂。例如有的小孩会想：如果坏人抢了我的自行车，父母准会打死我。应告诉孩子，他们的身体安全比自行车更重要得多】

4. 小秘密要告诉妈妈；【向父母讲真话的权力。向孩子保证，无论发生什么事情，只要孩子向父母讲明真情，父母都不会怪罪的，而且会尽力帮助孩子。当儿童向大人说实话时，他们应被充分信任。大人应当马上信任儿童并及时帮助他们。例如，在性骚扰事件中，如果儿童向大人诉说，而未得到信任，这种骚扰会经年累月持续下去】

5. 不喝陌生人的饮料，不吃陌生人的糖果；【拒绝毒品与危险品的权力。有权不听陌生人的话，不喝陌生人的饮料，不吃陌生人的糖果。有权对毒品、烟酒坚决说不】

6. 不与陌生人说话；【与陌生人不打交道的权力。孩子有权不和陌生人说话。当陌生人与孩子说话时，孩子可以假装没听见，马上跑开。生人敲门可以不回答，不开门。告诉孩子，对陌生人不理睬是对的，小孩没有能力帮助陌生人。大人绝对不会认为这是不礼貌的】

7. 遇到危险可以打破玻璃，破坏家具；【紧急避险的权力。为了保护自己，儿童有权打破所有规章与禁令。告诉孩子，在紧急之中，他们有权大叫、大闹、踢人、咬人，甚至打破玻璃，破坏家具。司马光砸缸就是典型事例】

8. 遇到危险可以自己先跑；【果断逃生的权力。遇到坏人、地震、大火孩子应当果断逃生，拔腿就跑。自警、自救、自助。可以不等大人的指挥】

9. 不保守坏人的秘密；【面对侵害不遵守诺言的权力。告诉儿童，即使他曾发誓不告

---

① 王大伟：《英国儿童十大宣言》，转引自《课外阅读》2010 年第 7 期。

诉别人，但遇到坏人欺负一定要告诉家长，这些秘密千万不要埋藏在心里】

10. 坏人可以骗。【对坏人可以不讲真话的权力。遇到坏人，可以不讲真话。机智应对，才是好孩子】

【思考题】

1. 关于儿童保护，英国有十大宣言，我们中国孩子有什么呢？

2. 我们学校中的小学生生存教育和安全教育的缺憾在哪里？

3. 从英国儿童十大宣言中，我们可以得到什么启示？

【案例评析】

如何教育孩子，使其健康、快乐、平安成长，是每一个中国的家长和老师都十分关心的问题。"英国儿童十大宣言"内容非常具体，具有很强的可操作性，其核心价值观高度关注儿童的生命安全，引起了读者广泛的共鸣。其中第一句："平安比成功更重要"，这是至关紧要的理念，孩子生命的平安，确实比"成功"、"成才"等任何其他事情更重要。另外，"生命第一财产第二"也表达了这样的理念。其他诸如"不喝陌生人的饮料""遇见危险可以自己先跑"等等，都是具体的安全警示，它很注重细节，因为安全就是由一个个细节构成的生命常态。

尽管"英国儿童十大宣言"并不是每一条都完全适合我们中国儿童教育的实际，但还是可以给我们提供一些新的教育思路，值得所有家长和老师借鉴与思考！

【案例四】

教育儿童先要读懂其心理生活[①]

我们必须面对这个最重要的现实：儿童拥有一种心理生活，这种心理生活的微妙表现尚未引起人们的注意，它的发展往往会被成人无意识地破坏掉。

对儿童来说，成人的环境不是一种适宜的环境，而是一群障碍物。这群障碍物实际上是对儿童的防御，使他们的态度乖戾并容易受成人的暗示。作为教育基础的儿童心理学一直是从成人的角度，而不是从儿童的特性来进行研究的。因此，它们的结论必须从根本上进行重新审查。正如我们所看到的，儿童每一个不寻常的反应都给我们提出一个有待解决的问题；儿童每一次发脾气都是某种根深蒂固的冲突的外部表现，这种冲突并不能简单地解释成是对不相容的环境的一种防御机制，而应该理解为更高的品质寻求展示的

① 蒙台梭利著：《童年的秘密》。

一种表现。发脾气就像是一场暴风雨，它是阻碍儿童的心灵中的秘密显露的一种无奈的表示。

很明显，所有这些伪装把儿童的真实心灵都隐藏起来了。发脾气、抗争和偏常等表现掩盖了儿童自我实现的不断努力，使他不能展示他的真正个性。他的个性仅仅是各种特性的一个总称。在这些不协调的外部表现背后，肯定存在着一个根据一个精确心理发展模式正在发展的个体精神胚胎，那就是个性。就在这些外部表现底下，隐藏着一个尚未被认识的儿童、一个被掩盖的充满活力的人，他必须获得自由。教育所面临的最紧迫的任务，就是去了解这个尚未被认识的儿童，并把他从所有的障碍物中解放出来。从某种意义上说，自由意味着一个人知道自己应该做什么，或者实际上就能去发现尚未知的东西。

在心理分析的研究和对尚未被认识的儿童心理的研究之间，存在着一种根本区别。这种根本区别主要是：在成人潜意识中的秘密是自我约束的某种东西，而儿童的秘密很少会被他的环境所隐藏。要帮助一个成人，就必须帮助他解开在漫长的时期中形成的有关适应的一团乱麻。要帮助一个儿童，我们就必须给他提供一个能使他自己自由发展的环境。儿童正处于创造和发展的时期，完全应该为他敞开大门。事实上，他正在创造自我，也就是说，正处于从不存在到存在、从潜在性到实际性的过程中。处于这个时期，儿童不可能是复杂的。由于儿童具有日益增强的能力，他在展现自我时就不会有很大困难。在一个自由的环境中，即在一个适宜他发展的环境中，儿童的心灵自然地得到发展，并自动地揭示它的秘密。只要坚持这条原则，那么，所有的教育努力都不会更深地陷入一种无止境的混乱之中。

新教育的基本目的首先是，发现儿童和解放儿童。与之有关的首要问题就是儿童的生活方式，简单地讲，就是儿童的生活。其次是，当儿童日趋成熟时，给他提供必不可少的帮助。这意味着，环境是十分重要的；环境在儿童发展过程中必须适合于儿童的成长。障碍物必须减少到最少；环境必须为那些有助于儿童能力自由发展的活动开展提供必要的条件。由于成人他自己也是儿童环境的一部分，因此，他也应该使自己适应儿童的需要。成人不应该是儿童独立活动的一种障碍物，也不应该代替儿童去进行那些儿童生长和发展所必要的活动。

【思考题】

1. 儿童的世界与成人的世界之间最大的区别是什么？
2. 你所理解的儿童的发展特点是什么？

3. 教育作为一种特殊的环境，如何能更好地发挥促进儿童成长与发展的作用?

【案例评析】

罗马诗人朱维诺尔所说的话："最崇高的敬意应该给予儿童。"我们应该说："儿童是成人之父。"承认所有的力量都来自那委托儿童完成秘密使命的潜能。只有经由儿童才能逐渐生长为成人，一个成人的完美须靠他在儿童时期所做出的努力！经验使得我们麻木不仁，但儿童是纯粹的，正处于获得感知印象的过程中。他们始于一无所有，因此能感受到创造的痛苦。而我们就像一个靠艰苦劳动而富起来的人的儿子。我们不理解他所承受的劳苦和艰辛。我们由于已取得的社会地位而变得冷淡和迟钝。现在我们可以运用儿童给我们的理性，儿童经过训练的意志，以及他为我们而激发起来的肌肉。如果我们能使自己适应于这个世界的话，那是因为儿童给了我们适应这种意识成为可能。我们之所以富有，那是因为我们是儿童的"后嗣"，儿童始于一无所有，为我们提供了未来生活的基础，从一无所有到他未来生活的第一源泉，儿童必须做出巨大的努力。儿童是如此接近为活动而活动这个生命之泉，这是一种创造方式，对于这种创造的方式我们既不了解也回忆不起来。

推荐阅读

1.〔美〕劳拉·E·贝克著、吴颖等译：《儿童发展》，江苏教育出版社 2002 年版。

2.〔美〕坎贝尔等著，王成全译：《多元智能教与学的策略》，中国轻工业出版社 2001 年版。

3. 教育部师范司编：《教师专业化的理论与实践》，人民教育出版社 2003 年版。

4. 彭歌、陈敬：《伟大的笨蛋：中外名人的差生生涯》，花城出版社 2003 年版。

5. 刘铁芳：《守望教育》，华东师范大学出版社 2004 年版。

6.〔意〕蒙台梭利著、单中惠译：《成人对儿童的压抑》，京华出版社 2002 年版。

7. 叶浩生、杨文登：《教育心理学：历史、分歧与超越》，载《教育研究》2012 年第 6 期。

8. 陈若葵：《性教育跟不上孩子成长的脚步》，载《中国教育报》2012 年 9 月 14 日。

9. 王大伟：《英国儿童十大宣言》，载《课外阅读》2010 年第 7 期。

第十章
格物与致知：教师的学科知识素养

本章关键词

科学　学科　综合性课程　分科课程　知识体系

标准基本内容

维度	领域	基本要求
专业知识	（六）学科知识	1.适应小学综合性教学的要求，了解多学科知识。 2.掌握所教学科知识体系、基本思想与方法。 3.了解所教学科与社会实践、少先队活动的联系，了解与其他学科的联系。

学理阐释

（一）适应小学综合性教学的要求，了解多学科知识

小学生学科学习的综合性以及教师教学的开放性，决定了小学教师必须适应小学综合性教学的要求，因而教师需要了解多学科的知识。

1. 小学生学科学习的综合性

小学生的学科学习体现的是一种综合性学习，需要打破课本是唯一信息源、教师是唯一信息传递者、教室是唯一信息交流场所的教材、教师、教室“三中心”论，

需要打破学科本位论，体现鲜明的综合性特点。其主要表现在如下几个方面。

一是学习目标的综合。小学学科学习的目标涉及知识和能力、过程与方法、情感态度价值观三个维度目标的整合。

二是学习内容的综合。小学的学科内容彼此相互渗透，相互联系，体现出学习内容的综合。

三是学习方式的综合。小学各学科的学习体现书本学习和实践活动相结合，接受学习和探究学习相结合，课内学习和课外学习相结合，集中学习和分散学习相结合，规范学习和休闲学习相结合，个体探究和合作学习相结合。

四是学习资源的综合。包括课堂教学资源和课外学习资源的综合性开发和利用。

2. 小学教师学科教学的开放性

小学教师的学科教学需要沟通课堂内外的联系、沟通学生与自然社会的联系、沟通各学科之间的联系，具有极强的开放性。这种开放性也是综合性的一种表现。

（1）教学时空全方位开放

小学教师的学科教学，需要让学生由封闭的学习向开放的学习转变，由静态的学习向动态的学习转变，由只有近短期的学习课题和学习计划向中长期的学习计划转变。教师教学的时空向家庭、社会和自然开放，组织学生走向社会，亲近自然，放眼科技文化的发展，体验家庭生活，观察社会现象，记录典型事件，学习先进人物，探究社会焦点热点问题，在活动中吸纳知识、积累生活、丰富情感、提高认识、开阔视野、陶冶情操。

（2）教学内容的开放

生活的领域有多宽阔，小学学科教学的领域就有多宽阔。学科教学的内容除了文本，更应包括多元信息——书面信息、影视信息、网络信息、社会传闻、多彩生活、未知领域、其他学科知识的学习和应用等等。缤纷的世界、多彩的生活是最生动最鲜活的课堂，教师的学科教学要引导学生热爱生活、深入生活，体验生活，发现美、感受美、创造美，从丰富多彩的生活中汲取文化营养。

（3）教学过程的开放

课堂上教师需要放手让学生在积极的思维和情感活动中去深入地探究，真切地体验，充分展示自己的个性，释放自己的灵性，准确而有创造性地得出自己的结论。在体验性学习、实践性学习、专题研究中，教师鼓励学生自己设计、组织，主动探索，大胆质疑和创新，不怕困难和挫折，实事求是地总结自己活动的得失和经验教训，把活动的过程和结果同时作为活动的成果去鉴定评价。

（二）掌握所教学科知识体系、基本思想与方法

理解所教学科的知识体系，不仅有利于对教师采用恰当的教学方式，而且有利于提高学生的学业成就。对广大中小学教师而言，学科知识及其体系具有重要价值。

1. 影响教师的教学方式

教师学科知识的水平对学科教学方式产生重要影响。教师具有的学科知识水准，不仅影响到其一门学科怎么教，而且也会影响到其教什么。学科知识有局限的教师，极有可能回避教授某些有一定难度的学科内容，更谈不上挑战有疑问的概念和知识，而且学科知识会影响教师的教学风格和教学方式。当教师教授不太熟悉的学科内容之时，他们投入的教学时间比平时更多，并且依赖于低认知水平的问题。事实上，教师之所以能运用多种教学方式进行教学，在很大程度上是因为其具有深厚的学科知识作支撑。我们可以从正反两种情况对此加以说明。首先，部分教师教学行为保守，恰恰是源于其学科知识的薄弱，当其提取已有知识时，总是“捉襟见肘”，不敢拓展，然而，在其补充学科知识之后，这种情况发生有效改变；其次，学科知识深厚的教师，勇于尝试和利用新的教学方式，鼓励学生积极思考，提出不同问题并及时给予有效解答。

2. 影响学生的学业成就

教师的学科知识对学生的学业成绩有很大影响。因为只有教师高度融会贯通学科课程内容之后，才能游刃有余地进行学科教学，实现学科教学目标，同时，学科知识深厚的教师，能清晰地解决学生随时可能提出的问题，满足学生的求知欲，这在强调素质教育的今天显得特别重要。如果学科教师不能及时地解答学生的疑问，必将阻碍学生的学习兴趣，从而影响其对知识的理解，这自然会影响学生的学习成绩的提高。

（三）了解所教学科与社会实践、少先队活动的联系

1. 了解所教学科与社会实践的联系

社会实践活动指的是：为指导学生主要获得社会常识性直接经验而进行的一系列以教育性交往为中介的学生主体性活动项目及方式。从本质上讲它是一种适合儿童身心发展特点的社会“习作”。小学各学科与社会实践存在密切联系，而且社会实

践无论是对学科教学还是学生的发展，都具有重要的意义。

（1）社会实践活动有助于实现学科教学价值

首先，社会实践活动有利于学生学习学科知识。社会实践活动的显著特点是实践性，它重视“行”在认识过程中的作用。在社会实践行动中，通过师生的“行”既可以验证社会课堂教学得到的社会知识，从而使课堂教学的教和学更加准确、更为科学，又可以更广泛地应用课堂上学到的社会常识，使学生所学到的学科知识更加巩固。社会实践活动可以为学生提供平等、民主的师生关系和各种操作体验机会，学生在活动中可以互相互助合作学习，可以亲身投入实际场景中去探索，去发现，甚至反复检验。

其次，社会实践活动是社会课教学方式上的补充和延伸。社会实践活动既是课程，又是方法，说它是课程，是由其本质特征而决定；说它是方法，是因为它体现出一种教学思想，即活动教学。引入社会实践活动的教学方式是对社会课堂教学的补充，并能取得良好的效果，就学生来说参加社会实践活动可以使大脑得到调节，减少疲劳，愉快学习，提高学习效率。

最后，社会实践活动有助于学科自身的发展。从课外活动研究结果所显示的课外活动课程化的历史过程来看，有一种值得注意的现象，即学科以外的活动逐步被当作一门学科来对待。同时，从课外活动与学科课程之间的动力学关系上来看，还存在另一种相反的倾向，即从课程中产生“科外”活动，或者学科课程中的一部分成为课外活动。

（2）社会实践活动对学生个体发展有重要作用

社会实践活动本质上规定了它比学科课程的社会课堂教学更容易确立学生的主体地位，更能发挥学生的主体性。因此，它在学生知识领域的拓展、多方面能力的培养与训练、广泛兴趣的培养、丰富情感的陶冶等方面的作用比单纯的课堂教学作用更大。就知识领域的拓展方面而言，社会实践活动在此方面不受学科限制，涉猎面宽，在具体内容上既可学习社会历史经验，又可得到即时信息，还有助于丰富学生的感性知识。就多方面能力与训练方面而言，社会实践活动为学生的思维能力的培养创设了丰富的问题情境。人的思维正是在问题情境中得到激发的，借助于问题情境，人才能努力去发现、寻求、创造解决问题的新的方式与方法。要培养和训练学生的思维能力，尤其是培养学生的创造性思维能力，必须让学生处于各类问题情境之中。

社会实践活动对学生个体社会化能力的培养与训练具有重要功能。学生个体社会化能力主要包括学生的社会交往能力、职业能力、组织管理能力、公民能力、休闲能力，这些能力的获得有助于为学生将来进入社会所要担任的角色做准备。

2. 了解所教学科与少先队活动的联系

（1）少先队的三个教育载体和五大功能

少先队具有标志、活动和集体这三个教育载体。标志是激励载体，除了红领巾之外，经常性、发展性激励的主要载体是“雏鹰奖章”；活动是整个少先队的教育载体；大、中、小队集体是少先队教育与活动的组织载体。少先队这三个教育载体具有五大潜在功能。

内化功能：把社会的、教育的需要转化为自我的需要和自我追求的目标。

激化功能：把儿童的主动性、积极性和创造性充分地激发出来。

活化功能：使儿童的学习、生活丰富多彩、生动活泼起来。

合化功能：把少年儿童团结、联合起来，发挥出大于个人能力相加总和的群体作用和组织作用。

评价功能：它打破了由分数独霸一方的评价格局，形成了多元评价的新局面，奖章功能的群众性、发展性为每个儿童创造了不同的成功机会。

（2）学科教学与“雏鹰争章”的互补关系

学校的学科教学与少先队“雏鹰争章”活动之间存在一定的互补关系。这种互补关系的实质是互需—互靠—互优，即学科教学与开展“雏鹰争章”活动从相互需要出发，通过相互依靠，达到相互优化的目的。加强学科教学与争章互补关系，是使素质教育主阵地课堂教学更优化的需要。而课堂教学的更优化主要表现在教学的主体化，即学生真正成为学习的主人。具体表现为：学习的自主性、实践性、合作性、创造性，其中主动积极的自主学习是教学主体化的基本点，生动活泼的实践学习是教学主体的活跃点，拓展探究的创造学习是教学主体化的最高点，群体互动的合作学习是主体广泛参与的保证点。教学主体化这“四性”是学习态度与学习能力的统一，也是教学目的和教学方法的统一。教学，就是要教会学生学习，学会自己去追求与探索，学会应用和创造。

（3）学科教学“三引进”，少先队“三进一联”

学科教学改革要满足自身最优化需要，应从少先队进行“三引进”：引进“雏鹰奖章”，引进队活动，引进以小队为单位的队集体。少先队要从课外、校外进到课堂，从活动课程进到学科课程，从单纯的思想品德教育进到知识学习领域，把课堂学习和课外、校外学习活动更好地连成一片。少先队“三进一联”是学科教学、少先队组织的双向需要、双向依靠，其结果也使得双方更优化。

首先，少先队组织的首要任务是引导少年儿童好好学习。少先队教育是自主性的自我教育，自我教育要通过少年儿童自己学习来实现。

其次，少先队员学习的主要场所是学校的课堂，有系统的课堂教学是素质教育的主阵地。但少先队员为祖国现代化而“时刻准备着”的活动不仅在课外、校外乃至社区、家庭，还要在学校的课堂中，把课堂作为“准备”的主要时空。少先队十分重视在课外、校外以至大自然、社会的广阔时空中学习。

最后，少先队“雏鹰行动”及其争章活动为课、队结合提供了最优化的条件。“雏鹰争章”活动是少先队组织稳定有序，又充满个性活力的激励性自主学习活动，其特点就是以激励见长的自治性、活动性和集体性。课程化的争章活动与课堂教学、学科教学相结合，不仅仅是为了寻求自己活动的时空对教育资源、教育辅导的依托，更是为了满足教育和课程改革的需要。

（四）了解所教学科与其他学科的联系

小学教师只有注意各科教学各因素在整体结构中的功能和作用，学科间相互渗透、相互补充，才能使学生获得比较完整的知识，才能使学生在认识和思考问题时，从多角度、多方面地去考虑问题、认识事物，让学生逐渐形成辩证的、科学的认识事物的方法，才能让学生得到全面发展。

小学语文学科与其他学科的联系

语文与数学：语文作为基础课和工具课，对数学学科教学有积极的作用。在语文课堂中适当运用数学符号来表述命题，可以使各种概念之间的关系清晰明了，便于学生对知识的记忆和掌握。例如，段、句群、复句、单句、短语、词之间的关系可以借助数学中的“>”或“<”来表示，即段 > 句群 > 复句 > 单句 > 短语 > 词，或词 < 短语 < 单句 < 复句 < 句群 < 段。

语文与美术：美术通过造型视觉艺术进行思想文化的传播，语文则是利用语言文字来传承，两者有诸多相同的目标。学习语言可以发展学生的形象思维能力，可以大大丰富美术创作中所需要的想象力。反之，美术教学中发展的学生联想力、观察力和思维能力等又可以促进学生语言能力的提高。在教学实践中，教师可以让学生为一段文字配图，即根据文字意义描绘一幅景象，或者看图作文，仔细观察图画上的细节，然后以语言文字的形式表现出来。这个过程中，学生不仅锻炼了语言表达能力，而且形象思维能力也会有所提高。

语文与音乐：在教学中，把音乐融入语文课堂中，会收到很好的教学效果。首先，教师在课前可以准备一首跟课文内容相符的一首曲子，以音乐导入，创设一个优美的意境，激发学生的兴趣，增强学生的求知欲望，将学生带入课文描述的情境，让学生以心感之，以心悟之。其次，教师还可以在音乐声中朗诵课文（或找学生朗诵），为学生呈现声情并茂的画面，同时音乐的节奏、旋律会将朗诵者与聆听者拉进乐曲的意境和情感之中，从而产生情感共鸣。最后，音乐还可应用于作文教学。学生可以先听乐曲，再写作文。他们在欣赏乐曲时极易展开想象，把乐句转化为语句。

语文与科学：科学素养是指在日常生活、对待社会事物以及个人决策中所需要的科学思想、科学方法以及对客观事物的认识和理解，和在此基础上所形成的稳定的心理品质。因此，在语文课堂中，教师不仅应该向学生们解释相关的自然科学知识，而且应该培养学生学习科学的兴趣和持之以恒、大胆创新以及大胆质疑的精神。此外，教师还应该鼓励学生在科学活动中自己发现问题、解决问题。例如在讲到关于种子发芽成长的课文时，教师可以让学生们动手做实验，亲自播种栽培，并写下观察日记。

语文和社会：社会技能是指个体在特定社会情境中，运用已有的社会知识，有效而适当地与他人进行积极交往，以实现自己或他人互动目标的行为方式。国外研究表明，良好的社会技能有利于学生的观点采择能力的发展，对交往问题提出不同的解决策略，稳固同伴群体，促进同伴交往中的成功和社会接纳，更好地适应学校生活和未来的社会生活等。语文教师在教学实践中可以让学生通过角色扮演等形式提高社会交往技能，从而以一种积极乐观的方式融入学校和社会生活中。

评析：小学语文学科既是一门工具性学科，又是一门基础性学科。教师在语文教学中要引导学生进行知识的横向联系，扩大知识的空间范围，加强学科之间的协作与融合，使各个学科从分散的、相对隔绝的、自成体系的小科学形态向一种综合的、联通的、紧密相连的大科学体系形态转换，帮助学生形成综合的网络化的知识体系和能力体系。

——http://www.ruiwen.com/xiao/news/23743.htm

案例诠释

【案例一】

小学音乐实施综合性教学①

综合是基础教育的一种基本理念。它体现了现代教育的一种发展趋势，以审美教育为

① www.gdteta.com.cn/community/space/up

主旨的音乐教育，也应倡导“综合”的理念。在音乐教学活动中，可以根据教学内容的综合，教学方法的综合，以及提高教师综合素质这几方面来组织并实施学科综合性学习。

沟通音乐学科内部的各方面内容。音乐的学习领域包括：感受与鉴赏、表现、创造与相关文化，把这四个方面的内容综合起来教学，就是音乐内部内容的互相融合，它可以是音乐知识的学习与音乐活动的结合，也可以是音乐不同方式的结合。比如，音乐欣赏可以通过演唱、演奏和创作来加深对作品内容的理解，还可以是音乐表达内容与表达形式的结合。在这个过程中可以结合创作与乐器来进行创作表演，并通过唱歌与表演、演奏来展示学生创作成果。我们引导学生欣赏弦乐《二泉映月》，可以让学生唱一唱旋律，也可以用笛子、二胡等乐器来演奏一下它的旋律片断，还可以引导学生以“鱼咬尾”的方式，尝试着创作简单的旋律。通过歌唱、演奏、创作等环节引导学生欣赏音乐，大大提高了学生对乐曲的鉴赏能力。目前，小学音乐教材的设计，就是侧重于课程内部内容的综合。课本的每单元都安排了“听一听、唱一唱、玩一玩”这三部分。那么在教学中，教师要引导学生灵活运用所学的音乐知识，加强“视唱练耳”的训练，运用演唱、演奏等方式表现并创作音乐。这样，既丰富了课堂实践活动，又能实现素质教育的目标。

融合音乐和其他艺术形式。音乐与舞蹈、美术、戏剧、影视等姊妹艺术具有十分密切的关系。从艺术的本质上讲，一切艺术都是心灵的艺术，只是各自的感性材料不同而已。不同的艺术形式有着许多的相通之处。从心理学的角度而言，“通感”这一心理现象也使得艺术形式之间的相互融合成为必要和可能。如对情绪、情感的表现都是各类艺术共同的特点。那么，我们必须抓住这条主线，充分发挥与运用各种艺术门类的不同表现手段，整合成综合性的教学方式，利用共性来促进相互沟通，相互结合。比如，我们引导学生用线条表示音高或情绪变化，用色彩表示情感，用图画表示歌曲的意境等。像这样把音乐与美术结合起来的教学方式，是音乐课堂运用学科综合最主要的艺术形式，不仅能让学生留下深刻的印象，而且提高了学生对音乐的理解能力。舞蹈是音乐的表现形式，音乐是舞蹈的灵魂。成功的舞蹈形象是与音乐紧密相连的，而且会给观赏者带来无尽的美感享受。我们在学习《拾稻穗的小姑娘》这一课时是这样进行的，在学生学会唱这首歌后，师生共同编排了些舞蹈动作，在表现这首歌时，展示给大家的是优美欢快的小调伴随着轻快俏皮的舞蹈。于是，一个勤劳活泼、爱惜粮食的农村小姑娘形象被刻画得栩栩如生。

贯通音乐与其他学科课程。艺术之外的其他学科也是丰富的音乐教学资源。音乐与文学关系密切，教学中可与诗歌、戏剧段落沟通；体育可运用不同节奏、节拍、情绪的音乐进行韵律操训练；社会课可了解一些不同历史时期、不同地域和国家的代表性歌曲或乐曲，以及相关的风土人情。那么，把音乐与语文、数学、体育、社会、英语等结合起来并不困难。如在进行《静夜思》一课的教学活动中，我们可以把音乐与语文结合起来教学。在唱歌前复习诗句意思以及诗人当时所处的社会背景，从而进一步体会诗人对家乡的思念之情。练习唱歌时，教师引导学生把朗读穿插在乐曲之中，整个乐曲结构为："男女混合唱＋朗读＋二声部合唱"。有如泣如诉的感觉，歌曲感情被处理得淋漓尽致。

结合音乐课堂教学与课外音乐活动。课外音乐活动是音乐课程资源的重要组成部分。把音乐教学与课外活动结合起来，学习可能成为一件令人轻松、愉快、自觉自愿的事情。让学生走出教室，换一个新的环境，变换一种新的教学方式，可以使学生大脑处于一种兴奋的状态，有利于进行创造。音乐课外活动包括多种多样的形式，如：合唱队、舞蹈队、器乐小组等。我们学习《中国少年先锋队队歌》时，由于乐曲长、节拍难把握、情感不容易把握等原因，学起来比较难，在课堂上学习兴致不够，我们就用歌咏比赛、合唱队、兴趣小组等不同形式的课外活动来加以提高歌唱效果。在活动中，学生通过合作明确了力度的把握、音色的调节……创造出了美好的合唱效果。同时，在这次活动中我们不但培养了学生的群体精神和合作能力，也提高了学生发现问题和解决问题的能力。

综合学校音乐与社会环境。这种有计划、有组织的课外活动主要是在校园内进行的，我们都不会感到陌生。但是更值得倡导的是，在音乐课外活动中应把音乐与社会环境结合起来进行教学。例如，利用学校的广播、电视、图书等让学生了解音乐家的故事及其优秀作品，听儿童名曲；教师录制艺术节目供学生观赏；引导学生了解新闻、广告、电影等与现代音乐的关系；让学生从生日、节日、比赛、运动、婚嫁、丧葬等生活内容中体会音乐的要素；鼓励学生参加社区艺术活动；推荐学生看中央三台的《音画时尚》、《舞蹈世界》、《中国音乐电视》、《国际艺苑》等，中央少儿台的《音乐·故事》、《音乐快递》等节目。在教学《长城谣》时，我们可以这样做：通过电影、电视、图书等了解当时的历史背景，对学生进行爱国教育，学生就很快进入了状态，带着悲愤的心情和坚定的信心去唱这首歌。而且，学生利用课外时间写了广播稿在红领巾广播站播放，同学们听着伴有《长城谣》的播音，更加忘不了我国和日本所经历的历史。

【思考题】

1. 作为学科教师，你教学时是否有综合教学的意识？
2. 在你的学科教学中，你是怎样进行综合教学的？

【案例评析】

加强音乐学科教学的综合性，改革过去学科教学间的彼此隔离、与社会生活相互隔离的现象，把教学过程变成了一个有着丰富联系的过程。教学内容丰富，教学方法多样，再加上综合型的教师，可以培养学生多方面的能力，既提高了学生的音乐素质也提高了学生其他方面的素质。

【案例二】

“小学社会课教学与社会实践活动相结合”教学改革[①]

泸州市广营路小学课题组大胆尝试“小学社会课教学与社会实践活动相结合”的教学改革，建立小学社会课与社会实践相结合的教学目标体系。针对《小学社会教学大纲》提出的要求和小学社会课教学的实际及儿童心理发展的特点，研制“小学社会课与社会实践相结合”的教学目标体系。这个目标体系分五级：一级目标是社会课教学要达到的最终目标，即“培养有理想、有道德、有文化、有纪律的社会主义公民，提高全民族的素质。”二级目标是对一级目标的进一步分解，即“使学生认识一些常见的社会事物和现象，初步了解一些家乡的、祖国的、世界的社会常识，从小培养正确观察、认识社会、适应社会生活的初步能力，受到爱国主义教育及法制教育，形成对社会的责任感。”然后层层分解到每课每个教学要点的目标。整个教学目标体系是以《小学社会教学大纲》为准绳，以1—6册社会课教材的内容为依据，考虑到学生的身心发展特点而制定的。

建立小学社会课课堂教学的基本模式。根据小学社会课的性质、特点和学生的认识规律，建立起小学社会课课堂教学的基本模式，例如“激趣导人—明确目标—学习知识—课内活动—检测反馈—归纳小结”等。并从六个方面总结出二十多种方法。这六个方面是：导人新课方面、目标设置方面、学习新知方面、组织讨论方面、检测反馈方面、归纳总结方面。每个方面分别有2—6个不等的具体方法，如“导入新课的方法”就有：引趣导入法、直观导入法、情境导入法、故事导入法、铺垫导入法、诗歌朗诵导入法。这套方法的显著特点是：符合社会课教材特点和儿童的心理特点，易于操作。

建立了“小学社会课教学与社会实践活动相结合”教学目标的评价体系。评价体系是针对小学社会课教学目标体系，遵循科学性、客观性、民主性原则制定的。具体方法是：学期结束之前，根据评定表上的要求，征求学生本人、家长、学习小组的意见，结合教师

---

① 泸州市广营路小学课题组：《“小学社会课教学与社会实践活动相结合”教学改革简介》，载《泸州教育学院学报》2001年第4期。

平时运用试卷测试、教师平常观察的情况，在评定表上标出相应的等级。

探索小学社会课教学与社会实践活动相结合的途径。首先是课堂引导。在社会课教学过程中尽量引导学生联系他们已有的社会生活经验，将课堂知识学习与学生的生活学习实际结合起来。如《我们的学校》一课，课文分两部分：第一部分是认识“在学校工作的人们”，学习这部分课文，就应该重点引导学生认识本校的教职工，认识他们的职务和分工的不同；第二部分是认识“学校的生活和设施”，就应该引导学生认识本校具体的设施，如操场、体育设施、食堂、寝室、电脑室、自然实验室、图书室等的设备及其作用。其次是情境模拟。在学习了一定的社会常识基础上，让学生模拟社会生活情境进行表演，以体验生活技能和适应社会生活的能力。如讲《买东西的学问》时，可以组织学生模拟购物等。再次是亲身实践。根据课堂教学的需要，组织参观访问、社会调查以及实际操作，在实践活动中验证课堂上所学到的知识，培养起学生们初步的社会调查能力和适应能力。如讲社区生活，就要组织学生调查家庭或学校所在的社区生活环境的变化、人口的变化、各种公用设施的变化等。讲寄信和打电话，就让学生亲自写信和练习打电话。参观访问和社会调查，可以采用集体、小组、个人等形式来实施。最后视电教再现。即要充分运用录像、电影等现代教学手段将真实的社会情景再现于课堂，使学生能远距离、真实地观察社会，了解社会，认识社会。总之，要保持社会课的时代特色，教师要根据形势的不断发展和事物的不断更新，补充新的事例和数据，使社会课内容接近社会生活，接近学生生活，激起学生对社会实际生活的关注，培养起学生关注社会生活的习惯。

【思考题】

1. 案例中的小学社会课教学与社会实践活动相结合的做法对你有何启示？
2. 在你的学科教学中，如何做好与社会实践活动的密切结合？

【案例评析】

小学社会课是一门综合性的、有关社会知识的、与社会生活紧密联系的、思想性强的新型学科。庐州市广营路小学课题组大胆尝试“小学社会课教学与社会实践活动相结合”的教学改革，加强小学社会课学科教学与社会实践活动相结合，做到优势相长，对小学生实施理论与实践相结合的社会常识教育，培养起儿童正确观察社会、认识社会、适应社会生活的初步能力，对促进儿童社会化过程和其全面素质的养成和提高，都具有非常重要的作用和深远的意义。

【案例三】

小学科学与其他学科之间的联系[①]

《小学科学课程标准》指出：小学科学课程是一门核心课程、综合课程和活动课程，也是一门与其他学科有密切联系的课程。科学课程不仅要使学生获得基本的科学概念并认识科学概念之间的联系，还要使学生获得科学探究的技能和方法，以及合作交往、语言表达的能力，更要使学生获得善于思考、勇于开拓、实事求是的科学态度。科学学科与其他学科的联系主要体现在以下两方面：

第一，教学内容的相关性。

科学教学可以像语文一样促进学生语言能力的发展。例如：在三年级第一单元《我看到了什么》中，就要求学生通过观看植物用语言表达自己看到了什么等。像这种观察活动在三—六年级随时涉及。

数学与科学在教学上的沟通也越来越密切。科学课在教学中的测量、统计，都需要用到数学知识。例如：在三年级下册第一单元《茎越长越高》中，就涉及了根据观察表作柱状图的知识。

从科学与体育内容的联系来看，科学课中可以学习人体构造和生理卫生等知识，使学生更加了解自己成长的特点，学会去善待生命。

第二，能力训练的相关性。

学生的能力主要包括观察能力、注意能力、记忆能力、想象能力和思维能力等，学生能力的提高是有一个发展过程的，如：科学教学中的动手操作能力，数学学科中的速算能力，美术教学中的绘画能力等。

观察力是智力组成的十分重要的部分，观察是认识的基础。例如：在三年级上册《观察水》这一课中，使学生认识物体常用的方法，仔细观察水，并说出它的特点等。语言是客观事物或现象在人们意识中的概括和反映，只有接触外界事物，在大量感性材料的基础上观察、实验，引起学生的积极思维活动，并借助语言进行表达，才能培养学生的语言表达能力。例如：三年级上册《空气占据空间吗》，学生实验后，学生能用语言来表达自己的感受。

记忆能力的培养，必须以观察、理解为基础，要以注意为前提。在科学教学中，要认识事物，学生就一定要对事物进行观察。学生对陌生事物的观察和对较为熟悉事物的

---

① http：//wenku.baidu.com/view/85622e44336c1eb91a375d1d.html

观察，因注意点不同，就会产生不同的识记；学生对某一事物的属性，了解越多、越深，注意点就会放在事物的联系上，这样观察后形成的表象就越具体、越清晰。

【思考题】

1. 案例中谈到的小学科学与其他学科之间的联系对你有何启示？

2. 在你的学科教学中，如何做好跨学科的结合？

【案例评析】

各学科教学内容的联系，不仅是横向的，而且是纵横交叉的。知识之间建立的新联系，不断产生新的刺激作用，形成新的知识结构，使学生所接受的知识变为一个整体，形成综合性的知识网络，使学生的思维更开阔、知识不停地循环、反复，使学生的智力发展更加全面、更加和谐。在各科的教学中，注重了学生能力的培养，学生能力的提高，必须注意各科教学的联系。在科学教学的过程中，让学生把所学的内容变为自己的知识结构，消除知识的表面性和零碎性，才能在知识能力整体发展中，使学生能和谐、全面地成长。

推荐阅读

1. 唐怀瑄：《小学语文学科专业知识》，广西民族出版社 2009 年版。

2. 任晓雁：《小学数学学科专业知识》，人民出版社 2011 年版。

3. 马骏、苏朝晖：《学科专业知识（小学语文）》，首都师范大学出版社 2011 年版。

4. 龚宝成：《中小学社会实践研究》，黄山书社 2012 年版。

5. 朱淑华、唐泽静、吴晓威：《教师知识结构的学理分析——基于对西方教师知识研究的回溯》，载《外国教育研究》2012 年第 11 期。

6. 陶令霞：《谈教师知识的类型》，载《科教文汇》2008 年第 9 期。

7.［荷］尼克·温鲁普：《教师知识和教学的知识基础》，载《北京大学教育评论》2008 年第 1 期。

8. 李中：《教师学科知识重要性的再解读》，载《浙江树人大学学报》2005 年第 9 期。

9. 严玲霞：《隐性知识的存在形式》，载《安顺学院学报》2012 年第 2 期。

第十一章
切问与近思：教师的教育教学知识素养

本章关键词

认知发展规律　课程标准　教学知识

标准基本内容

维度	领域	基本要求
专业知识	（七）教育教学知识	1. 掌握小学教育教学基本理论。 2. 掌握小学生品行养成的特点和规律。 3. 掌握不同年龄小学生的认知规律和教育心理学的基本原理和方法。 4. 掌握所教学科的课程标准和教学知识。

学理阐释

（一）掌握小学教育教学基本理论

掌握教育教学的基本理论，是小学教师卓有成效地开展教育教学工作的重要前提。尽管基础教育教学的基本理论覆盖较广，研究成果多，但其主要内容涵盖如下几个方面。

一是先进的教学理念：包括教学目的观、教学本质观、教学价值观、师生角色定位。

二是现代教学的基本特征：教学内容的现实性、教学活动的主体性、教学形式的多样性、教学过程的探索性、教学目标的多元性。

三是创新教育：树立创新教育理念，营造创新教育的环境，创造性地使用教材。

四是素质教育：结合学科特点，有机渗透思想教育；正确处理主导与主体的关系，优化课堂教学，包括合理确定教学目标，精心设计教学过程，让全体学生有效地参与学习的全过程，优化教师的“教法”和学生的“学法”，让学生做学习的主人。

五是学生的教学参与：注重学生参与的广度和深度，让全体学生运用多种感官参与教学的全过程，增强学生的独立性、主动性和创造性，实现参与“量”和“质”的飞跃。

六是学生学习能力的培养：指导“做”，培养操作能力；启导“思”，培养创新能力；诱导“说”，培养表达能力。

我们观察下面这个故事：

> 几个学生正趴在树下兴致勃勃地观察着什么，一个教师看到他们满身是灰的样子，生气地走过去问：“你们在干什么？”
>
> “听蚂蚁唱歌呢。”学生头也不抬，随口而答。
>
> “胡说，蚂蚁怎会唱歌？”老师的声音提高了八度。
>
> 严厉的斥责让学生猛地从“槐安国”里清醒过来。于是一个个小脑袋耷拉下来，等候老师发落。只有一个倔强的小家伙还不服气，小声嘟囔说：“您又不蹲下来，怎么知道蚂蚁不会唱歌？”

该案例涉及正确的教育思想及教育观念。

教育观：要树立以学生发展为本的教育观。在教育取向上，不仅要重视基础知识、基本技能的掌握，还要重视基本态度和基本能力的培养，尤其在学生创新精神和实践能力的培养上，要重视学生发现问题、解决问题的能力，学生学习兴趣的培养以及学生个性的发展。

学生观：要把学生看成是具有能动的、充满生机和活力的社会人。学生是学习的主体，是学习的主人，在一切活动中，教师要充分发挥学生的能动性，促进其发展。要尊重、信任、引导、帮助或服务于每一个学生。师生要平等相待，师生在人格上是平等的，要平等对话，实行等距离教学，要坚持教学民主，要废除教学中的权威主义、命令主义。

我们不妨对案例中的教师行为进行观察评析：

●“听蚂蚁唱歌呢。”孩子具有童心、童真与童趣，具有孩子特有的想象力，教师要善于了解孩子的“内心世界”。新的教育取向不只关注知识和技能，还要关注过程与方法、情感与体验。"听蚂蚁唱歌"是学生的一种体验，教师要尊重并保护孩子的兴趣与想象。

●一个教师看到他们满身是灰的样子，生气地走过去问："你们在干什么?"学生在兴致勃勃地观察，处于其自身的活动过程，学生是能动的、发展的人，教师要善于保护，给学生心理上的支持，而该教师不尊重学生的主观能动性。

●"胡说，蚂蚁怎会唱歌?"老师严厉的斥责……师生要平等相待，教师不能以权威压制学生。

●小声嘟囔说："您又不蹲下来，……"教师缺乏民主意识，要和学生实行等距离教学。

（二）掌握小学生品行养成的特点和规律

1. 小学生品德的年龄特征

从小学生逐步形成和谐的道德认识能力。有关实验研究材料证明，系统的道德认识以及相应的道德行为习惯是在小学阶段逐步形成的，有一个稳步的发展过程。第一，在道德认识的理解上，从直观、具体、较为肤浅的理解逐渐过渡到较为抽象、本质的理解；第二，在道德品质的评价上，从只注意行为效果，逐渐过渡到较为全面地考虑动机和效果的统一关系；第三，在道德原则的掌握上，道德判断从简单依附于社会的、他人的规则，逐渐过渡到受内心道德原则的制约。

小学生的道德言行从比较协调到逐步分化。小学生有了正确的道德认识，并不能保证有良好的道德行为。小学生在品德发展上的认识和行为、言和行基本上是协调的。因此，年龄越小，言行越一致；而随着年龄的增加，逐渐出现言行一致或不一致的分化。形成小学生言行不一致的原因很多，一是模仿的倾向。模仿是小学生的特点，他们只看到模仿有意思，明知是不正确的举动，也往往要模仿；二是出于无意。常常无目的地做出一些不利的举动；三是在不同人面前，有不同的举动；四是只会说，不会做。道德行为说起来容易，做起来要克服困难、有毅力，才能收到良好的效果。

自觉纪律的形成和发展是小学生出现协调性的外部和内部动机的标志。自觉纪律，是一种出自内心要求的纪律，也是不依靠外力强制的纪律。小学生自觉纪律的形成是从外部教育要求转为内部需要的过程，一般要经过三个阶段，即依靠外部教育要求阶段、过渡阶段、把纪律原则变成自觉行动阶段。由此可见，小学生的品德是从习俗水平向原则水平、从依附性向自觉性、从外部监督向自我监督、从服从型向习惯型过渡的。

小学生品德发展的年龄特征是教师开展德育工作的出发点。首先，教师要以小学生品德发展的年龄特征作为德育工作的出发点，以此引导他们的品德发展。其次，教师要重视小学生品德发展的关键期，并采取合理的教育措施。根据多年的教育实践，我们认为，小学三年级儿童是品德发展的关键期。学校领导在安排人事时，不能只考虑一年级基础或毕业班“把关”的问题，也应该注意在这两个年级配备得力的教师。再次，教师在教育实践中，应考虑到相邻的年龄阶段之间的区别和联系，这样才能做到因人施教。目前，在中小学教育的衔接上存在着很多问题，如中学教师认为小学教师对学生管得细、窄、死；小学教师则认为中学教师对学生管得粗、宽、放。如果双方了解中小学生品德发展的联系性，这个问题就不难解决了。最后，教师在因材施教过程中，既要重视品德发展年龄特征的特定性，又要注意这一特征的可变性。在小学教育中，教师既要重视品学兼优学生的教育工作，又要重视品德不良学生的教育工作，做到“抓两头”带“中间”，处理好三者之间的关系。我们观察下面一个关于小学生行为习惯的养成教育案例：

高燕是我们六（一）班的一个活泼可爱的小女孩，我还清楚地记得刚开学的时候，她用那甜美的声音向我问好。她的身姿非常挺拔，所以一开始的时候我让她做领队，可是开学几个星期下来，我发现她上课不够专心，学习习惯非常差，动作也很慢，整天把自己搞得脏兮兮的。对她进行批评也没什么大的作用，她依然如此。我让另一个各方面表现都比较好的学生去做领队，虽然我把高燕给换了下来，但是我觉得这个小姑娘是很有灵气的，我要帮助她。

有一次，我发现她喜欢在桌子上乱涂乱画，就很严厉地批评了她，可是过几天又发现她这样做了；我想我前几天刚刚批评她，怎么又这样了？我找来了她的家长，她的家长反映，在家里她也是这样的，写字桌上第一天刚擦干净，第二天又被她画好了，虽然一直提醒她，可她还是改不了。我想，这是她长期以来养成的不好习惯，要慢慢地帮助她改掉。不要以为这只是行为习惯不好，这很大程度上还会影响学习习惯。因为我发现，上课的时候她有时也会不知不觉地低下头在桌上画画。我就找一些习惯比较好的学生和她做同桌，以此来潜移默化她。我想通过学生影响和我的帮助，一定能把她的习惯培养好。在给她换同桌的时候，我找她好好地谈了一次心，告诉她，别的女孩子是多么的爱干净，学习成绩也是多么的优秀，要她向别人学习。她是一个很聪明的女孩子，经过谈心之后，她就把别人作为自己的榜样，尽量让自己和别人做得一样好。一段时间之后，她有了很大的进步，我又鼓励她，让她做了小队长，她非常开心。可是，要改掉一个不好的习惯是很难的，所以好几次我都“威胁”她，如果再不改好的话，就把小队长标志收回来。这样的“威胁”对她很有用，她为了“保住”她的“官衔”，在一点点地进步。在这个学期伊始的班干部换选中，她被同学们推荐为中队委员，让我们大家都看到了她的进步。

抓好小学生的养成教育，特别是行为规范的养成教育，这是培养学生良好习惯的基础，也是当前实施素质教育的重要内容。从培养良好的行为习惯抓起，从我做起，从身边的小事做起，严格要求、严格检查，才能养成良好的行为习惯。高燕同学的事例说明，小学初始阶段对于小学生习惯的培养不可忽视。良好习惯的养成是大量良好行为不断积淀的过程，习惯形成的前提是某些具体行为的练习和熟练，没有大量规范化日常行为要求和训练，习惯的形成是困难的。良好习惯的培养还需要严格要求。

（三）掌握小学生的认知发展规律和教育心理学的基本原理和方法

1. 掌握学生的认知发展规律

（1）学生认知发展理论

皮亚杰认为个体从出生至儿童期结束，其认知发展要经过四个阶段：

第一阶段是感知运动阶段，从出生到 2 岁，相当于婴儿期。此阶段儿童还没有语言和思维，主要靠感觉和动作探索周围世界，逐渐形成物体永存性观念。

第二阶段是前运算阶段，2—7 岁，相当于幼儿期。此阶段儿童各种感觉运动行为模式开始内化而成为表象或形象思维，特别是由于语言的出现和发展，促使儿童日益频繁地用表象符号来代替或重现外界事物，出现了表象思维。

第三阶段是具体运算阶段，7—11 岁，相当于小学阶段。儿童开始具有逻辑思维和真正运算的能力，先后获得各种守恒概念，但运算的形式和内容仍以具体事物为依据。此时儿童的思想开始有较大的易变性，出现可逆性，能解决守恒问题，可凭借具体事物或形象进行逻辑分类和认识逻辑关系。但是，这种运算仍有其局限性。

第四阶段是形式运算阶段，始于青春前期，约十一二岁，接近于成人的思维。这一阶段儿童不再靠具体事物来运算，而能对抽象的和表征的材料进行逻辑运算。

皮亚杰在进行上述年龄阶段的划分时，提出下列重要原理：a. 认知发展的过程是一个结构连续的组织和再组织的过程，过程的进行是连续的，但它造成的后果是不连续的，故发展有阶段性；b. 发展阶段是按固定顺序出现的，出现的时间可因个人或社会变化而有所不同，但发展的先后次序不变；c. 发展阶段是以认知方式的差异而不是个体的年龄为根据。因此，阶段的上升不代表个体的知识在量上的增加，而是表现在认知方式或思维过程品质上的改变。

（2）小学生思维发展的基本特点

小学生思维发展的基本特点是以具体形象思维为主要形式，逐步过渡到以抽象逻辑思维为主要形式；但是这种抽象逻辑思维在很大的程度上仍然是直接与感性经验相联系的，仍然具有很大成分的具体形象性。小学时期是具体形象思维和抽象逻辑思维交错发展的时期，主要是发展抽象逻辑思维，由具体形象思维逐步过渡到以抽象逻辑思维为主要形式。小学生思维形式的这种过渡是思维发展过程中的质变，但是这并不意味着形象思维的全部“消亡”。低年级小学生所掌握的概念大部分是具体的，可以直接感知；中、高年级的小学生才逐步学会区分概念中本质的东西和非本质的东西、主要和次要的东西，学会掌握初步的科学定义，同时离不开直接经验和感性知识。

小学生由具体形象思维过渡到抽象逻辑思维为主要形式是思维发展过程中的“飞跃”、“质变”。这个转折期一般认为发生在四年级（10—11岁），如教育条件适当，这个关键年龄可以提前到三年级。林崇德运用横断法和纵向法，通过对小学生数学概括与运算能力发展的研究发现：在一般教育条件下，四年级儿童在数学概括能力发展中有显著的变化，这是一个“关键年龄”。

通过小学阶段的学习，小学生逐步具备了人类思维的整体结构。在思维结构发展中，抽象思维要经历初步逻辑思维、经验型逻辑思维、理论型思维（包括辩证思维）三个阶段。

小学生思维的发展，在从具体形象思维到抽象逻辑思维的过渡中，存在不平衡性。不平衡性既表现为个体发展的差异，也表现为思维对象的差异。例如，在算术教材的学习中已达到较高层次的抽象水平；在历史教材的学习中有停留在比较具体的表象水平；在学习分数和分数运算时，如果没有具体事物的支持，学生还会感到困难很大。

（3）基于儿童认知发展理论的教学

皮亚杰认为知识的获得是儿童主动探索和操纵环境的结果，学习是儿童进行发明与发现的过程。他认为教育的真正目的并非增加儿童的知识，而是设置充满智慧刺激的环境，让儿童自行探索，主动学到知识。这意味着我们在教学中要注意发挥学生的主体性，不要把知识强行灌输给学生；相反，要设法向儿童呈现一些能够引起他们的兴趣、具有挑战性的材料，并允许儿童依靠自己的力量解决问题。

皮亚杰认为认知发展是呈阶段性的，处于不同认知发展阶段的儿童其认识和解释事物的方式与成人是有别的。因此，要了解并根据儿童的认知方式设计教学，如果忽视儿童的成长状态，一味按照成人的想法，只会给儿童带来压力和挫折，让他们感到学习是一件痛苦而不是有趣的事，从而扼杀了儿童学习的欲望与好奇心。

皮亚杰对认知发展阶段的划分是以个体认知方式而非年龄为标准的，个体认知发展的速率是不同的，有快有慢，并不是同样年龄的儿童其认知水平就是相同的。因此在教学中要注意个别差异，做到因材施教。

皮亚杰很重视社会交往对儿童认知发展的作用。他认为与同伴一起学习，相互讨论，使儿童有机会了解别人的想法，特别是当他人的想法与自己不同时，会激发儿童进行思考，因为同伴间地位平等，儿童不会简单地接受对方的想法，而试图通过比较、权衡进而自己得出结论，这对儿童的去自我中心性的发展具有重要意义。教师常扮演权威的角色，儿童会养成被动接受“正确”答案的习惯，丧失了自主探索的机会。因此，在教学中教师应注意引导学生去发现知识而不是给予，同时应多采取小组讨论、合作学习的形式。

2. 掌握教育心理学的基本原理与方法

教育心理学是一门探究学习与教学活动的各种心理规律的学科。有效的教育教学需要懂得教育教学过程中师生双边活动的心理规律。例如，学生学习的种类有哪些？学生通常采用哪种方式学习？作为一个教师，需要树立怎样的教学观念？教师如何依据不同学生的心理发展水平及学习特点进行教学？教育心理学的内容相当丰富，但需要小学教师掌握一些基本的原理和方法，主要包括如下几个方面：

●学习的含义及主要类型。包括加涅的学习结果分类，奥苏伯尔的有意义学习分类。

●主要的学习理论。一是行为主义学习理论。行为主义学习理论诞生于 20 世纪初，它是在反对结构主义心理学的基础上发展起来的，其中的代表人物有巴甫洛夫、桑代克、斯金纳、班杜拉等。行为主义的学习理论可以用公式 S—R 来表示，其中 S 表示来自于外界的刺激，R 表示个体接受刺激后的行为反应。二是认知学习理论。强调有机体的学习是在大脑中完成的对于人类经验重新组织的过程，主张人类的学习模式不应该简单地观察实施刺激以后的有机体的反应方式，而应该重视学习者自身的建构和知识的重组，应该强调不同类型的学习有不同类型的建构模式，主张在教学中要加强学习者有意义学习的比重，运用同化与顺应的方法有效地促成学习者知识结构的建立。认知学派的主要代表人物有布鲁纳、奥苏伯尔、加涅、皮亚杰等。

●认知心理学的教学观。当代认知心理学研究者批评传统的教学在行为主义理论的影响下只重视教师的教学和学生的分数，认为行为主义是在研究"空洞的有机体"，在此基础上提出"学习的基础是学习者内部心理结构的形成和改组，教学就是促进学习者内部心理结构的形成和改组"。在具体的实践中，认知心理学研究者一再强调要加强对学生的认知加工过程和学生头脑中的认知结构的研究。

●建构主义的教学观。建构主义强调教学不是通过教师向学生单向传递知识就可以完成的，知识也不是通过教师传授而得到的，而是学习者在一定的情境即社会文化背景下，借助于其他人（包括教师和教学伙伴）的帮助，利用必要的教学资料，通过意义建构的方式而获得的。个人主要通过自身的经历和图式不断地建构个体对世界的认识，个体所掌握的有意义的知识是在他与知识的不断互动教学中建构起来的。学习者的学习不是简单的知识接受，而是一个主动建构内部心理表征的动态生成过程，在教学过程中学习者根据自己的经验背景，主动对新知识进行选择、加工和处理，从而建构自己的知识结构。

●人本主义的教学观。人本主义是20世纪50年代末60年代初在美国出现的一种重要的教育思潮，主要的代表人物是马斯洛、罗杰斯、凯利等。人本主义心理学的主要观点是：心理学研究的对象是"健康的人"；生长与发展是人的本能；人具有主动地、创造性地做出选择的权利；人的本性中情感体验是非常重要的内容。观察下面一个案例：

《年、月、日》是义务教育课程标准实验教科书数学三年级下册中的内容。年、月、日和时、分、秒一样都是时间单位，对于学生来说，时间单位是较为抽象的计量单位，那些与学生的实际生活比较接近的时间单位，是他们最能理解和掌握的。学生已经在三年级上学期学习了时、分、秒，并在实际生活中积累了年、月、日方面的感性经验，有关年、月、日的知识，也越来越多地出现在他们的生活和学习内容中，有了形成较长时间观念的基础。

【片段一】

A老师：同学们，你知道今天日期是什么吗？（学生纷纷举手回答，可几位

学生的回答都不正确)

A老师:今天日期到底是什么呢?电脑可帮我们记住了,请看大屏幕。(PPT课件显示当天的日期)

A老师:生活中每天都有许多事情发生,在一年中有很多值得纪念的重大节日,请同学们仔细观察(PPT课件显示教材第46页的四幅图),图上描述的是什么事?你知道这些事发生在什么日期吗?(点名依次回答每一幅图所描述的事情和发生的日期,并要求学生回答每个节日的意义。学生举手发言的寥寥无几,少数学生的回答也不着主题,多数同学情绪很低,少数同学已开始窃窃私语,对"开国大典"和"申奥成功"两幅图所描述的事情和意义几乎是由老师代劳的)

这一环节的目的是通过几个有意义的重大节日让学生初步认识年、月、日并感受数学与生活的密切联系,激发学生的学习积极性,同时还可以培养学生的爱国主义精神和保护环境的意识。但在实际教学中却事与愿违。首先,当学生没有正确回答当天的日期时,教师没能灵活地过渡,就已经影响了学生的学习兴趣。其次,教师照本宣科依次处理四幅图和过于生冷的德育说教,更是严重挫伤了学生的学习积极性。《数学课程标准(实验稿)》中指出:学生是数学学习的主人,教师是数学学习的组织者、引导者与合作者。在这一环节的教学中,教师严重违背了这一宗旨,教师成了传授者和管理者,学生成了接受者和被管理者,教师的教学方式没有遵循学生的认知规律,不符合学生的年龄特征,所以沉闷、低效的课堂就在情理之中了。继续观察上述案例:

B老师:同学们,你想成为一名成绩优异的小学生吗?(学生不假思索齐声回答:想)

B老师:老师可以教你们一个提高学习成绩的绝招。(学生个个显得很惊讶,睁大眼睛盯着老师,教室里非常安静)

B老师:(环顾全班同学)要想成为一名成绩优异的小学生,必须是一个学习的有心人。下面我就来考考大家,看谁是学习的有心人。你知道今天是什么日期吗?(学生纷纷举手回答,可好几位学生的回答都不正确,这大大出乎老师的意料)

B老师:(显出很奇怪的表情,然后将问题分解)你知道今年是哪一年吗?

生:今年是2008年。

B老师:(伸出大拇指)这个月是哪一月呢?

生：（显得很兴奋）是5月。

B老师：（露出很高兴的表情）你已经是一位有心人了。今天是几日呢？（点几名同学回答，出现了几种不同的结果）

B老师：今天到底是几日呢？电脑博士可帮我们记住了，请看大屏幕。（PPT课件显示当天的日期，答对的同学高兴得跳了起来）

B老师：（对答对的同学表示祝贺）在一年中有许多值得纪念的日子，请同学们打开课本第46页，这几幅图分别描述的是什么事？你知道这些事都发生在什么日子吗？你知道哪一幅就说哪一幅。

（学生自由选择说明，教师用PPT课件显示作出判断，教师适时进行爱国主义教育和环保教育）

新课导入是一个很重要的环节，一次成功的导入可以最大限度地调动学生的积极性和参与热情。这位老师在开课初充分利用了学生强烈的好奇心和喜欢被表扬的心理，只用了寥寥数语，就使学生体验了成功的愉悦。在教学四幅图时，教师没有按部就班地依次处理，而是由学生自己选择，德育也是适时点拨，巧妙设问，使学生产生了情绪高昂和智力振奋的内心状态，对本课的学习内容有了浓厚的兴趣，对后面的教学打下了良好的基础。在教学过程中如何遵循学生的认知规律，激发学生的学习兴趣，促使学生主动探究是每一位教师在教学活动中应思考的问题。本案例通过两位老师对相同教学片段的不同教学方式的对比，从中我们可以看到不同的教学方式获得的效果也是截然不同的。

（四）掌握所教学科的课程标准和教学知识

课程标准是国家意志的体现，是学科课程领域的基本规范。小学教师准确把握课程标准，是课程实施的基本前提，而准确理解和揣摩课程标准的内涵，并将其物化到备课、上课等教学环节之中，是小学教师的基本功之一。小学教师之所以要掌握好学科课程标准，主要有这样几个方面的原因：其一，国家课程标准蕴含着素质教育的理念，体现着鲜明的时代气息。它是国家对学生接受一定教育阶段之后的结果作出的具体描述，是国家教育质量在特定教育阶段应达到的具体指标，是国民素质的目标要求和各学科应达到的基本标准，具有法定的性质。其二，课程标准对每一学科课程的性质、价值与功能作了定性描述，阐述了本课程领域改革的基本理念，并对课程标准设计的思路作了详细的说明，便于教材编写者和教师整体把握课程。

其三，课程标准是强调学生学习的过程与方法，所以关注学生学习的过程与方式是引导学生学会学习的关键。其四，课程标准是教学的依据，课程标准提供的教学建议是备课的重要参考。其五，课程标准是评价的借鉴，课程标准提供的评价建议是教案设计的重要来源。其六，课程标准是教科书编写的依据，也是教师课程资源开发和有效利用的重要参考。值得注意的是，课程标准适应普及义务教育的要求，提出的要求是基本的，是绝大多数学生经过努力都能够达到的，课程标准的重点是对国民素质的基本要求作出规定，因此对教材编写、教师教学和学业评价的影响是间接的、指导性的、弹性的，给教材编写和教学留有一定的空间，同时，课程标准为教材编写者、教师教学及学业评价留下了创造空间。

学科教学知识是指一个学科领域主题和问题怎样组织以及对教学的理解。它是教师的特殊区域，即教师自己的专业知识和理解的形式。从字面就可以看出，学科教学知识是教师个人独一无二的教学经验，教师独特领域学科内容和教育学的特殊整合，是教师自己对专业理解的特定形式。此外，学科教学知识也是区分学科教师与学者的一种知识体系。学者去创造某一学科领域里的新知识，教师则是帮助学生去理解这些新知识，这也是优秀教师与新任教师的差别所在；同时也是学科专家和经验丰富教师的区别所在。在这个模式中，作为知识的一种形式，学科教学知识是由事实、概念、技巧、过程、信念和态度组成的，它是许多种知识基础的融合，而且是教师的特殊领域，所有知识基础促成了最丰富的学科教学知识的生成与发展。要完全理解学科教学知识有许多关键的思想需把握，如重要的教学表达思想、师生相互作用知识基础的思想、熟练教学行为的思想、所有的知识基础整合在一起等思想。

案例诠释

【案例一】

小学生环保行为习惯的养成教育①

“低碳生活”（low-carbon life），就是指生活作息时所耗用的能量要尽力减少，从以减低二氧化碳的排放量，从而减少对大气的污染，减缓生态恶化，主要是从节电节气和回收三个环节来改变生活细节。

① http://wenku.baidu.com/view/74abb55377232f60ddcca1c1.html

1. 每天的淘米水可以用来洗手、擦家具、浇花等。这样干净卫生，自然滋润；

2. 将废旧报纸铺垫在衣橱的最底层，不仅可以吸潮，还能吸收衣柜中的异味；

3. 用过的面膜纸也不要扔掉，用它来擦首饰、擦家具的表面或者擦皮带，不仅擦得亮还能留下面膜纸的香气；

4. 把喝过的茶叶渣晒干，做一个茶叶枕头，既舒适，又能帮助改善睡眠；

5. 出门购物，尽量自己带环保袋，无论是免费或者收费的塑料袋，都减少使用；

6. 出门自带喝水杯，减少使用一次性杯子；

7. 多用永久性的筷子、饭盒，尽量避免使用一次性的餐具；

8. 养成随手关闭电器电源的习惯，避免浪费用电；

9. 尽量不使用冰箱、空调、电风扇，热时可用蒲扇或其他材质的扇子。

【思考题】

1. 作为学科教师，你是否关注小学生良好行为习惯的养成?

2. 根据你的经验和体会，你认为小学生良好行为习惯的养成最关键的做法是什么?

【案例评析】

没有大量规范化日常行为要求和训练，良好行为习惯的形成是困难的。大多数习惯是行为达到自动化后才出现的。在行为向自动化发展和转变的过程中，严格的行为要求和按要求行为是必要的。良好习惯的培养要从细节着手，必须融入学生日常的生活和学习中，注重生活中的细枝末节。

【案例二】

德育目标生活化①

山东招远市在进行中小学中华民族优秀传统道德教育实验研究时，将德育目标变成儿童看得见、摸得着的生活内容。

立标。中华美德教育实验围绕忠、孝、诚、信、礼、义、廉、耻八个核心德目，结合《小学生日常行为规范》，依据儿童年龄特征和生活习惯，首先确立了20项总体目标，然后根据各年级学生的年龄和知识情况，每个年级落实4项目标，在此基础上，制定了每个目标的具体实施细则20条。如把小学四年级“热爱劳动”主题教育目标分解为：①学会布

① http://wenku.baidu.com/view/74abb55377232f60ddcca1c1.html

置房间；②学会做四种菜；③学会钉纽扣；④每天坚持做一次家务劳动等 20 个小目标。这些小目标个个看得见、摸得着、具体化、儿童化。儿童经过努力，在实践过程中实现一个个目标，从而达到养成良好的美德与习惯。

学标。每个班级围绕本年级该学期的两大目标，班主任利用班队会时间，带领本班学生对学校制定的行为检评的 20 项小目标逐条学习，组织学生对照核检找差距，协同每一名学生分析现状，找出自己的强项、中项、弱项，提出“强项贵以恒，中项不放松，弱项要注重”的要求，制定个人和集体分步达标的具体计划。

做标。学生明确目标后，在日常学习和生活中，认真按照标准去做。

评标。小学生的意志行为持久性差，核检目标实施半个学期后，应及时为学生更换新目标，这就需要及时对上一个目标进行评价，让学生对照目标回顾自己的日常行为。这个评价过程包括：①自我评价；②中队评价，对每个学生的自评进行认可或复评；③家长评价；④班主任综合评价、根据平时对学生的了解，综合各方面的情况对学生进行阶段综合评价，这是再进步的新起点。它分四项内容：一是表彰，对每个主题目标达标高的同学进行班级表彰，并上报学校小广播；二是对某些有差距的同学，班主任采取“鼓励，希望”的激励性策略做好转化工作；三是统计好达标分数；四是制定好弥补方案。

【思考题】

1. 作为学科教师，你是否认可案例中的德育目标生活化的做法？
2. 在你的学科教学中，你是怎样对小学生渗透德育的？

【案例评析】

将德育目标变成儿童看得见、摸得着的生活内容，在小学实施德育是最富有成效的。良好的品质和行为习惯的培养需要融入小学生日常的生活中，做到严格要求，重视细节。

推荐阅读

1. 黄甫全：《小学教育学》，高等教育出版社 2007 年版。
2. 王志超：《中小学生心理教育丛书》，暨南大学出版社 1997 年版。
3. 倪文锦：《小学语文新课程教学法》，高等教育出版社 2003 年版。
4. 江平：《小学语文课程与教学》，高等教育出版社 2004 年版。
5. 纪江红：《中国小学生成长必读故事》，安徽科学技术出版社 2008 年版。

6. 陈琦、刘儒德：《教育心理学》，高等教育出版社 2011 年版。

7. 毛志远：《浅谈小学生的认知特点和读书习惯的培养》，载《楚雄师范学院学报》2012 年第 7 期。

8. 吴林龙：《论小学生品德培养的心理特点依据》，载《现代中小学教育》2011 年第 7 期。

9. 唐克西：《关于小学生品德形成与发展的实验研究》，载《湖南教育学院学报》1997 年第 6 期。

10. 李中：《教师学科知识重要性的再解读》，载《浙江树人大学学报》2005 年第 9 期。

第十二章
精专与博学：教师的通识性知识素养

本章关键词

通识性知识　通识教育　素质教育

标准基本内容

维度	领域	基本要求
专业知识	（八）通识性知识	1. 具有相应的自然科学和人文社会科学知识。 2. 了解中国教育基本情况。 3. 具有相应的艺术欣赏与表现知识。 4. 具有适应教育内容、教学手段和方法现代化的信息技术知识。

学理阐释

通识性知识是指小学教师应具备的有利于有效开展日常教学工作的各种普通文化知识。这种知识无论是对于学生的全面成长还是教师的专业发展都起着重要的基础性作用，是师生成长之树的“庞大根系”。“博观而约取，厚积而薄发”，渊博的知识，有助于教师加深对所教学科知识的理解，可以扩展教师的文化思维，使教师在指导学生学习的过程中更加自信。

（一）小学教师要具有相应的自然科学和人文社会科学知识

“素质教育”成为教育界一个流行的词，全面发展是素质教育的基本要求之一。

《国家中长期教育改革和发展规划纲要（2010—2020年）》把国家教育的战略方针主题确定为："坚持以人为本、全面实施素质教育是教育改革发展的战略主题"。师者，所以传道授业解惑也。素质教育的成败，相当程度上取决于教师，教师充当着教育改革的主力，是学生全面健康成长的引路人。教师作为知识的传播者、智慧的启发者、精神的熏陶者、人格的影响者和道德的体现者对学生各个方面产生影响。[①] 教师的职责不再是单一的，而是综合的；不是静止的，而是发展的；不是阶段的，而是连续的。教师职业的特点不仅要求教师是一个道德高尚的人，还要求教师是一个博学多才的人。现代教育以育人为本，育生标准的提升要求教师必须从单一的学科教学专才向多元知识储备、多种教育手段运用的全才方面发展。

知识主要包括自然科学和人文社会科学。自然科学通常试着解释世界是依照自然程序而运作，是研究无机自然界和包括人的生物属性在内的有机自然界的各门科学的总称。认识的对象是整个自然界，即自然界物质的各种类型、状态、属性及运动形式。[②] 人文社会科学是人文科学和社会科学的总称。人文科学狭义上指对拉丁文、希腊文、古典文学的研究，广义的则包括哲学、经济学、政治学、史学、法学、文艺学、伦理学、语言学等。社会科学是指以社会现象及其发展规律为研究对象的科学，如政治学、经济学、军事学、法学、教育学、文艺学、史学、语言学、民族学、宗教学、社会学等。[③]

各学科的知识互相联系，互相渗透，教师要上好本学科的课，必须了解相邻学科的有关知识，才能使知识更为系统，也使上课更生动，更具说服力。倘若教师在教授某一科目时巧妙地结合一些自然科学和人文科学的知识，这样既能起到锦上添花的效果，增加课程的趣味性，也拓宽了学生的思维领域，使学生的思想道德受到熏陶。学生兴趣广泛，求知欲强，经常会向教师提出各种各样的问题，只有具备广泛深厚的文化基础知识，才能满足学生旺盛的求知欲；而且，教师具有广博的知识和多方面的兴趣爱好，有更多机会接触学生，直接参与学生的各种活动，成为学生的良师益友。[④]

在一个信息开放的时代，小学生的视野更开阔、思维更加活跃、自我意识更强，

---

① 黄正义、刘守旗：《教师职业道德新编》，南京大学出版社2010年版，第1页。
② http://baike.baidu.com/view/10445.htm
③ http://baike.baidu.com/view/1381144.htm
④ 梁双顺、钟雪梅：《教育学》，吉林大学出版社2012年版，第80页。

有迅速收集信息的能力，对新鲜事物特别敏锐。因此，教师要成为学生的良师益友，成为学生知识源源不断的“活水”，就要不断地学习，跟上时代的步伐，拉近与学生的距离。这并不是说教师要成为全能博士，对每一个学科都深究，而是要求除了在纵向深入对本专业学科知识全面学习和深刻理解之外，同时横向拓展知识面，广泛涉猎自然科学和人文社会科学知识，拥有多元的知识储备，全面提高自身综合素养，成为一名“复合型”教师。

（二）小学教师需要了解中国教育基本情况

法国著名教育社会学家涂尔干有一段名言：“教育是年长的几代人对社会生活方面尚未成熟的几代人所施加的影响。其目的在于使儿童的身体、智力和道德情况都得到某些激励和发展，以适应整个政治社会在总体上对儿童的要求，并适应儿童将来所处的特定环境的要求。”[①] 从这个概念的界定中，可以窥视出教育的社会性，教育在于使年轻的一代系统地社会化。学校是一个小社会，从教师所承担的社会责任、社会角色和社会对教师的期望来看，一名合格的小学教师，需要了解中国教育基本情况，对所处的教育大环境及其变化情况要有基本的认识，自己如何应对这些变化以及在变化中寻求发展。中国教育的基本情况大致可以分为相关教育法规、教育改革、课程与教学改革、加强教师培训等方面。

1. 了解自己国家、民族的教育发展历史

现在源于过去，今天的教育是历史不断发展的结果。“以史为镜，可以知兴替”，要想真正地理解任何一个教育现象，都必须把它放到当时的历史发展背景之中，在教育发展史的长河中，找到它在长河中的那个部分，才能真正去理解这个教育现象存在的意义。小学教师想要对今天的教育有更深刻的理解，掌握教育的发展规律，成为一名专家型的教师、科研型的教师，离不开对祖国、民族教育发展历史的关注和研究。

2. 了解现阶段我国小学教育仍然存在的问题

“不识庐山真面目，只缘身在此山中。”作为小学教师，不能仅仅囿于自己的学科，而要关注整个基础教育发展的形式和环境，要了解小学教育改革的动态和方向。我国基础教育改革在一定程度上取得一些成效，如：如期实现了“两基”目标，全国青壮年文盲率由60%下降到5%以下，普及九年义务教育大面积完成；人均受教育

① 张人杰：《国外教育社会学基本文选》，华东师范大学出版社2009年版，第8页。

年限已由不足4年（1966）提升到12年（2006）；基础教育师资队伍稳定，学历合格率达标，教师地位与待遇得到最大限度的提高，基础教育基本实现普及化等。同时，还要看到存在的一些问题和挑战，如：重知识轻能力，创新人才培养困难；“上学难、上学贵”，区域、城乡、各类教育之间发展不均衡；教育体制与机制、师资水平滞后的矛盾；教育投入与教育发展的客观需要相比不足；校园安全问题的突出；教育的人才培养模式不适应社会转型期的要求；城市化进程中农村教育边缘化等等。

3. 了解我国有关教育的法律法规

依法执教，同样涵盖教师的教育活动，作为教师，需要精确地把握我国教育政策和法规对教师教育行为的规制。我国的教育法律法规经历了一个从继承、总结到不断完善与发展的实践过程，基本形成了具有我国教育特色，符合我国国情的教育规范化、制度化的体系。这些法律法规对我国教育发展起指导的作用，是调节教育与社会、教育与国家、教师与学校、教师与学生等相互关系的基本行为准则。我国现阶段关于教育的主要法律法规包括：《中华人民共和国教育法》、《中华人民共和国义务教育法》、《中华人民共和国教师法》、《中华人民共和国未成年保护法》、《中华人民共和国预防未成年人犯罪法》、《学生伤害事故处理办法》、《国家中长期教育改革和发展规划纲要（2010—2020年）》等。

4. 基础教育课程改革

2001年，教育部印发了《基础教育课程改革纲要（试行）》的通知，我国开始大力推进基础教育课程改革，调整和改革基础教育的课程体系、机构、内容，构建符合素质要求的新的基础教育课程体系。课程改革改变课程注重知识传授的倾向，突出学生的主体地位，改变学生的学习方式，建立学生自主、探究、发现、合作的学习机制，改变学生接受学习、机械训练、死记硬背的授课方式，强调学生积极主动的学习态度、学习过程的知识和经验获得，在终身教育盛行的今天，引导学生学会学习。课改精神深刻地反映在《新课程标准》里，从“教学大纲”到“新课程标准”的转变，是我国教育的一个进步。课程标准规定了我国大多数公民在受教育水平上要达到的最低限度和基本要求。新课程标准要求教师从一名执行者转变成为一名决策者，教学目标注重“三维目标”的达成：知识与能力、过程与方法、情感态度与价值观，从教会学生什么，转变为引导学生学会什么。新课程标准体现了“一切为了学生的发展，为了发展学生的一切”的精神。新课改和课程标准的颁布，要求教师深究课改的精神，转变授课方式，民主、平等地和学生相处，懂得教学的艺术。

新一轮的教学改革的标志就是转变教学方式。在传统的教学中，教师负责教，学生负责学，教学被视为教师对学生单向的“培养”活动。新的教学改革则强调：教学是教与学的交往、互动，师生双方相互交流、相互沟通、相互启发、相互补充，在这个过程中，教师与学生共同分享彼此的思考、经验和知识，交流彼此的感情、体验与观念，丰富教学内容，从而实现教学相长和共同发展。我们不妨观察下面这个案例：

小学一年级识字课，两个教师同是教“雨”字，效果却不同。A教师教“雨”字，直接把“雨”写到黑板上，让学生仔细看，然后教学生读三遍，再让学生跟着老师按照“雨”字的笔顺一笔一画地把“雨”字写出来，再问学生“雨”字一共有多少笔画。B教师教“雨”字，教师先板书，然后问学生：“同学们仔细看看，这个图形像什么?”学生经过观察与思考，回答：“像天上下着雨。”教师告诉学生：刚才老师画的，就是古代劳动人民用图画的方式写成的“雨”字，后来经过不断演化，就成了现在这个样子。边说边板书“雨”字让学生回答讨论：现在的“雨”字和原先的“雨”字有什么不同?由哪些笔画构成?笔顺怎样?①

A教师沿用传统的教师为主体的方法，让学生死记硬背，学生处于被动学习的状态，没有调动学生的学习积极性和求知欲，而且学习得非常枯燥，完全是教师讲，学生听，学生的思维处于抑制状态。B教师以学生为学习的主体，让学生主动去发现知识、寻找知识、体验知识，使学生的思维处于活跃状态，并且让学生对“雨”字的形和义有了深刻的认识。

（三）小学教师需要具有相应的艺术欣赏与表现知识

课堂教学是科学，也是艺术。根据学生的心理特征，小学的教学离不开语言、动作、线条、影响、色彩、图像等，尤其是随着对现代化教学方法的探索和现代化教学手段的运用，表现出明显的形象化、审美化、艺术化的趋向。小学生年龄小、精力充沛、活泼好动，对世界充满着无限的遐想，对美好事物充满向往和追求。因此，小学教师要具有相应的艺术欣赏与表现的知识，并且能运用自如地把知识在课堂这个舞台上传授给学生。艺术欣赏与表现是对艺术作品的“接受”——感知、体验、理解、想象、再创造，体会艺术作品中的感染力等综合心理活动，是人们以艺术形象为对

---

① 邹武林：《新语文 新体验——课程改革300案例点击》，广西人民出版社2005年版，第10页。

象的审美活动。新课程标准的三维目标里有一维目标就是情感态度与价值观，教师要让学生体会学习、感受生活中的美，感受美好的自然、和谐的社会，向往美好的明天，做一个具有真善美的人。而且，为了让课堂教学更加生动形象，教师还应具有相应的艺术表现力，创设教学情境，使课堂精彩无限。比如在小学英语课堂里面，教师要教授学生有关动物的英语单词，教师通过模仿动物的动作或者形态，给学生以直观的刺激，让枯燥的英语单词变得更有趣。

教学片断——教学声母 z，c，s[①]

邓老师：(出示小朋友、小刺猬、蚕宝宝的图片）小朋友们，今天这节课中来了三位小客人，他们是冬冬、小刺猬和蚕宝宝，他们来和我们一起学习，大家欢迎不欢迎呀？

小朋友开心地鼓掌。

邓老师：(看图说话引出 z）大家注意看这幅图，图上冬冬在干吗呀？

小朋友：冬冬在写字。

邓老师：小朋友观察得真仔细，“字”大家再读得轻一些短一些，就是声母“z”的发音了(教师示范发音)，注意发音时不能舌尖咬住。跟老师一起念：冬冬写字 zzz，像个 2 字 zzz。

小朋友跟读。

邓老师使用了相同的方法，引出了 c 和 s。

最后将三个字母连成了三句顺口溜：

冬冬写字 zzz，像个 2 字 zzz；

小小刺猬 ccc，半个圈圈 ccc；

蚕儿吐丝 sss，半个 8 字 sss。

在上面的教学片段中，学生是一年级刚接触汉语拼音的小朋友，对字母比较陌生，邓老师根据学生的年龄特点，把三个声母 z、c、s 变身成三个好朋友：冬冬、小刺猬和蚕宝宝，和小朋友们一起学习，创设了一个小朋友一起学习的情境，具有童话美感，这个拟人的方法将新课的内容拉近了与学生的距离，让小学生们感到很亲切，也很有趣。在进行音形辨认的时候，邓老师将这几个字母的形状变成像 2 字的 z，像半个圈圈的 c，像半个 8 字的 s，并将这三个字母编成三句顺口溜，让小朋友念

① 中国教育教师资格考试研究院：《教育教学知识与能力标准预测试卷》，世界图书出版公司 2012 年版。

起来朗朗上口，具有音律美。童话美、字形美、音律美，让小朋友们在轻松的形象中，通过眼观、耳听、发声练习而学习到新知识，原来小小的字母也可以这么美，学生慢慢会把这种美的感受迁移到生活中的各种事物，感受各种美的体验。在教师特别是小学教师应聘中，我们发现多才多艺的老师特别受欢迎，如有画画、唱歌、打球等特长，不仅能让教师的课堂更加生动形象，还能受到学生更多的欢迎和喜爱，能够融入更多的学生活动中。

（四）小学教师需要具有适应教育内容、教学手段和方法现代化的信息技术知识

新的科学信息技术革命给人们的生活带来了很大的改变。互联网的惊人发展，改变了人们的学习、生活方式，改变着人们的思想观念，也使教育领域发生了革命性的变化。上课多媒体的运用，将课堂的时间和空间都大大拓宽了，将更多的信息带入课堂；互联网实现了教育资源的共享；远程教学也大大增加了在校学习的时间；网络教学提高了学生收集信息的能力，学生能够根据自己的情况制定自己的个性化学习，教师也能将因材施教落到实处，改变了教师大班教学只能按照中等学生的情况授课的困境；教师能够通过互联网与家长密切联系，给家校合作建立很好的沟通途径。因此，信息技术是人自我发展和终身学习的有力工具。①

在世界基础教育改革浪潮中，现代化的信息技术与教育内容、教学手段和方法融合在一起已经成为重要的议题。20 世纪 90 年代末，英国政府全面启动国家学习信息建设计划。“教师面临着知识更新和更高职业要求的严峻挑战，所有教师必须具有一定的信息文化水准，才能取得合格教师的资格证。信息技术与课程的整合不仅成为必备的业务能力，也成为教师的社会责任与应尽义务，因为它与学术的成长和构架的发展相关联。”② 而我国《基础教育课程改革纲要》明确提出，“大力推进信息技术在教学过程中的普遍应用，促进信息技术与学科课程的整合，逐步实现教学内容的呈现方式、学生的学习方式、教师的教学方式和师生互动方式的变革，充分发挥信息技术的优势，为学生的学习和发展提供丰富多彩的教育环境和有力的学习工具。”

新课程改革提倡新型的教学模式——“研究式”学习模式和“协作式”学习模式，以培养学生的探索能力、发现问题和解决问题的能力以及创造性思维。这就需要中

① 何晓华：《信息技术对教育的影响及对策研究》，载《计算机教学与教育信息化》2012 年第 5 期。
② 张舒予：《英国英格兰教育改革与学校信息技术教育》，载《外国教育研究》2003 年第 2 期。

小学教师具有适应教育内容、教学手段和方法现代化的信息技术知识，利用多媒体集成工具将课程学习内容以超文本、友好交互等方式进行集成、加工处理转化成学习资源。所以，为了更好地适应新的教学环境，更好地开展课堂教学和吸引学生的学习兴趣，小学教师要学会多媒体的使用、PPT的制作、视频动画的使用等，根据教学的需要，恰到好处地运用教育技术先进设备，让学生在动态情境中探究、发现，从而大大提高课堂教学效果，更有效地实现教育目标。

《台湾蝴蝶谷》的教学片断[①]

廖老师：大家喜欢祖国的宝岛台湾吗？

学生：喜欢。

廖老师：在我们祖国的宝岛台湾有美丽的蝴蝶谷，大家听说过吗？

学生有的说听说过，有的说没有听说过。

廖老师：那老师今天就带领大家学习《台湾蝴蝶谷》这一课，咱们现在就一块去认识这个闻名世界的“蝴蝶王国”，好不好？

学生：好。

廖老师：同学们，先让我们一起来欣赏美丽的蝴蝶谷是怎样的景象。

（多媒体课件演示，学生看着生动的画面）

廖老师：景色美不美？

学生异口同声地回答“美”。

廖老师：那么课文又是怎样描述的呢？让我们一起读读课文。

在上面的语文教学片段中，新的授课内容“台湾蝴蝶谷”可能学生都没有去过，因此，教师利用媒体展示图片进行教学，在激发学生的学习兴趣方面起到一定的作用。但教师并没有合理地使用多媒体进行教学，以至于没有完全发挥媒体辅助教学的优势。语文学习应该是提倡先阅读感悟，在学生有所理解、有所体悟的基础上，再借助媒体教学，加深学生头脑中的印象，引发情感上的共鸣，促进学生更深层次上的感悟。而案例中的廖老师则是先呈现画面，再让学生去阅读，看上去是以画面帮助学生进行语言文字的理解，实际上是媒体图片代替了学生对语言文字的理解和感悟，先入为主，限制了学生富有个性的想象，使学生思维定格在多媒体画面上，不利于学生的个性化学习。因此，多媒体虽然能够辅助教学，但是如果使用不当，反而会

① 中国教育教师资格考试研究院：《教育教学知识与能力标准预测试卷》，世界图书出版公司2012年版，第44页。

变成教学的阻力。教师在学习如何使用多媒体的同时,对多媒体在课堂中使用的次数、使用时间的长短、什么时候使用都要深思熟虑，具体情况具体分析。

案例诠释

【案例一】

国外教师的知识储备①

加拿大实习教师 Monica 在陕西师大附小实习，遇到英语组组长祝老师。祝老师正在为即将到来的一节阅读课而烦恼，问其原因是那篇英文小短文涉及水资源很多知识，而许多单词相当生僻，也涉及很多地理方面的知识。当她将自己烦恼告诉外教后，Monica 老师立刻认真读起来，而且眼神充满期待与兴奋，并主动请求让她来教这课，因为地理课是她的专业也是她的最爱。她马上借书准备课程，确认后开心地走了。

在国外，教师通常至少要有两个不同专业的学习经历，这样以便更好地满足教育教学实际需要。而通常国外的 head teacher（相当于我们国内的班主任），每天绝大多数时间与学生在一起，因为除了特别专业要求的音乐、体育、美术外，几乎其他课程都由 head teacher 独立带领学生完成。所以教师职业基本要求要掌握专业知识和学科知识，以便更好地在自己的教育教学中发挥所长，有效提高教育教学效果，完成教书育人的任务。Monica 还擅长绘画，每一节课都会花很长时间在网上搜索图片，如果实在找不到更贴切的图片，她就亲自画，效果依旧很好。尤其在教育学、心理学方面更是有一定基础的认知。因为Monica曾说过只有教师了解小学生特点和心理变化,才能有效吸引他们更好融入课堂,轻松快乐地学习。所以教师的教育教学能力与自身个人素养有密不可分的联系。

而先后在我们班实习的两位加拿大实习教师都有自己特别的专业与兴趣爱好，另一位老师 Amy 的选修专业是心理学，擅长体育活动，所以在她的课堂很注重对小学生行为礼貌心理的暗示与引导，充分发挥他们在课堂的主体地位。而英文游戏 seaweed and octopus 的尝试，使小学生身体运动得到充分调动，不再是简单的赛跑，同时对于游戏规则的要求更是亲自落实，得以保证游戏公平开展，使这个游戏深得小学生的喜爱。以上两位实习教师都很年轻，尽管他们在国外仍是大学生，然而进入课堂状态的速度都很快。英语是他们的母语，而他们大学的专业课及各自兴趣爱好在他们的教学中得到充分的发挥,

---

① 摘自“晓侠学习园地”—http://blog.sina.com.cn/s/blog_75732eea0101766w.html.

很快将课堂驾驭得游刃有余，这点与我们国家的实习教师有很大区别。我国的部分实习教师语言表达缺乏自信、课堂组织形式单一，不能很好体会感受学生的需求，使小学生失去学习的乐趣，无法有效组织课堂。因此通过中加实习教师课堂教学效果实际比较，我们才明白提出教师有通识性知识对教育教学开展所起到的积极促进作用。

【思考题】

1. “不同的教育价值塑造了不同的人群”，你是如何理解这个观点的？
2. “教师更是通识教育的对象”，你认为这个命题合理吗？

【案例评析】

加拿大的教师教育给人印象深刻。教师通常至少要有两个不同专业的学习经历，以便更好地满足实际的教育教学需要。国外的 head teacher 在校期间绝大多数时间都与学生在一起，除了有特别专业要求的图音体课程外，head teacher 几乎包揽所有其他课程，如果没有广博的知识储备，这是难以想象的。这就要求我们的教师必须大力提升自身的知识学习：第一，开发自己的兴趣爱好，拉近与学生距离；第二，不断学习、思考、积累自己成长的个性化经验；第三，广泛阅读最新的自然科学与人文社会科学方面普及性的书籍，同时结合自己的发展需要，有重点地深入通读最经典最有启发性的名著；第四，经常旁听其他教师的课堂教学，“三人行则必有我师”；第五，创造条件、不辞辛苦地参与各种教师培训，了解教育最新理念，不断充实自己，把自己从一个狭隘的“教书匠”向博古通今的全能型教师发展。

【案例二】

《落叶》教学片断[①]

窦桂梅老师在执教《落叶》一课时有这么一个片段：

老师在屏幕上打出了课文的第一句话：“秋天到了，天气凉了，一片片的树叶从树枝上落下来。”同学们认真地看这一句话，窦老师提示道，这句话中有一个词语很有趣，请大家找一找！片刻，学生找到了“一片片”这个词。窦老师先请学生读一读这个词，然后在黑板上画了一片树叶，问大家：“这就是‘一片片’的树叶吗？”学生回答说：“不是。”窦

---

① http://www.diyifanwen.com/jiaoan/xiaoxueyuwenketangshilu/0812270702444883364.htm 窦桂梅老师《落叶》课堂实录。

老师转身又在黑板上画了一片树叶，问大家："那么是两片喽?""不是两片，'一片片'是指好多好多片树叶！是指许多片树叶！"学生回答。"那应该怎样读这个词?"窦老师问。于是，学生轻轻地读起来："秋天到了，天气凉了，一片片的树叶……""要读出你的体会，要读出你的理解！"窦老师启发着。

一会儿，窦老师请学生起来读这一句话。

生1:（读得很流利，但不够有感情）

师：这是你的感受，很好！（又请一位学生来读）

生2:（读得很有感情，读"落"和"一片片"的时候放慢了速度，加重了语气）

师：（肯定了学生对课文的理解，问大家）你们想想，树叶是怎样往下落的?

生3：慢慢地、一片一片地往下落。（边说边加上优美舒展的动作）

师：这落叶多美啊！飘飘洒洒……

生4:（不由自主地接了上去）随风舞动……

师：很有诗意啊！（教室里响起了一阵掌声）

师：还有想说的吗?

生5：树叶慢慢地飘落下来……

师：(边说边做动作）就这样，落叶像小蝴蝶、像小蜻蜓，多快乐啊！大家快读啊，现在，你就是小蝴蝶、小蜻蜓，轻轻地落下来了……

（学生边表演，边朗读课文，教室里气氛很热烈）

【思考题】

请从新课程理念的角度评价这个教学片段。

【案例评析】

《语文课程标准》指出："语文课程丰富的人文内涵对学生精神领域的影响是深远的，学生对语文教材的反应又往往是多元的。因此，应该重视语文的熏陶感染作用，注意教学内容的价值取向，同时也应尊重学生在学习过程中的独特体验。"

窦桂梅老师是我国小学教育里面颇有影响力的一名教师，她的课堂成为很多小学领域教师的学习典范。这样的优秀教师也是慢慢成长起来的，成功的背后总是要付出很多的努力与汗水。通过这个课堂教学案例也让我们了解到，小学语文课堂可以充满着无限的生命力，要构建好的课堂教学，需要师生的共同努力，但是教师扮演的平等中首席的引导角色起关键性的作用，素质教育的成败很大原因取决于教师。

一名优秀的教师除了拥有对本专业学科知识之外，还要不断提高自身的综合素养，需要掌握相应的自然科学和人文社会科学知识；具有相应的艺术欣赏与表现知识；具有适应教育内容、教学手段和方法、现代化的信息技术知识、了解中国教育基本情况等相关的通识性知识，为创造魅力课堂打下基础。

推荐阅读

1. 薛忠祥：《教育哲学视野下的小学教师知识基础》，山东大学出版社 2008 年版。

2. 李琼：《教师专业发展的知识基础》，北京师范大学出版社 2009 年版。

3. 姜美玲：《教师实践性知识研究》，华东师范大学出版社 2008 年版。

4. 吴伦敦：《教师专业发展导论》，华中师范大学出版社 2008 年版。

5. 杨连明：《现代教师教育专业引领案例评析》，上海科学技术文献出版社 2006 年版。

6. 朱良才：《课堂教学实用艺术》，天津教育出版社 2009 年版。

7. 李壮成：《新课程教师论》，四川大学出版社 2010 年版。

8. 张传燧：《教师专业化：传统智慧与现代实践》，载《教师教育研究》2005 年第 1 期。

9. 曹文华等：《信息时代下通识课教师的自我变革》，载《职教论坛》2011 年第 12 期。

10. 郝卫芳：《自然科学知识在政治课教学中的应用》，载《教学与管理》2011 年第 11 期。

第十三章
预设与建构：教师的教育教学设计

本章关键词

教学设计　教育教学计划　教学方案　班队活动

标准基本内容

维度	领域	基本要求
专业能力	（九）教育教学设计	1. 合理制定小学生个体与集体的教育教学计划。 2. 合理利用教学资源，科学编写教学方案。 3. 合理设计主题鲜明、丰富多彩的班级和少先队活动。

学理阐释

教学设计是开展教学活动的前提与基础，是实施有效教学的关键。厘清何谓教学设计，其基本内容与路径是什么，对教师教学设计能力的提升，具有不可或缺的作用。

要理解什么是教学设计，首先要厘清何为教学与教学活动。什么是教学？似乎是个不成问题的问题，但恰恰是对这一问题的理解，根本上影响着教学设计的理念与方法。只有正确认识教学与教学活动，才可能正确把握教学设计的方向，才可能准确定位教学目标、正确选择有效的教学方式、最适合的辅助技术，以实现高效的教育教学质量。

教学是师生共同进行的、以学生认识为主要内容的社会活动，教学交往“主要是以人类已有的认识成果（知识、经验、语言、符号、信息等）为中介而进行的教师与学生、学生与学生间的现实的相互作用”[①]。

教学的开展以学生认识活动为基础。教师教学生认识的过程，就是学生教师发生交往关系的过程，学生个体的认识不是自己孤立进行的，而是通过与教师的交往实现的。有效的教学交往的展开，是推进良好教学认识的重要一环，交往是一切人类活动的途径，也是教学活动的基本途径。

有效的教学交往是基于理性和预设的。教学首先是理性的活动，理性是指概念、判断、推理的能力，人并非总是按理性的原则和标准行事，感性、想象力、审美意识、激情和意志的驱动力等是人自我和生活的构成。学生与教师都是人，都不是纯粹的理性人，但这并不代表教学活动是非理性的。当教师与学生共同进行教学活动时，已不仅仅是个人层面的活动而是社会层面的活动，为达到一定目的它更需要由规则带来的秩序状态，这也是人类理性在行为上的实用化和在社会层面的外化。教学中师生情感的沟通、精神的交流都是以理性的存在为前提而展开的。教育源于人类为生存进行文化传承这一最基本的需要，设计、利用、占有、计算成为教学活动必然包含的元素，并在此基础上不断地创造与丰富。只要认真思考过教学活动的人都会承认：教学从组织、管理、展开到评价，每一步都不可能依赖想象而生，因为教学是一种有目的的培养人的活动，它必然具有目的性，教学目标不可能单纯地依靠随机而生成，而目的的确定则是思考、判断的过程，即理性的过程。

教学其次是预设性的活动。教学是一项复杂的活动，教师必须要做出一定的安排，没有一个负责任的老师会在授课前不进行准备、不思考学生当前的学习状况，这就是典型的“预设”，即教学活动本身就是实现预定目的的活动过程，于是乎，教学设计就成为有效开展教学活动的前提与条件。

① 郭华：《教学交往研究的教学论意义》，载《教育科学》2001年第2期，第22-24页。

生成性是当前课程改革所倡导的新理念之一。《辞海》对“生成”的解释为“变易”，即对“无”的否定或对“有”的否定之否定。这一概念与教学相连，构成一个新的教学概念，即生成性教学。生成性教学是相对于预成式教学而言的，与预成式教学的被动接受相比，生成性教学更强调学习的自主建构，与预成式教学的静态预设相比，生成性教学更强调教学的动态生成。可以说，“生成性”是对“接受性”的一种批判和超越，是对“预设性”的补充和修正。生成性教学的提出，是对课堂教学认识深化的结果，同时也为现代教学设计提供了新的视角。

——李炜、涂荣豹：《生成性教学的基本特征与设计》，载《教育研究》2007年第1期

20世纪80年代中期以前，有关教学设计问题基本上没有被纳入我国教育学研究者的视野。师范生学习教育学或教学论时，相关内容是以“备课”这一日常概念出现的。许多人能随口道出备课之“三备三写”，即：备教材、备学生、备教法；写学期学年教学计划、写单元/课题计划、写课时计划（教案）。如果今天还用这样的“知识”来培养师范生，显然难以适应新时代对教师提出的新要求。

自80年代中后期，随着教学改革的深入，有关教学设计的研究在我国也得到越来越多的关注。学者们分别从教学论、教育心理学和电化教育不同视角展开研究，探讨了认知学习模式、知识分类、学生认知能力的分层分级设计，教学设计的原理、模式、基本内容及不同层次的教学设计原则和步骤等。与此同时，教学设计的实验与应用研究也蓬勃发展起来。

由于教学设计研究在几个不同的大的领域中进行，不同领域的学者显然对教学设计的界定也不尽相同。瑞达·瑞奇认为：教学设计是“为了便于学习各种大小不同的学科单元，面对学习情境的发展、评价和保持进行详细规划的科学”①。

加涅在《教学设计原理》一书中，对教学系统设计（即教学设计）所下的定义是：“教学系统设计是对教学系统进行具体计划的系统化过程”。②

何克抗认为：“教学设计是运用系统方法，将学习理论与教学理论的原理转换成对教学目标（或教学目的）、教学条件、教学方法、教学评价等教学环节进行具体

① 孙可平：《现代教学设计纲要》，陕西人民教育出版社1998年版，第7页。
② 何克抗：《也论教学设计与教学论——与李秉德先生商榷》，载《电化教育研究》2001年第4期，第8页。

计划的系统化过程”。①

还有学者认为，教学设计就是指教师根据一定的教学目标，对具体教学活动进行的系统规划、安排与决策。具体说来，可以作如下理解：①教学设计是把教学原理转换成教学活动的计划和教学材料的准备。教学设计要遵循教学的基本规律，选择教学目标，以解决教什么的问题。②教学设计是实现一定教学目标的计划性和决策性活动。教学设计以计划和整体安排的形式，对怎样达到教学目标进行创造性的决策，以解决怎样教的问题。③教学设计是以系统方法为指导。教学设计把教学过程各要素，看成一个系统，分析教学问题和需要，确立解决问题的程序纲要，使教学效果最优化，以解决达到什么效果的问题。④教学设计是提高学习者获得知识、技能的效率和兴趣的技术过程。教学设计与教育技术密切相关，其功能在于运用系统方法设计教学过程，使之成为一种具有操作性的程序。②

陈旭远教授对众多关于教学设计的界定进行分析，发现存在如下共同点：第一，教学设计是一个系统化的过程，教学设计涉及确定教学目标、分析教材、分析学情、选择教学方法、分析环境等诸多方面；第二，教学设计以优化教学效果为起点和终极目的；第三，教学设计存在层面和范围的不同，但最主要表现为课堂层面的教学设计；第四，教学设计是人为和为人的。由此，陈旭远认为：“教学设计是教师以优化教学效果为起点和终极目的，应用系统方法对教学系统中的各个要素（如教师、学生、教学内容、教学条件以及教学目标、教学方法、教学媒体、教学组织形式、教学活动等）进行系统的分析，从而进行科学规划的系列过程。”③

由此可见，不管是从教学论还是技术学的视角，无论是哪一种界定，教学设计都指向优化教学效果，即追求高效是教学设计的根本出发点。下面我们分别就《小学教师专业标准（试行）》（后简称《专业标准》）中教学设计领域提出的相关要求进行阐述。

（一）如何理解教学设计的基本要求

《专业标准》对小学教师“教学设计”能力明确要求为：①合理制定小学生个体与集体的教育教学计划。②合理利用教学资源，科学编写教学方案。③合理设计

① 何克抗：《也论教学设计与教学论——与李秉德先生商榷》，载《电化教育研究》2001年第4期，第8页。

② 李定仁、徐继存主编：《教学论研究二十年》，人民教育出版社2001年版，第236页。

③ 陈旭远主编：《课程与教学论》，高等教育出版社2012年版，第181页。

主题鲜明、丰富多彩的班级和少先队活动。以上要求是在《专业标准》“师德为先、学生为本、能力为重、终身学习”的专业理念基础上提出的。由此，可以将教学设计的基本要求归结为以下几点。

1. 充分体现“以学生发展为本”的理念

“学生为本”的本质是以学生的发展为本，而“学生的发展”既指全体学生的发展，也指学生个体全面和谐的发展、终身持续的发展、活泼主动的发展和个性特长的发展。教师的教学设计要为每位学生的发展创造合适的“学习条件”，着眼于：

（1）促进全体学生的全面发展

当前中小学教师教学设计要以提高全体国民的素质为目标，面向全体学生，促使每位学生在原有的基础上得到全面、综合的发展。“全面的发展”包括了学生身心两方面的发展，“健康的体魄，良好的心智”是学生走向社会的必要准备。

（2）全面提高学生的基本素养

我国把基础教育的功能定位于全面提升学生的素养。这就要求教师在教学过程中化知识为智慧，积文化为品行。相应地，教师在进行教学设计的时候不仅要重视基础知识的掌握和基本技能的训练，发展学生的智慧和能力，而且要促进他们积极的情感态度以及正确价值观的形成。

（3）引导学生生动活泼、积极主动地学习

为了培养适应时代的发展要求，具有创新精神和实践能力的一代新人，教师的教学设计要注意充分发挥学习者的主体作用，创设恰当合适的教学情景和条件，激发学生的学习热情和积极性，引导他们主动参与、乐于探究、勤于动手，通过自主、探究、合作的方式理解、掌握和运用知识。

2. 整合教师、学生、教学资源三个设计要素

教师、学生、教学资源是教学活动中不可或缺的要素。教师是教学设计的设计者和执行者，教师应该在设计过程中确定教学目标（教学计划），设计教学策略，制定教学评价。

教学活动的服务对象是学习者——学生。学生是教学活动的主体，教学设计围绕学生进行。为了做好教学工作，必须认真分析、了解学生的情况，掌握他们的一般特征和初始能力，这是做好教学设计的基础。教师在学习者分析过程中需要关注学生班级的整体特征，也需要关注学生的个体特征，在教学过程中能够引导和帮助

学生进行恰当的个性化学习计划。

教学资源是进行教学设计的一个基础要素。教学资源是为教学的有效开展所提供的素材等各种可资利用的条件，通常包括教材、案例、影视、图片、课件等，也包括教师资源、教具、基础设施等。教师需要了解所拥有的教学资源，并且能够因地制宜地开发教学资源。

3. 实现学生学习方式、教学内容呈现方式、教师教学行为方式与师生互动方式的同步设计

当前的学校教育中，倡导自主、探究、合作的学习方式，而要真正实现学生学习方式的转变，就必须改变教学内容的呈现方式、教师教学行为方式和师生的互动方式。教学内容的呈现一方面要关注传统的讲授法对基础知识与基本技能的有效性，另一方面需要通过启发、探究、讨论、参与活动等多种方式呈现教学内容以实现多种学习方式的落实。教师教学行为方式除了传统的讲授还需要教师走到学生当中，在课堂上给学生更多的话语权与参与权，真正改变"一言堂"的现象。此外，通过探究活动、小组合作参与等方式进行深度的师生互动。这些都需要在教学设计中同步思考。

4. 超越学科中心和知识本位取向

教学设计总是针对特定的学科和不同的知识类型而做出的具体筹划，学科的特点和知识类型的差别，必然是教学设计要认真研究的一个重要方面。

在基础教育课程改革中，"学科"被赋予了新的内涵——学科是培养学生生存与发展能力的教学内容，是谋求学生整体发展、有利于学生主体活动而选取的、经过整合的文化成果；学科知识的框架是假设性的、动态变化的；学科的学习是以人类文化遗产为线索展开的对话，各门学科知识的学习是建立在超越学科的综合性学习基础上的。新课程在学科观和知识观上的这种变化，要求教师更新教学观念，努力探索符合不同学科特点和知识类型的教学设计思路和教学模式。具体地说，教学设计必须认真钻研学科课程标准对各门学科性质的界定、目标设置、内容构成以及教学建议，针对各自学科的特点和不同类型的知识，提出有效教学的模式和具体措施。

5. 积极参与教学活动的行动研究和教学资源的开发利用

教学设计作为教师的一种专业能力具有发展性，教学设计能力能够在教师的实践过程中不断提升，而教学设计能力提升的有效途径为教学活动的行动研究。教学实践过程中的行动研究能够促进教师的教学反思与能力提升。

教师对教学资源的开发利用程度能够体现其专业能力的高低，同时，对教学资源

的开发利用也是教师的必备专业能力。其中，最基本的就是教师对教材的分析与利用，其次是对教学用具、教学案例、影视、图片、课件、学校基础设施的认识与利用。

（二）如何制定教育教学计划

“合理制定小学生个体与集体的教育教学计划”是《专业标准》对小学教师提出的要求。

教育教学计划是根据一定的教育目的和培养目标制定的教育和教学工作的指导文件。它决定着教育活动和教学内容总的方向和总的结构，并对有关学校的教学、教育活动、生产劳动、课外活动、校外活动等各方面做出全面安排，具体规定一定学校的学科设置、各门学科的教学顺序、教学时数以及各种活动等。近代以来，特别是在实行学科课程的条件下，教学计划一般指的是学科的教学计划。学科教学计划主要包括如下内容：课标对本年段要求、使用教材的编写特点、教学内容、教学目标、教学重难点、学生基本情况分析、教学具体措施及步骤安排等。教师应该在解读学科课程标准、通读教材和了解所教班级学生基本情况（认知基础，情感态度，学习习惯以及活动、操作技能等），特别是对本学科已有知识水平掌握情况下制定学科教学计划。

在社会变革和向未来行进的过程中，教育无疑担当了一个重要的不可替代的角色。教育作为培养人的事业，其根本宗旨决定了它应该也必然是实现变革的强大的“未来的力量”。因为，学习型社会对每个人提出了终身学习的要求，“每一个人（无论他是儿童、青年还是成人）都应能获益于旨在满足其基本学习需要的受教育机会。基本学习需要包括人们为生存下去，为充分发展自己的能力，为有尊严地生活和工作，为充分参与发展，为改善自己的生活质量，为做出有见识的决策，为继续学习所需的基本学习手段和基本学习内容。”[①] 而那些保证每个人能继续学习的技能和能力，正是在教育系统内培养出来的。其中，基础教育发挥了重要的作用。因为，“将伴随一个人一生的对待学习的态度，正是在家庭中，广而言之也是在基础教育阶段培养形成的：在此阶段，人的创造性思想火花可能光芒四射，也可能渐渐熄灭；接触知识可能成为现实，也可能无法实现。正是在这一时期，每个人都在获取有助于提高推理能力和想象力、判断能力和责任感的手段，也都在学习如何对周围世界产生浓厚的兴趣。”[②] 从这一意义上

---

① 联合国教科文组织国际教育发展委员会编著，华东师范大学比较教育研究所译：《教育——财富蕴藏其中》，教育科学出版社1996年版，第110页。

② 联合国教科文组织国际教育发展委员会编著，华东师范大学比较教育研究所译：《教育——财富蕴藏其中》，教育科学出版社1996年版，第105页。

讲，“基础教育是必不可少的‘走向生活的通行证’，它使享受这一教育的人能够选择自己将要从事的职业，参与建设集体的未来和继续学习。”[①] 小学阶段是基础教育的基础，对促进儿童身心健康成长发挥重要的奠基作用。

经验课程（experience curriculum）亦称“活动课程”（activity curriculum）、“生活课程”（life curriculum）或“儿童中心课程”（child-centered curriculum），它是以儿童的发展需要和兴趣爱好为中心，以活动为组织方式的课程形态。经验课程以儿童发展的需要为教育和课程的价值尺度，以活动为组织、实施课程内容的根本形式，强调直接经验的价值与意义，强调儿童自主学习（关注需要与兴趣），注重“过程”的教育价值，注重课程与现实生活的联系。经验课程把知识、儿童视为一个整体，有利于提高儿童综合运用知识的能力和促进儿童的全面发展。经验课程强调直接经验的价值与意义之理念，对如何基于儿童的发展需要和兴趣爱好，制定教育教学计划具有重要的现实意义。在我国新一轮课程改革中，综合实践活动课程作为国家课程方案规定的必修课程，与各学科课程并列设置，代表着我国基础教育领域课程体系结构性的突破。综合实践活动是本次课程改革的一个亮点，也是新课程理念的生长点，其标志着一系列体现时代精神的新的课程理念的生成，如下案例中张云霞老师设计的主题活动《学生零花钱问题的研究》[②]，对教师如何基于社会发展与学生个性特征，合理制定教育教学计划提供了可借鉴的实践素材。

一、指导思想与设计意图

以学生的直接经验或体验为基础，面向学生完整的生活领域，通过开发、实施综合实践活动，引领学生走向现实的社会生活，促进学生与生活的联系，将学生的需要、动机和兴趣置于核心地位，充分发挥其主动性和积极性，引导学生从日常生活中选取探究课题或问题，积极开展实践体验活动，在活动中发展创新精神和实践能力。

二、教学背景分析

1. 基本内容分析

随着社会的进步，人们的生活水平日益提高，孩子们的零花钱也比较充裕了。但是，在校园生活中，常常有孩子积攒零花钱，甚至不吃早餐，用攒下的

---

① 联合国教科文组织国际教育发展委员会编著，华东师范大学比较教育研究所译：《教育——财富蕴藏其中》，教育科学出版社 1996 年版，第 109 页。

② 张云霞：《学生零花钱问题的研究》，引自国培拓展资源，http://pac.cersp.com.

零花钱买零食、买暴力玩具；用于在网吧消费；找同学有偿代写作业；有偿借学习用具……这些现象的长期存在，必然会冲击我们固有的荣辱观念，甚至会对构建和谐校园、打造和谐教育起到较强的阻碍作用。同时，许多小商贩也利用孩子们不成熟、不理智的消费观念，一直围绕在学校周围，打孩子们零花钱的主意。因此,为解决这些问题,铲除这些不良现象,引导学生对“零花钱问题”进行研究，让孩子们形成正确的消费观念是根本。这也充分体现了“综合实践活动主题内容贴近学生生活，来源于生活实际，解决实际问题”的课程理念。

结合学生的知识水平及现有能力，我将此主题系列活动放在五年级开展，共设计了五个单元的活动。即：第一单元——确定主题，创设情境引导学生确定研究主题，并进行选题论证；第二单元——设计行动方案，拟定好调查问卷及访谈提纲；第三单元——实践获得相关信息，课上与课下相结合完成任务；第四单元——整理实践资料，进行展示交流并阐述自己的观点；第五单元——创新实践，解决同学们身边存在的各种消费问题。

2. 学生情况分析

学生明白浪费可耻，也明白“不应乱消费”的道理，但在现实中不懂得长期乱消费的严重后果，尚未养成良好的行为习惯；五年级的学生具有主动探究的兴趣，能够有针对性地提出研究问题，但在实践研究前还缺乏严谨的制定研究主题的能力，实践调查能力及解决问题的能力有待加强；学生具有初步的设计方案的能力，但对调查结果缺乏深入、有力的分析和总结。

3. 活动方式分析

根据综合实践活动的理念和学生的知识能力基础，利用各种教学手段，为学生创设探究的情境，搭建自主探究的平台，学生以亲身体验和实践活动为主要活动方式。(1) 学生自主探究，参与确定严谨的活动主题。(2) 小组合作设计调查问卷并拟定行动计划。(3) 学生以小组合作的形式，进行实践调查、采访活动。(4) 小组成员分工、合作进行统计整理，撰写报告，进行汇报交流。

整个主题系列活动，有学生的自主探究，也有小组成员的分工、合作，课上探究与课下实践体验相结合。

（三）如何设计教学方案

《专业标准》对小学教师提出了“合理利用教学资源,科学编写教学方案”的要求。

新一轮课程改革对教师的课程资源开发能力提出新的要求。关于课程资源的概念有很多，但没有形成一个公认的定义。总的来说，课程资源有广义和狭义之分。广义的课程资源是指有利于实现课程目标的各种因素，狭义的课程资源则指形成教学内容的直接来源。综合两种观点，可以将课程资源视为课程设计、实施和评价等整个课程教学过程中可资利用的一切人力、物力以及自然资源的总和。课程资源的利用与开发和教学形成了相互需求、相互支撑的关系，课程资源的开发需要以有效教学目标为基本定位。有效教学是一个复杂的系统过程，需要教学主体之间的配合、教学资源的整合、课内外一体化设计、理论与实践的有效结合。课程资源开发的最大价值在于引导教师和学生真正从基于教科书的教与学走向基于资源的教与学[①]。教学资源是课程资源的核心内容，教材、图书馆、博物馆、实验室、互联网等都是教学资源的组成部分，其中，教科书与教师是最重要的教学资源的载体，因为教科书是教育教学专家们精心编制、包含了最基本的人类经验的学习材料，突破教科书的制约，是目前课程资源开发的难点。新课改提倡教师要善于合理构建课程资源的结构和功能，从“教教科书”向“用教科书教”扩展，遵循学生的身心发展特点，精选对于学生终身学习必备的基础知识与技能，从学生兴趣与经验出发，及时体现社会、经济、科技的发展，尝试以多样、有趣、富有探索性的素材展示教育内容，并且能够提出观察、实验、操作、调查、讨论等方面的建议。

“平面剪裁”与“立体剪裁”

“平面剪裁”是传统的课堂生成资源应对方式，是教师在处理学生提问、质疑、回答等课堂“意外”时，仅以原教学计划预设的教学目标和步骤为标准，用简单肯定、简单否定或置之不理等应对形式，制止并预防可能违背教学预设的课堂生成资源，以使教学过程按照原有计划继续推进。将这种应对方式称为“平面剪裁”，是因为它如同普通的量体裁衣。教师备课时依据为数不多学生的静态信息，比如班级平均分、班风、学风等制订教学计划，并在教学过程中通过各种方式消除课堂生成资源，确保教学计划顺利实施。这就如同裁缝用软尺采集顾客身上为数不多的数据点，然后依照它们加工成衣。

“立体剪裁”是新型的课堂生成资源应对方式，是教师在处理学生的提问、质疑、回答等课堂生成资源时，以国家教育目的、教学计划预设的教学目标和步骤以及课堂教学的具体情境为标准，用追问、反问等高认知水平的反馈形式引导课堂生成资源，

① 张廷凯:《基于课程资源的有效教学研究?》，载《课程·教材·教法》2012年第5期，第3页。

以使教学过程在预设与生成的相互规定中不断推进。它如同服装设计领域的立体剪裁。

课堂生成资源的立体剪裁是让教学过程浮现具体的人，展现具体人的生长气息，使教学计划在教学过程中根据具体情境进一步修订，从而更有利于学生发展和教育目的达成。

——王加强、范国睿：《如何处理课堂教学的生成资源》，
载《中国教育报》2008年3月21日第6版

开发和利用课程资源的主要途径大致有以下几个方面：调查研究学生的兴趣类型、活动方式和手段；确定学生的现有发展基础及相应的教学材料；开发和使用教学用具；安排学生从事课外实践活动；制定参考性的技能清单；广泛利用校内外的场馆资源；发挥网络资源的作用；开发和利用乡土资源[①]。如在设计《声音是怎样产生的》教学方案时，为了引导学生探究物体发声原理，老师给学生提供了鼓、音叉等主要实验材料，及黄豆、水、乒乓球等辅助实验材料，通过黄豆在鼓皮上的跳动、音叉使水溅出来等直观现象，帮助学生理解声音是由物体振动产生的这一原理。又如教学《看月食》一文，要向学生介绍月食形成的过程，并说明月食形成的原因。教师运用多媒体演示地球和月亮的转动过程，就能使学生从中体会月食形成的经过。这样不仅能丰富学生的感性认识，淡化月食形成这一难点，还由此可以使知识延伸迁移，让学生明白日食又是怎样形成的。在指导学生了解月食时月亮的变化并学习有关比喻句时，根据课文内容，可再演示月亮慢慢变化的画面，然后出示练习题：月食开始了，慢慢地，月亮成了__________，接着像__________，像__________，一会儿，只留下个红铜色的圆影子，像__________。引导学生结合画面体会课文用词的妙处。如此教学，丰富了学生的形象思维，也使教学难点迎刃而解[②]。

（四）如何设计班队活动

《专业标准》对小学教师提出“合理设计主题鲜明、丰富多彩的班级和少先队活动”的要求。班级和少先队活动是学校实施素质教育、开展思想品德教育的重要途径。

---

① 钟启泉、崔允漷主编：《新课程的理念与创新——师范生读本》，高等教育出版社2003年版，第170-171页。

② 郁秀敏、杜秀英：《〈看月食〉课堂教学片断及评析》，载《小学青年教师》2002年第4期。

开展各种班队活动是教师工作的重要内容，作为一名小学教师，必须具备良好的组织班级和少先队活动的能力。

班级是学校教育结构系统中最基本的单位，是学校中开展各类活动的最基本且稳定的基层组织。学校关于教育方针政策的贯彻执行，教育教学工作的开展，通常是以班级为基点进行的，并通过班级工作落实到每个学生身上。学校教育教学任务的完成和各项活动的开展，大多是通过班级具体实现的。因此，班级工作关系到整个学校教育质量的高低，校风学风的优劣。少先队是学校实施德育的重要途径。少先队通过各种创造性活动对少年儿童进行生动形象的教育，把理想的种子播在少年儿童的心里，使他们从小就开始树立远大的理想，逐渐懂得现在努力学习、工作和生活对未来实现这一理想的意义。①

班队是小学生进行学习和交往的微观环境，是学生全面发展、健康成长的摇篮，作为小学教师应该理解小学班队活动的内涵，在此基础上以促进“学生的全面发展”为出发点考虑班队活动的设计与实施。

少先队与班级有着共同的教育目的——为了培养全面发展的学生。但是就其具体目标来说，两者的工作侧重点不同。班级主要是以完成课堂教学任务为目标，而从教育管理的功能来说主要是实现建班育人。少先队组织是学习共产主义的学校，是建设社会主义和共产主义的预备队，就其教育目标来讲，它主要是通过各种教育活动，激励少年儿童从小学习革命先锋的榜样，立下继承革命事业的志向。所以，少先队组织更侧重于理想教育和集体主义人生观的教育。

不同班级的建立是以共同的教学活动为出发点的，为了教学活动的正常进行，班级制订了一系列的规章制度，如课堂规则、学习纪律、学生守则、考试规则等，以此加强班级日常管理工作；为了形成良好学风，提高教育质量，形成富有凝聚力的集体，班级展开一系列的工作，如班集体的建设、家长工作等；为了实现教学目标，班级又组织开展各种有意义的活动，如兴趣小组活动、校外活动，以促使少年儿童全面发展。少先队以共产主义精神教育少年儿童，通过对少先队史、少先队章程的学习，通过各种形式的队活动，培养儿童的组织观念，完成队组织交给的任务，提高儿童自我要求、自我监督、自我批评、自我调节和自我教育的能力。

因此，班级和少先队虽然同属于一个群体，但它们是两个不同的组织，两者的

---

① 芮秀军主编：《班主任班队活动管理艺术》，东北师范大学出版社2010年版，第2–9页。

工作内容和工作重点是有差异的。班级工作是以日常管理和教学活动为主要内容的，而少先队组织主要是对少年儿童进行组织观念教育，学习革命先锋、热爱组织、学当主人、培养能力是少先队工作的重点。

开展班级和少先队活动应遵循教育性、多样性、时代性、整体性等原则，要依据国家的教育目的，根据学生的身心发展特点，密切联系学生现实生活，合理设计主题鲜明、丰富多彩的班级和少先队活动。小学班队活动主要有主题教育活动、班队例会、班队文体活动、班队科技活动和劳动等。其中，主题教育活动是班队活动的重要方式。主题教育活动是指在班主任或辅导员的指导下，根据学校教育的计划，针对学生的实际情况提出一个主题，围绕这一主题而进行的教育活动。其主要形式有：主题班队会、主题报告会、主题座谈会和主题伦理性讲话。主题是主题班队会的灵魂，开好主题班队会首先要确定鲜明生动的主题。必须把思想性和针对性作为班队会选题的宗旨，使教育活动具有生动的教育性和感染力。因此，既要准确把握学生的实际思想，又要充分领会社会对学校教育的基本要求，把二者紧密结合起来，使主题班队会既能满足学生的心理需要，引起他们的兴趣，又充分体现教育性和趣味性，达到寓教于乐的目的。

案例诠释

【案例一】

《我们周围的材料》教学设计①

任课教师	黄贤群	班级	三年级	时间	2010.11
教学内容	我们周围的材料			课时	一课时
教学目的					
科学概念： 1. 物体都是由一种或多种材料做成的，我们的周围存在着许多不同种类的材料。 2. 我们周围的常见材料有木头、纸、金属、塑料、玻璃、纤维等。 科学探究： 1. 调查材料在日常生活中的应用。 2. 观察和辨认不用的材料。 3. 用词语描述常见材料。 情感、态度、价值观： 发展进一步研究材料的兴趣和愿望。					

① 参见黄贤群：《〈我们周围的材料〉教学设计》，广西特级教师工作坊，http://www.gxtjjs.com.

教学重难点

重点：观察和辨认身边不同的材料。
难点：用适当的词语描述材料的特性。

学生特点	三年级学生，个性活跃，性格开朗，有参与探究的积极性，有一定的生活经验，表述能力比较强。刚参与科学课程的学习，探究的能力有待提高。		
课前准备	教师：六种用最常见的材料做成的生活物品。 “调查身边的材料”表格；课件； 学生分组：书包、学习用品。	课前参与	准备好书包和学习用品。

教学活动

一、猜物激趣，了解材料特点
1. 出现袋子，猜物。
2. 教师讲出两种物品的用途与特点，学生猜。相机出示课件及板书。
3. 请两位学生讲出其他四种物品的用途与特点，学生猜。相机出示课件及板书。
4. 小结，板书。
5. 出示课题。

二、小调查：调查自身的材料
1. 实物投影出教材中的表格。

名称	可能使用的材料	名称	可能使用的材料
校服		扣子	
拉链		发夹	
钥匙			

2. 讲解填表要求。先观察后填表，观察要有顺序，不懂的字可以用拼音，对“可能使用的材料”有疑义的可打“？”。
3. 学生观察填表，老师巡视指导。
4. 汇报学习成果，全班评议。
5. 学生重新修正表格内容。
6. 小结。

三、调查周围的材料
1. 活动规则。
四人一组，六分钟为限，看哪个小组又快又好完成任务；
2. 课件出示表格。

先观察后填表，观察要有顺序，不懂的字可以用拼音，对“可能使用的材料”有疑义的话可打“？”。

“调查周围的材料”记录表

班级：填表人：2010 年 11 月

序号	物品名称	可能使用的材料
1		
2		
3		
…		

3. 学生小组合作调查及填表（出示时间课件及背景音乐），老师巡视指导。
4. 激励表扬活动情况。
5. 汇报交流学习成果，全班评议。
6. 表扬前三名小组。
7. 学生重新修正表格内容。

四、总结

通过这一课的学习，你知道了什么？

五、课外延伸

出示课件，再次激起学生探究材料的兴趣。

板书设计

1. 我们周围的材料

金属、纤维、木头、纸、塑料、玻璃……

【思考题】

1. 小学科学课程标准指出：小学科学课要以科学探究为核心，而科学探究的效果很大程度上取决于探究材料的选取。黄老师的教学设计对如何合理利用身边的教学资源科学编写教学方案给我们哪些启示？

2. 美国的科学教育专家劳伦斯教授说过一段话：“准备好最精炼的上课材料，并且思考材料出示的次序和步骤，这是我们老师在做课前准备的时候必须要去思考的问题。”你如何理解这段话，又是依据什么来选取和组合材料以及呈现材料的次序的？

【案例评析】

本案例的教学目标设计从科学概念、科学探究、情感态度价值观三个维度进行表述，表明教师准确地把握了小学科学课程标准和教材的设计意图。在科学探究维度所采用的行为动词要求明确、可测量、可评价，利于教师在课堂上及时检查教学情况，并做出相应的调整。

本案例的教学过程设计注重引导从学生身边寻找教学资源，让学生在做中学，注重学生探究能力的培养与探究兴趣的激发，表明教师对小学科学教育之启蒙价值的理解。

本案例教师努力创设探究式学习、合作学习等学习情境，较好地体现了新课程所倡导的转变教学方式的理念。但对学生的如何分组教师没有进行设计，也没有就如何引导学生在合作学习学会分工合作等，可能会导致合作学习流于形式，部分学生发生的仅仅是低效学习。

【案例二】

班会活动设计——合作愉快①

学校：江川路小学	年级：三	班级：六	人数：29
课题：合作愉快	学科：班会	执教：张清华	日期：2008.5.16

【活动目标】

通过本次班会课，使学生认识到目前我班开展雏鹰假日小队活动时存在的问题，学会团结合作，提高活动有效性，体验更多合作的快乐。

【设计依据】

李家成和卢寄萍老师在《“新基础教育”班级建设改革研究报告》中指出：合作乃是当代人必备的基本素质。合作不仅涉及与他人之间共事的技巧与能力，而且包含着对他人的欣赏与宽容，包含着能够帮助他人并同时接受他人的帮助等。

学生升入三年级进行了快乐队建，雏鹰假日小队作为一种集体生活，有助于学生社会性的发展，有助于合作能力的培养。因为对于当前独生子女的学生来说，没有与兄弟姐妹共同生活的经验，大部分学生都存在一种“独立”现象，以自我为中心，喜欢自己说了算，不善于体会共同享受的欢乐，最终造成合作能力的匮乏。这一现象，在雏鹰假日小队活动中更凸显无疑。

围绕“合作”这一主题，经过前两次的班会课，部分学生在各方面正逐步进步，但仍有部分学生缺乏团体意识，还没有学会如何团结合作，是导致小队活动的有效性降低的重要原因之一。因此通过“合作愉快”的班队活动系列之三，进一步指导学生学习团结合作的具体方法，体验互相团结，分工合作的快乐，培养以团队的力量去竞争的能力。

教学过程

时间	教学环节	教师活动	学生活动	设计意图
5	一、游戏导入，揭示课题	1. 出示 4 行图形。 2. 出示同样的 4 行图形。 3. 游戏给了我们启示——一个人的智慧是有限的，集体的力量是无穷的。互相合作能体验更多成功的快乐。 4. 揭示课题：合作愉快。	1. 单独自行记忆，比比谁记得全？ 2. 分小队分工合作共同记忆，比比哪组记得全？ 3. 从游戏中，你体会到了什么？	通过前后两次的对比，在游戏中初步体验集体合作的快乐和力量。

① http://blog.cina.com.cn/bhhnxh.

教学过程				
时间	教学环节	教师活动	学生活动	设计意图
7	二、畅所欲言，层层推进	合作无处不在，雏鹰假日小队活动的开展更需要团结合作，为此还制定了小队公约呢！（出示） 欢乐小队：人心齐，泰山移。 Superman 小队：水涨船高，柴多火旺。 胜利小队：众人拾柴火焰高。 环保小队：团结就是力量。 TPC小队：五人同心，其利断金。 happy小队：力量在于团结合作。 看来，大家都意识到合作的重要性，那么在实际的小队活动中是否真正遵守公约，团结合作了呢？	评价自己所在雏鹰假日小队成员是否团结合作。 A.一直十分合作。 B.有时合作有时不太合作。 C.一直不合作。 采访： （1）举一件具体事例说说小队成员不团结合作的情景和活动的结果。 （2）举一件具体事例说说小队成员团结合作的情景和活动的结果。	让学生就参与雏鹰假日小队活动的切实感受，各抒己见，真实反映目前班级各个小队开展小队活动所存在的问题，引导学生认识到只有团结合作才能快乐地开展小队活动。
8	三、指导行为，引发思考	1.听了刚才同学的各抒己见，你们发现团结合作的奥秘吗？ 2.小结：合作的方法很多，只有互相尊重、互相宽容、互相信任、互相协调，合作才会有效、快乐。	如何学会团结合作？小队成员讨论；进行全班交流（预设： a 活动前，一起策划活动内容，分工做好前期准备。 b 活动时，主动关心和帮助他人，遇到困难，共同解决。 c 正视自己的不足，虚心听取别人的意见，乐于学习别人的长处，并予以感谢。 d 活动后，能予以公正的评价。）	通过采访，引发学生思考：如何学会合作？懂得只有小队成员之间团结友爱、互助合作，才能提高活动效率，才会使雏鹰假日小队更快乐。
10	四、创设情境，活动体验	以小队为单位，完成一次小队活动：给妈妈做一张母亲节贺卡。要求：根据每个成员的长处，分工合作、人人参与，从撰写祝福语、配图画、涂颜色、合理排版，形成一张图文并茂的贺卡。	1.合作进行。 2.作品展示。 3.自我评价。 （引导学生就小队成员在活动中的“团结合作”的表现予以评价）	创设有效的合作环境，充分发挥群体效应，这种小队之间的竞赛使学生的积极性不断提高，智慧不断地撞击，合作意识得到培养。
4	五、进行总结，拓展提升	小队成员在队长的带领下，一改以往各顾各、不注意协调配合的现象，主动参与，各尽其职，各尽所能，互相团结，分工合作，尽力履行了每个小队自定的公约。正如XX同学所讲的，重要的不是贺卡有多精美，而它是你们共同努力的结果。学会合作、学会以团队的力量去竞争，所以活动效率很高，也活动的很快乐。让我们一起微笑着说声：“合作愉快！”	在日常学习、生活中，还有哪些场合需要大家互相合作？为什么？ 小队成员微笑着互相说一声“合作愉快！” （在歌声中颁发“团结合作”的表扬币）	通过本堂课的学习，学生懂得了如何团结合作，更在活动中体验了团结合作，并引导学生将互相合作延伸到日常生活、学习中去，使合作能力的培养得以拓展、提升。

【思考题】

1. 小学班会主题及活动过程设计的依据是什么？老师的活动设计在促进全体学生参与互动方面有哪些值得借鉴的地方？

2. 英国作家阿尔道斯·赫胥黎说："宇宙中只有一个角落是你一定能够改善的，那就是你自己。"这句话对提高学校教育活动尤其是道德教育活动的有效性有何启示？

【案例评析】

学会与人合作是现代教育的重要目标之一，本案例基于学生实际（独生子女合作能力缺失）设计活动主题，充分体现了主题活动设计的思想性和针对性。

体验是主体的亲历，意味着到场，主体从体验中获得的丰富的内心感受是灌输和说教无法替代的。本设计将目标定位于在体验合作快乐的过程中学会团结合作，较好地体现了新课程的过程与方法、情感态度与价值观的三维目标要求。

案例通过创设合作制作贺卡的活动情境，让学生体验合作的快乐，较好地体现主题活动设计的教育性和趣味性，达到了寓教于乐的目的。但活动内容显得较为单薄，形式相对单一，对学生体验合作的价值意义冲击力不足。

推荐阅读

1. 孙可平：《现代教学设计纲要》，陕西人民教育出版社 1998 年版。

2. 皮连生主编：《教学设计——心理学的理论与技术》，高等教育出版社 2006 年版。

3. 裴新宁：《面向学习者的教学设计》，教育科学出版社 2005 年版。

4. 李定仁、徐继存主编：《教学论研究二十年》，人民教育出版社 2001 年版。

5. 郅庭瑾：《为思维而教》，教育科学出版社 2007 年版。

6. 周小山、严先元主编：《新课程的教学设计思路与教学模式》，四川大学出版社 2002 年版。

7. 钟启泉、崔允漷主编：《新课程的理念与创新——师范生读本》，高等教育出版社 2003 年版。

8. 张晖主编：《新课程与教学改革》，首都师范大学出版社 2001 年版。

9. 芮秀军主编：《班主任班队活动管理艺术》，东北师范大学出版社 2010 年版。

10. 周勇：《跟孔子学当老师》，华东师范大学出版社 2008 年版。

11. 张廷凯：《基于课程资源的有效教学研究》，载《课程·教材·教法》2012 年第 5 期。

12. 新思考——中国教育资源服务平台，http://www.cersp.com.

第十四章
规范与机智：教师的教育教学组织与实施

本章关键词

师生关系　探究教学　学生群体　突发事件　教学机智

标准基本内容

维度	领域	基本要求
专业能力	（十）组织与实施	1. 建立良好的师生关系，帮助小学生建立良好的同伴关系。 2. 创设适宜的教学情境，根据小学生的反应及时调整教学活动。 3. 调动小学生学习积极性，结合小学生已有的知识和经验激发学习兴趣。 4. 发挥小学生主体性，灵活运用启发式、探究式、讨论式、参与式等教学方式。 5. 发挥好少先队组织生活、集体活动、信息传播等教育功能。 6. 将现代教育技术手段整合应用到教学中。 7. 较好使用口头语言、肢体语言与书面语言，使用普通话教学，规范书写钢笔字、粉笔字、毛笔字。 8. 妥善应对突发事件。 9. 鉴别小学生行为和思想动向，用科学的方法防止和有效矫正不良行为。

学理阐释

《专业标准》中对教师“组织与实施”能力标准，具体从师生关系的建立、教学情境的营造、学生主体性的发挥、教学方式的选择、集体活动功能的发挥、突发事件的应对、现代教育技术的利用等各个方面作出了要求。

（一）建立良好人际关系，搭建社会化成长平台

教师应对师生关系有正确的理解、并能提供条件帮助学生建立良好的同伴关系，进而帮助学生学习建立良好的人际关系，为学生成长提供良好的社会化平台。

1. 教师应正确理解师生关系

《基础教育课程改革纲要(试行)解读》一书中提出："师生关系是一种平等、理解、双向的人与人的关系；可以说，通过交往，重建人道的、和谐的、民主的、平等的师生关系是本次课程改革的一项重要任务。"①

（1）师生关系不可缺少的构成要素

简单地说，师生关系与其他人际关系一样，就是人与人之间的关系。但除了具有各自特点、承担不同权责的教师与学生的人的构成要素外，师生关系的构成中还不可缺少下列要素：

①制度性关系。教师与学生的关系发展，可能于日常生活中，也可能于非日常生活的教育教学活动中，但无论如何，师生关系的产生并不源自于日常交往活动，它源于需要理性、需要效率、需要达到目的的教学活动。

②教师的控制。现代学校教育领域中的师生关系是以制度性的教与学关系为基础的关系，未成年人作为学校组织成员扮演着受教育者角色，在自然性基础上通过学习知识与技能、参与交往与活动而不断实现社会化目的。即使是被称为"儿童中心论"者的杜威也承认"指导、控制或疏导是教育的一般功能所采取的特殊形式"，而"教育的任务就在于通过兴趣和理解的认同达到内在控制。"当下对教育领域所用词语的反省出现了一些过度诠释的现象，人为地造成某些词语在教育理论及实践中应用的忌讳，而"控制"一词则是其中之一。无论从教学的组织运行还是从教学的目的角度来说，教师的控制都是必须的，但控制并不排斥自由，也不完全等于强制，更不等于压迫。教学中的控制，不是指直接通过强力、威胁、惩罚等手段做出的让人屈服行为的强力型强制，而是从文化、心理意义上让学生产生对共同规范的认同，达到对秩序的维护、规则的执行和目的的实现的规范性强制。

---

① 钟启泉：《为了中华民族的复兴，为了每位学生的发展》，华东师范大学出版社2001年版，第272-273页。

③理性的调控。师生关系是以制度性关系为基础的关系，不是自然而然生成并以个人意志或喜好为转移的关系，这一关系的建立需要完成一定的教育教学任务，是以理性来调节的关系，且主要指教师的理性，它需要教师调节教育教学的预设与生成、调节学生的情感和心理、调节教学的秩序和方向等。

（2）师生关系的本质

①“民主平等”能否表征师生关系的特质。“就教师和学生都是公民来说，他们的法律地位是民主的、平等的，他们的关系是民主平等的公民关系。他们应相互尊重人格、人权，他们之间的关系应是和谐的、宽容的、信任的关系。但这是公民关系，而不是师生关系。”[①]民主、平等、对话指的是人与世界、人与人关系发展的精神方向，是时代精神的主流，这种关系类型是具有高度的概括性、导引性的主流关系类型，无论是智者、农夫，还是婴儿、老妪，甚至流浪者，都可以处在这一精神的期待范围内，但高度概括和抽象的时代趋势是无法言明所有具体关系的特定性质的。以民主、平等、对话来形容师生关系，并不能将师生关系与其他人际关系区别开来。师生关系有着来自教育活动自身的要求，成熟的成年人通过知识、品格引导未成年人身体、心智、精神成长。民主平等只表征了师生关系作为一般性人际关系的追求和方向，并未对师生关系的专门性作表述。

②“同伴关系”能否表征师生关系的特质。教师的身份是教育责任的承载主体，师生关系的产生并不源自于日常交往活动，它更多地排除了个人的主观，具有明确的公共性目的及理性规划成分，师生关系是以制度性关系为基础的关系，是依赖于相应的政策、规范、规则建立起来的。因而，师生关系的建立无论是于师还是于生都不具有自由的选择权，更不具有随心而为的变更性。朋友关系体现了平等性，鼓励师生彼此的信任、鼓励和合作，却也带来了个人权限的私人性、自愿性和不确定性，并不能真正体现师生间制度化的、教育性的关系。尽管师生间能像朋友一样倾心而向，融入彼此爱心、鼓励和信任等朋友关系的元素，对良好师生关系的形成产生不可忽视的作用，但朋友关系绝不是师生关系的最终定位。

③师生关系应以教育关系来表征。师生关系是一种制度性的关系、是以理性来调节的关系，知识技能的传授是教育教学活动的基本任务，其他一切的任务均以此为基础。师生交往中，教师要引导学生通过认识活动掌握知识技能，在双方精神沟

---

① 孙喜亭：《也谈教学中的师生关系》，载《教育理论与实践》2000年第10期。

通中带领学生积极进行交往、体验、共享，从而获得包括人格和精神世界在内的全面的丰富与发展。当然，这也并不说明师生间仅有以知识技能的传授和接受为主要任务的教与学的关系，也不代表教师仅仅是知识技能的传授者，学生仅仅是知识技能的接受者，知识技能的传授是教育教学活动的最基本任务，其他一切的任务均以此为基础。师生关系根本上是教育关系，这是师生关系区别于一般人际关系的实质。

这样性质的关系，当然并不排除师生与所有公民间关系一样要追求民主平等，但也必然包括管理、控制、领导、权威等因素。即使教师管理、控制、领导和权威的水平很低、方式很差，但只能代表教师在这些方面的水平需要提高，而不能代表师生关系中不应包括这些要素。

在师生关系建立的过程中，教师往往是决定性因素的一方。正确理解师生关系的性质后，教师应根据自己特点及学生的特点，采用有效措施推动师生关系的良好发展。

师生关系受到师生的个性、环境、认识、情感和行为等各种因素的影响，因而建立良好师生关系的策略也不尽相同，但用心主动倾听学生、避免过度说教，尊重和接纳不同成绩水平的学生，注意发掘学生的优点和积极性等是任何良好师生关系建立过程中都不可忽视的。

2. 教师应帮助学生建立良好的同伴关系

同伴关系在儿童社会化发展的过程有着重要的作用，良好的同伴关系能够起到帮助、安抚、陪伴和肯定的作用，有助于学生的学习和身心健康成长。同伴关系的建立过程是学生走向大社会前，在学校这个小社会中学习、成长的重要一环。

学生间同伴关系的建立不仅受彼此间个性、背景、学业成就、交往方式等各种因素的影响，教师也是学生同伴关系建立中的重要人物。

学生在同伴中的地位大致可以分为三种：受欢迎的、被拒绝的和被忽视的。教师对学生的接纳和尊重程度会影响着学生相互之间的看法和判断。老师喜欢的、常常被表扬的，更容易被同伴接受并获得较高的社会地位，而被老师指责批评的更容易被排斥，这些孩子更容易结成消极的非正式群体。

因而，教师首先应做到尊重所有学生，尽可能做到不给学生贴标签。

其次，教师应正确引导学生建立、调整、完善相互间交往中的基本规范，并适时地进行必要的交往态度的引导、交往技能的传授等，帮助学生建立起沟通的桥梁、帮助他们掌握解决与同伴冲突的方法、合理正确处理合作和竞争的关系、帮助学生分析解决交往中遇到的问题和摆脱相应的困境，做好学生的帮手。

在此过程中，教师应特别注意对同伴关系结成的非正式群体的引导和教育。

（二）发挥学生主体性，合理利用教学方式

教师要了解学生当下的知识经验、身心特征，抓住学生在教学过程中有效的反应信息，创设能激发学生情感、兴趣、有吸引力的教学情境，营造良好的教学情境，调动学生的主体性。

1. 激发学习兴趣

学习兴趣是学习动机中最活跃、最积极的成分，也是学习活动中最基本的内驱力因素。如何激发学生学习的兴趣，是教学成功之关键。捷克著名教育学家夸美纽

【案例 1】男生小东，11 岁，小学五年级。该生的表现为：贪玩，学习兴趣不高，和同学关系不好。最近，在他身上发生了一件意想不到的事：他竟欠了几个同学的钱，共计 348 元！经查，原来他为了与同班几个爱玩、会玩的同学一起玩，竟然提出玩一次给对方多少钱。到那天为止，他已付出了近 400 元。

在班里，他不学习，常不能完成作业，又以各种理由搪塞；在与同学交往中，爱讲大话，情绪反复无常，常推卸责任；他意志薄弱，自制力差，不讲信用；不注意个人卫生，身上总有一股说不清的臭味。他一度处于自卑、自弃的失助状态中，沦为个别霸道学生的攻击目标。

【案例 2】徐梁，11 岁，上学独来独往，课间休息也孤独自处，平时沉默寡言；性格暴躁，经常与同学打架，稍不如意就大叫大嚷，拍桌子、摔书本；一遇到老师批评，就咬牙切齿，一言不发，对老师的批评教育有较强的抵触情绪；有了错误，不肯轻易承认，总把过错推给别人。

【反思】

当前，青少年儿童的交往问题开始越来越受到人们的普遍关注。许多孩子由于家庭教育或是内心认知的一些误区，不愿与人交往，缺乏交往技能。当他们意识到交友的需要时，所付出的代价却是惨痛的。

一般来说，要改变这些孩子的交往问题可以采用社会支持的方法。即学校与家庭配合，改善他们与周围的关系，特别是应注意融洽他们与亲人及同学之间的关系，满足他们爱与归属的需要，让他们感到家庭和班集体的温暖，心理上有安全感，消除戒备心理，能够接受别人与之交往。同时要注意让他们扩大交往范围。当他们能够接受别人与他交往时，要给予强化鼓励。

——王燕云：小学生同伴交往问题的案例分析，载自中国校外教育网 http://www.xwjy.org/tresearch/training/showhwmore.jsp？ hwID=12745099730621376O.

斯说："求知与求学的欲望应采用一切可能的方式在孩子们的身上激发起来。"

（1）采用灵活多样教学方法

教师可以通过设计问题、设置障碍，让学生发现和提出问题、引发争论、开展竞赛等，在教学中设置一些悬念，创造一种特殊的情境，引起学生的共鸣，最大限度调动学生学习积极性，鼓励学生敢想、敢问、敢说、敢做，激发学习兴趣，提高学习热情。

（2）让学生有机会参与

前苏联教育家苏霍姆林斯基在《教师的建议》中就指出："让学生体验到一种自己在亲身参与掌握知识的情感，乃是唤起少年特有的对知识的兴趣的重要条件。"教师可通过自主、探究与合作等让学生参与其中，让学生体验到成功、失败，从而获得成就感、继续探索的好奇和动力等。

（3）发挥情感的积极作用

课堂教学是师生的双边活动，教学过程不但是知识传授的过程，也是师生情感交流的过程。良好情境的营造，离不开师生融洽感情的建立和维护以及对学生的正确评价和激励。教师要给学生恰当的评价，该鼓励的鼓励、该批评的批评，在此基础上激励学生继续向更好方向努力。学生在正确清醒地认识自己、认识他人的基础上，投入到学习中，将会更具有责任感。

2. 认识学生现有知识经验

学生现有的知识水平、经验感受，是一切教学开始的基础。只有对学生所掌握的知识有一定的了解，在利用已有知识学习新知，教学才会有的放矢。当学生有了根据已有知识探求未知领域的好奇心、进取心时，有一定悬念激发好奇、有一定的认知冲突引起关注，目标适当、通过努力能够达到时，学习的兴趣才会被调动起来，学习的积极性也才会真正被调动起来。因而，在有良好的教学情境从外部推动学生想学、要学基础上，还应考虑符合学生内在知识结构、经验感受等，与学生现有水平差距过大或过小，都无法真正激发学生内在的兴趣、调动积极性。

20 世纪 70 年代，在格鲁吉亚第比利斯的一所实验学校里，新学期第一个学日的最后一堂课已接近尾声，我（阿莫纳什维利教授）准备向孩子们提出两个我认为最主要的问题：

“孩子们，请告诉我，今天在你们每一个人的生活中发生了什么样的重大事情？”在我看来，他们无疑会说：“我们上学了！”“我们当学生了！”“我们开始读书了！”

对这一个问题，我曾经久久地思考过。确切点说，我思考的是这样的一个问题：我需要从孩子们那里得到怎样的回答，以便利用他们的这一回答，在日后率领他们日益深入地在知识的世界里遨游。

在他们回答了第一个问题以后，我还要提出另一个问题来结束我们的课：“你们认为，你们在学校里将做些什么样的事？”

我觉得，这两个问题的措辞在逻辑上是互相呼应的：对第一个问题的回答是提出第二个问题的依据。

现在，孩子们的图画作业已经收齐，他们目不转睛地望着我。

“孩子们，请告诉我，今天在你们每一个人的生活中发生了什么样的重大事情？”

出乎我的意料，他们接二连三的回答简直使我惊呆了：

“我家的房子拆掉了！”

“在我们的院子里有一辆汽车起火，结果被烧掉了！”

“在我们的街区出了交通事故！”

“汽车压死了一个人！”

“我妈妈病了！”

“在我家住的一幢楼房里有一个邻居死了！”

“我家的自来水管破裂了！”

“我的祖父生病住院了！”

这是怎么回事？

不言而喻，这不可能是孩子们故意作弄我！莫非我提问的措辞不确切么？或者，孩子们都像绵羊一样地盲从于说“我家的房子拆掉了”的那第一个孩子么？为什么所有的孩子都只想到悲伤的事情——火烧、车祸、死人？

也许，我应该在刚一发觉他们的回答不符合我的原定计划时就立即制止他们回答？但是，我多么希望忽然间会有一个孩子站起来说：“你们都胡说什么哟？要知道，今天在我们生活中发生的最重大的事情——是我们上学啦！”

咳！你呀，你这个问题！你是教师的绊脚石！

“孩子们，这一切多令人伤心！但我的问题指的不是这一些事。我问的是‘在你们的生活中发生了怎样的重要而又快乐的事情？’好好地想一想！”

可是孩子们不愿多作思考，对这个问题他们已经胸有成竹。莫非他们又要说一些不是我所期望听到的事情？这样的事情果真又发生了。

“我家得到了一套新住房！”

“妈妈说，星期天她带我去看马戏！”

"我家买了一架竖式钢琴!"
"昨天我爸爸出差回来了!"
"我家来了农村的亲戚!"
"昨天我的祖父出院了!"
"我的一条小狗跑回家了!"
"今天我爸爸要给我买一辆自行车!"
"我妈妈头上的绷带取下来，她的伤口长好了!"

就这样也行! 应该顺应孩子们的心情! 这是孩子们自己在给我上课，我应该从中学会些什么。至少，我对孩子们感到快乐和悲伤的事情已经有所了解。我得到了一个对我自己来说很重要的结论：儿童回答教师提问的精确性，主要取决于儿童自己的经验的逻辑，而不在于事物本身的逻辑性。

——〔苏〕Ш.А. 阿莫纳什维利著，朱佩荣译：《孩子们，你们好!》，教育科学出版社 2005 年版，第 36 页

教学是为学生的学习和发展而组织的活动，必须以学生为中心而进行设计和组织实施。要让教学真正为了学生，就必须了解学生，抓住学生在教学中的反应信息激发学生的学习兴趣，及时调整教学设计和进程，不能一味地强调预先的设计而不顾学生的现实反应。强迫学生跟随教师而展开的教学，很难引起学生的共鸣和兴趣，也很难达到预期的教育教学目标。

3. 正确理解、恰当运用各类教学方式

教学方式既包括思维方式也包括行为方式。教师要转变教学方式，就是要改变那些不利于学生成长的思维方式、态度和方法，调整教学活动的组织形式，引导师生在教学中行为方式转变，从而更有效地提升教学质量、促进学生的发展。

（1）正确理解讲授法[①]

"讲授"在提倡合作学习、小组交流、意义生成的今天，是足以定性为灌输之名、专制之恶的词汇。甚至有观点认为，讲授法在学校教学中占主要地位反映了一种"控制本性"与效率取向，摆脱讲授法就是"摆脱控制取向、效率取向、等级性格与科层取向，使我国教学建基于个性自由和民主精神，最终指向学生和教师的解放"。[②]《基础教育课程改革纲要》也指出："改变课程实施过于强调接受学习、死记硬背、机械

① 本部分参见丛立新：《讲授法的合理与合法》，载《教育研究》2008 年第 8 期。
② 张华：《对话教学：含义与价值》，载《全球教育展望》2008 年第 6 期。

训练的现象，倡导学生主动参与、乐于探究、勤于动手，培养学生搜集和处理信息的能力、获取新知识的能力、分析和解决问题的能力以及交流与合作的能力。”这种教学方式转变的倡导，一定程度上使得部分教师课堂上谈“讲”色变。

那么,应如何看待讲授法在学校这种从事知性教育的专业机构中的作用?提倡“讲授法”是否就是忽略了学生的主体地位?是否就否定了探究、启发和讨论的使用?

在课堂上,学生团团坐成为时髦,教师能少讲就少讲,能不讲则不讲。学生的探究、合作、讨论占据了大部分时间，教师甚至还来不及讲解，一堂课就结束了，美其名曰体现了学生的主体地位。将课堂上的满堂灌、一言堂、学生兴趣不高、教学质量不理想，全部归罪于“讲授法”显然是不对的。这实质上是把教师照本宣科的灌输等同于讲授法，把讲授法与发现法对立起来。

“讲授法有一定局限性，如果在运用时不能唤起学生的注意和兴趣，又不能启发学生的思维和想象，极易形成注入式教学。但不能简单地把两者等同看待。”[①] 讲授法在历史上不断遭遇批判正是在于它显而易见的局限。首先，讲授法对于教师的教学水平有比较全面的要求；其次，讲授法对于学生的学习心向和学习动机也有比较严格的要求；再次，讲授法受到学生言语和思维的发展水平的限制；最后，即使最佳的讲授也难以满足认识活动特别是实践或物质活动的需要，因此，必须与其他教学方法相互配合。

今天对待讲授法的科学态度是，认识它的合理性，承认它的合法性，坚持它在诸多教学方法中的主导地位。当然，在这样的前提下，更要不断地在实践中探讨和提高它的科学化水平。如果只是满足于对于它的简单批评甚至排斥，则可能动摇甚至取消讲授法的前述主要和基本的地位，那么，基础教育的教学质量和水平几乎必然地遭受牺牲，学校则难以承担它对于社会的使命。

（2）有效展开探究教学

探究是源于对知识或信息所产生的困惑或疑问，继而通过深入思考、查阅资料、研究、调查、检验等活动来解决困惑或疑问的方式。

有效的探究教学,能使学生一定程度上从中获得巨大的满足感、兴奋感和自信心,在教师指导下通过搜集资料、建立假设、实验验证、交流结果等活动能激发学生的学习兴趣、提升他们的积极性；培养学生的创新精神和探究能力；推进教学与课程

① 《中国大百科全书·教育》，中国大百科全书出版社1985年版，第143页。

的改革；激励教师不断完善自身知识结构、提高教学技能、丰富教学经验、提高教学智慧；提高学生学习成绩、促进学生身心健康发展。但探究教学如何运用不合理，也会对教学造成消极影响。

①探究教学存在的主要问题。当前，探究教学主要存在以下两方面的问题：

从教师方面来说，如，只顾追求课堂的表面热闹，如动手去做、小组讨论等，但没给学生留有深入思考的时间和引导，没有让学生真正成为探究的主人；为了单纯丰富课堂形式而让学生进行没有深度的探究。此外，教师自身诸如知识储备、探究能力、营造探究环境能力、与其他学科教师合作能力、开发课程能力、有效利用各种教学工具能力等方面的水平还有待提高，也限制了教学过程中使用探究、讨论的频率。

从学生角度而言，主要是缺乏探究所需的基础知识及相应的探究技能，不能有效地提问、展开讨论和进行合作。

②实施探究教学应遵循的原则。不可忽视的是，现行学校教育中，从学制安排、教学内容设置、教学组织形式、师生素质等方面而言，不是所有学生、所有内容、所有师生都适合探究、讨论的。如，班级人数多、实验条件跟不上、学生素质高低不一、教学课时有限等这些因素，是不利于探究教学方式的采用和开展的；而有些内容如果用传统的教学方式，只需要十几分钟就能解决问题，用探究教学方式，就需要较多的时间而且无法保证学生一定能得到明晰且有逻辑的认知，这种因素决定不是所有内容都适合探究教学方式的。因而，教师在运用探究教学方式时，应在各环节遵循以下基本要求：

首先，教师应选择适当的问题进行探究。探究的问题应和学生心理及认识水平相符合，不脱离学生现有的知识基础，应是学生自己感兴趣的，这样才可能顺利进行。探究的问题应与学习内容有较大的相关度，并尽可能来源于学生自己发现或关心的问题。

其次，教师应根据教学进程及学生反映及时进行引导。教师无论选择何种教学方式，必须注意到教学情境的复杂性和特殊性。教学过程中的判断和决策不是完全依据“教学理论”作出的，而是依据教学理论、具体情境以及教学与具体情境的相遇状态作出的。学生在课堂中民主、自由地探究、讨论、参与，并不说明教师教学水平一定高超，最基本、最关键的在于如何“引导”。在学习过程中，随时都可能产生适合学生探究的问题，教师要抓住机会对学生进行引导，及时开展探究活动。要根据现实条件帮助学生分析探究策略的可行性，引导学生按照合理步骤，规范、合理有序进行探究。

在一节题为《藏羚羊跪拜》的语文研讨课上，师生之间、生生之间以对话的方式展开了一场关涉道德价值判断的争论。讨论到老猎人举枪向一只肥壮的藏羚羊瞄准，藏羚羊不仅没有逃走，反而向猎人“跪下”并且“眼里流出两行长泪”，老猎人心头一软但随即“双眼一闭，扳机在手指下一动……”时，引出了下面一段对话：

师：射击时双眼一闭，就有可能打不着藏羚羊了，这反映了老猎人的一种什么样的心情？

男生1：一种矛盾的心情。

女生1：可能他想到滥杀生命是有罪的。

男生1：请注意当时法律不惩罚这种行为。

男生2：对啊，他是猎人就有捕杀的权利。

女生1：看看课文，（读课文中的句子）“就是在今天，可可西里的枪声仍然带着罪恶的余音低回在……的角落”。

男生1：这件事是发生在那时还是现在？

男生3：是那时。

女生1：（顽强地）请注意文章用了一个词，是“仍然”。

男生2：老猎人如果不捕杀藏羚羊去救济穷人，那死的可就是人了。

女生2：可能当时人们没有意识到藏羚羊很少了。

女生1：坚决反对！如果人人都这样滥杀动物，就会破坏生物链，导致生态破坏，最终也会使人类面临灭顶之灾……

男生1：坚决反对！

……

这几名观点鲜明、各抒己见且敢于争辩的学生之间，就有罪、无罪问题展开了十几个回合的对话，而这期间教师竟然选择了沉默，女生1有坚定的道德立场并对同学的观点进行了理智的辩驳，却没有得到同学的认同和支持，也没能说服三名持“无罪论”的男生。

道德价值上的强灌输、硬牵引和“贴标签”是需要反省和批判的，然而，如果教师在价值问题上一概地“不作为”，是不是教师的“不尽责”，是不是教育上的“不道德”呢？

上例教学过程中，教师虽然给了学生自由地讨论的余地、推理的空间、表达的机会，但面对学生激烈的争论，并没有进行价值引导，最后学生们仍是各自推断。对于敬畏生命这一有深度的主题，教师的教学过程并没有引领学生达到拓展思考空间、开掘文本理性深度和情感震撼力的解读深度。

——杨小微：《教学互动与学生德性成长》，载《教育科学研究》2006年第4期最后，教师应对学生的探究结果给予及时的评价。教师无须一味地对学生的探究过程进行夸奖，为学生能更好地进行思考和提高探究能力，教师应指出学生探究过程中的不足，或与学生共同探讨需要改进的方面等，让学生在探究过程中能真正获得心灵、思维等方面的收益而不是简单的心理满足感。

4. 让学生有责任和义务意识

学生是未特定化程度较高的人群，且拥有各自的独立思想意识，教育的存在不是要机械地完成人类知识技能的传递，而是在追求每一代人的良好发展中实现文明的传承与创造。学生是需要学习责任担当的社会人，是需要发展理性能力的社会人，不是只拥有权利而不承担义务的真空人，因而师生好关系的建立需要以学生一方承担一定义务为前提。

（三）准确定位于“辅助”，有效利用现代教育技术

正确理解现代教育技术对教学的“辅助”功能。运用现代教育技术是手段，而不是目的，追求的应是更好地为教学服务，而不仅仅是使教学变得形式上丰富甚至花哨。

现代教育技术在课堂中的运用，关键在教师。当下教学实践中，被更为广泛使用的现代信息技术是多媒体。

首先，教师应选择正确的时机和内容来运用现代信息技术。不是所有教学内容都适合于使用多媒体进行教学，因此，教师要根据不同的教学内容、教学目标合理选择使用，不能一味追求运用多媒体而不考虑教学效果。传统与现代各种手段都具有其各自的特点和独特的功能，在教学中，它们应是相互补充、取长补短的关系，共同的目的是服务于教学。

其次，教师应学习制作高质量的多媒体课件，避免只注重形式多样化或大信息量。多媒体集文本、图形、动画、声音等于一体，合理利用能够直接作用学生的视听觉等各种感官，通过直观、生动的形式将复杂问题简明化、抽象问题具体化，能使学生增加感性认识，加深对问题的理解，可以增加信息量，节省授课时间，提高教学效率。

案例一：

一堂三年级《时分》的公开课。上课教师将教学内容图片化，课文的题目、正文内容及课堂提问都与图片一起显示在屏幕上。学生一边欣赏画面，一边读着屏幕上的文字。整节课共播放了 20 多张图片，其中关于钟面的就有 10 多张。一节课下来，学生竟没有看过书上的内容，也没有动笔写一个字，40 分钟都在观看一张张“精彩”的图片。

【反思】“案例一”中的老师为了上课精心准备，辛辛苦苦收集 20 多张图片，让学生能够在 40 分钟内都观看到一张张“精彩”的图片，可谓是“有功之人”。但这样的课，主体是谁呢？——图片！学生干什么来了？——欣赏！教材到哪里去了呢？——睡觉！教学目标落实率达到几？——未知！

多媒体作为一种辅助教学的手段，只能起辅助作用，并不能替代教材。我们的教师千万不要徒劳无获，瞎忙。

案例二：

这是一堂二年级新课程《统计》的公开教学课。教学时，教师演示多媒体课件。伴随着鲜亮的画面和悦耳的声音，电脑提出了本该由教师提出的一个个问题，学生回答问题的积极性也相当高，课堂上显得非常热闹。突然，不知是教师操作错误还是其他原因，多媒体课件无法正常运行了。顿时，学生鸦雀无声。于是，专职计算机教师赶紧跑上去摆弄。这样的情况反复出现了好几次。每次我都下意识地看了看表，第一次停顿了两分钟，第二次停顿了五六分钟……下课铃响了，教师却没有完成预定的教学任务，只好草草收场。

【反思】“案例二”中的老师在使用课件前，心里一定美美地想，我在使用课件时，只需按一下回车键或下行键，课件便按照原有的设计一路顺风地“播放”下去。可世上“万一”的事太多了：机器格式不对，计算机死机了，停电了。这正是这位教师对问题的预见性不够强、吊死在课件这一棵树上所导致的后果。我们应该对教学中会出现的问题做一些预想，并设计解决问题的策略。至少得多种一棵树吧。

案例三：

这是一位数学教师的《连加，连减》课。该教师用课件演示来创设情境：在操场上，一位小朋友手里拿着 9 个气球。突然吹来了一阵风，小朋友手中的 5 个气球一起在天空中消失了。课件演示后，教师让学生说说根据此情景可以提出哪些数学问题。学生回答：“可以提出‘还剩气球多少个？’的问题，用算式表示就是 9–5 = 4（个）。”由于学生列出的算式没有用到“连减”，接下去难以用已制作好的课件教学，教师就引导学生：“还可以列出怎样的算式？”学生一片茫然。无奈之下，教师只得给学生以明示：可以用 9–2–3 的算法。到最后，教师问学生是否同意这一想法，学生却不约而同地大声说：“不同意！”顿时，教师十分尴尬……

【反思】教育机智没发挥。“案例三”中的老师制作时可能忽视了气球飞走的先后顺序，但既然出现了你预设的要求与课件不匹配更与学生回答相差甚远的情况，不如调控自己的预案，好好把握生成。课件演示后，学生回答：“可以提出‘还剩气球多少个?'的问题，用算式表示就是 9—5 = 4（个）。"由于学生列出的算式没有用到"连减"，接下去难以用已制作好的课件教学，如果是我就问学生："要是飞走的气球是分两次飞的，会有哪些情况，算式可以怎样列?"我想这一问将会开出美丽的课堂花朵来：9-1-4、9-2-3、9-4-1。要驾驭这种课堂，就要求教师不断生成新的教育机智以应对课堂意外情况的发生。在多媒体的课堂教学中,这些手段尤为重要,因为多媒体的课件不能及时更改，面对学生提出的超出了预设的问题，教育机智是化解这些意外情况的重要手段。

——http://blog.sina.com.cn/s/blog_5f11e3060100nkd0.html.

（四）有效引导群体及舆论，挖掘正向教育功能

教师要正确认识并发掘各类学生组织、集体等正式群体活动的教育功能，同时也应引导学生非正式群体在促进学生成长过程中发挥有益作用。

1. 有效利用学生正式群体的教育作用

小学生在六年的小学学习阶段，少先队活动、班集体活动等各种组织生活、集体活动成为推动他们成长不可或缺的促进方式。这类组织和集体的活动有着正式的结构、相应的纪律规范、一定的活动目标和内容，为学生的身心成长提供了社会化环境。

要使少先队组织、班集体等活动发挥正向的教育功能，就不能忽视对组织和集体的建设。而首先及核心的要素是要使这类群体有较强的内在凝聚力，而不是仅仅依靠外力来捆绑。

首先，应让全体成员有共同的近期目标、长期目标。一个群体的目标一致时，所有群体成员都向着同一目标努力，不允许形成与正式群体目标不一致的小群体，那么学生之间更易于建立共同的、友好的、合作的关系。

其次，尽可能让每个学生都有归属感。教师应根据学生的特点和潜能，让每个学生在群体中找到适合自己的恰当位置，使人人都意识到自己是组织和集体中不可缺少的一员，都能为群体作贡献。当成员意识到自己对于群体不可或缺时，会体验到自己的责任感。

再次，应有严格的纪律和规范。集体的纪律是集体对其成员提出的必须共同遵守的秩序、规则和制度，是成员的行为标准或规范。严格的纪律既是维护和巩固集

体的手段，又是集体中个人的重要手段。教师要注意引导建立严格的集体纪律，并教育学生自觉遵守。

最后，应有一支能干的干部队伍。学生干部作为联系教师和学生的桥梁、教师的助手，是群体的领导核心。他们工作能力的高低、工作方法的对错、在同学中的威信高低，往往能够决定一个群体的精神面貌和风气。教育者要尊重和信任、引导和指引干部，充分发挥他们的独立性和创造性。

2. 注重引导群体内信息传播的正确方向，培养正确的舆论和风气

学生在各种类型的活动中，进行着信息的传递与交流。要促进学生形成自我约束、自我教育、自我管理的优良集体，则离不开正确的舆论导向和风气的形成。舆论的形成常常要经历一个复杂的传播、争论、选择、交换过程。最初的信息传播如何被选择是关键，正确的集体舆论是一种巨大的社会化控制和教育力量，对每个成员都有熏陶、感染和制约作用。教师应善于把舆论中心引向正确的方向；对一些不好的苗头要及时纠正，支持正确的言论和行动，反对错误的言论和行动，树正气，抵歪风。一个群体的舆论持久地发生作用就形成风气，继而会转变成传统。只有优良的风气和传统才能成为巨大的教育力量，培养成员的荣誉感、自豪感和对群体及成员的尊重。①

3. 积极引导学生非正式群体发挥正向教育功能

学生非正式群体，是指在学生之中自发形成的、无正式组织结构、无正式规章的群体。学生加入非正式群体常常缘于以下几种心理因素的影响：寻求归属、追求认同、取得保护、谋求发展。同时，非正式群体的形成也受交往频率、态度相似性、环境距离的远近、学业成就的相近性等因素影响。

非正式群体的成因和类型尽管五花八门，但都具有一些共同的特征：成员间有较高的心理相容性、情感交流频繁，群体内信息传递快、气氛融洽、心理认同度和相互关照度较高，为维护成员利益或表达意见时行动高度一致、对非团体成员有防范心理。非正式群体的存在既有利于活动的组织，有利于学生之间的相互了解，更有利于班级成员人际关系的和谐。教师除了对学生的正式群体进行管理和引导外，还应高度重视学生中存在的各种非正式群体，使正式群体与非正式群体所要达到的

---

① 参见《班主任如何组织和培养班集体》，http://wenku.baidu.com/view/b336f9dbce2f0066f533223d.html.

目标高度一致，从而培养一个优良的学生集体，为教育教学创造良好的人际和心理环境、最优化地实现学校教育教学的功能。

在对非正式群体的引导中，教师除创造机会加强各种非正式群体的交流与合作、调动成员的积极性外，应特别关注消极型非正式群体。对各种类型的非正式群体应特别加强对其“领袖”人物的引导。这些“领袖”人物自然产生，具有较高威信和影响力，群体成员会表现出绝对的服从意识和心理，这一点在凝聚力较强的非正式群体中表现较为突出。因此，引导非正式群体时，教师应关注对其“领袖”人物的引导、教育，以达到事半功倍的教育效果。

记得刚接这个班的时候，有好几位老师对我说：“吴老师，你班的小调皮有好几个，你得留心啊！”“吴老师，某某是一个刺儿头，你得对他严格些”。我听了心里半信半疑。但第一天的第一节数学课马上证实了其他老师的话。铃声一响，我就走进了教室，可看到的是一副怎样的情景呢？有几个男同学还在一起你推我拉，看到我走了进来才慢吞吞地走到自己座位上，可嘴里还在嘟嘟囔囔地不知在说些什么，而且坐也没有坐相，脚搭到了凳子上，人靠在了墙上，书也没有拿出来。我朝他们看了好久，他们才慢慢地拿出了书。开始上课了，开头十分钟学生都全神贯注地听着，认真地思考，积极地举手发言。可过了一会儿，我发现有几位学生坐不住了，开始开小差了，还随便插嘴。我朝他们瞪了一眼，他们才坐好，可一会儿老毛病又犯了。我感觉一节课上下来好累啊！

通过一段时间的观察、家访、谈心，发现袁某具有一定的组织能力，有较强的表现欲，在学生中颇有影响，是这些男生的“领头羊”，是合伙干“坏事”的“幕后主使”。于是我把他作为重点帮教对象，并推荐他担任监督岗，交给他帮助另外几名差生的任务，同时在班上组织了几个课外兴趣小组，让袁某参加奥数（他是棵好苗子），其他同学参加其他活动，一个学期以来，袁某没犯过一次错误，还不时提醒几个好朋友注意形象，袁某的注意力也转到奥数上来，而且还得过奖，其余几个差生也有不同程度的进步。

【反思】　一、这样的做法，遵循了群体关系的教育调节心理原理。袁某等学生是偏离班级的小群体，非正式群体的核心人物具有很大的心理影响力，他的一举一动都会得到其他成员的响应。如果做好了他的教育转化工作，其他成员的工作往往迎刃而解了。教育转化核心人物的工作要细致而有条理，不可急躁。转化时要找准契机，消除其对立情绪，然后再委以重任，并采取相应的措施帮助其完成任务，使他在成功的激励下顺利转变。

二、赏识教育。心理学家席莱说：“我们极希望获得别人的赞扬，同样的，我们也极害怕别人的指责。”肯定学生的优点，挖掘学生的特长。“用己之长，克己之短”。如上述这些学生只有充分发挥他们的特长，肯定他，才能引起他们内心的震动，从而抓住教育转化的契机。肯定这些成员的长处，还不能停留于口头表扬，而应当把他们推到为班级争光的大舞台上，让他们在众目睽睽下获得成功，这才有利于改变其他学生对他们的成见，让他们体验到班级主人的自豪感。

三、关爱学生。从一开始起，我们就要对他们充满期待，对他们每个人的一举一动充满关注，让他们把情感的归宿落实在班级中。我们必须清醒地认识到，转化工作肯定不是一帆风顺的，每一个成员在转变过程中都可能出现反复。对此，要有耐心，千万不可因他们的一两次反复而感到灰心，否则就会功亏一篑、前功尽弃。只要始终不放弃，精诚所至，金石为开，转化工作就一定能取得成效。

——http://www.233.com/xlzx/anli/20110301/120154903.html.

（五）提升教育机智与艺术，妥善处理突发事件

教师需要正确认识突发事件的起因，并根据不同的起因采取最有利于学生、最有利于教育教学的措施。这需要学校管理者及教师不断提高教育机智能力、提升教育艺术水平并在其中不忘自身教育职责。

1. 校园突发事件的理解

校园内的突发事件，是指校园内突然发生的，造成或者可能造成严重影响或危害，需要采取应急处置措施予以应对的事件。这里所说影响或危害，是指对师生人身安全、财物安全或校园正常工作秩序等造成不利。校园突发事件主要呈现为：组织管理事件（包括教学组织管理事件，非教学活动组织管理事件，常规管理事件等）、伤害事件（包括校内或校外人与物等因素引发的故意及意外伤害事件）、卫生事件（如流行疾病在校园内发生、学生集体食物中毒等）、自然灾害事件等。

因突发事件在时间上的突然性、事态变化的迅速性、破坏的严重性、影响的延续性等特点，需要学校管理者和教师在短时间内有效地处理和解决。

2. 教师应学习妥善处理课堂突发事件

教学工作是教师最基本、最主要的工作，课堂是教师的最主要的工作场所。课堂教学中，学生个人的知识水平、兴趣爱好、性格特点各异，加之班级小群体的存在及外界环境影响，出现突发事件、意外情况是难免的。

从发生原因来看，大体可归纳为以下几种情况：一是由环境因素引起的，如教学设施设备出现问题，自然环境变化，其他人或物进入课堂等；二是人为因素引起

的，如因教师本人工作疏忽、师生情绪对立、学生对教学不感兴趣、学生自制力差、学生不良行为等；三是教学内容本身引起的，如讨论中涉及一些学生敏感话题或学生错误理解、教师采用的方式方法学生提出质疑等。

从学生角度看，引发课堂突发事件的原因可归为以下几种：一是分心型；二是出风头型；三是恶作剧型；四是纠纷型；五是思考偏差型。

在课上，老师刚提出一个问题，突然听到一名学生大声喊道："老师，某某把我掉下来的橡皮捡了不给我了。"只见这个学生一副气急败坏的样子，扭身对着全班同学喊叫着。课堂"哄"的一下就乱了，学生们你一言我一言地议论着，然后把目光齐刷刷地投向老师。

【问题解决】

如果一味发火只会破坏课堂气氛，此时老师可以笑着走到那个同学面前说道："其实他是想帮你先捡起来，等下课了再给你，因为现在是上课时间。"转过身来，对那个捡到橡皮的同学说："是不是？"那个同学可能会点点头，这件事情就巧妙地结束了，也不会耽误课堂很多时间。

——《课堂突发事件处理》，http://wenku.baidu.com/view/8db8e619f18583d049645992.html.

针对前几种类型，教师容易判断行为的性质，但对学生思考偏差而引起的突发事件处理不当，容易对学生造成伤害。学生在课堂上常常会向教师提出一些稀奇古怪的问题，其中有的并无恶意，这种现象直接反映了学生智力活动的积极性，但有的可能是故意给教师出难题寻开心的。针对这种突发事件的处理，直接影响着学生的学习积极性和学习态度，因而，教师应沉着冷静机智应对，巧妙诱导，切不可横加指责。

这是一堂语文公开课，课堂上出现了出人意料的场景——一位老师正讲到课文中"一千万万颗行星"时，甲同学发问："老师，'万万'是什么意思？"惹得全班同学哄堂大笑。甲同学猛然醒悟过来，满脸通红，头耷拉下来，垂头丧气地坐下了。

【问题解决】

这位老师见状便问大家："大家都知道'万万'等于'亿'，那么这里为何不用'亿'而用'万万'呢？"全体学生的注意力一下子被吸引过来，没有人再发笑，大家都认真地思考起来。

乙同学站起来答："大概'万万'比'亿'读起来更加顺口吧。"

老师表扬了乙同学，接着问："大家还有没有不同的意见？"

众生沉默不语。老师便顺着乙同学的答案总结了一下："是汉语言的叠词叠韵之美影响了此处的用词。"接着，老师又问了一句："那么请大家想想，今天这一额外的课堂'收入'是怎么来的呢？大家要感谢谁呢？请让我们用掌声表达对他的谢意。"

大家的目光一齐射向甲同学，对他鼓起掌来。此时，甲同学又抬起了头，有了自信，不再垂头丧气了。

——http://wenku.baidu.com/view/8db8e619f18583d049645992.html.

课堂突发事件具有突发性、意外性、紧迫性、复杂性且可能的影响性大等特点，留给教师从容思考、判断和解决的时间很短，特别是对学生不良行为引发的突发事件处理不当将会对教学以及师生均造成不良影响。教师应注意积累课堂管理能力和技巧，在日常工作中，应适当归纳总结不同类型课堂突发事件的起因、特点，制定相应的对策，当实际遭遇课堂突发事件时能留给妥当处理具体事件更多的思考空间。在针对具体事件上，处理方式和方法一定要灵活机动，尽量采取多样化的手段，针对不同情境、不同对象、不同事件采取不同的方式方法，做到对课堂教学、对学生心理及学习积极性影响最小化，特别是避免造成对学生的伤害，这不仅是教育智慧和教学艺术的体现，更是教师教育职责的要求。

（六）抓住成因，矫正学生不良行为

学生校园内的不良行为主要是指学生在学校领域学习、生活、人际交往过程中，产生的违法行为、违纪行为、不道德行为。学生校园内的一些不良行为往往也是引发校园突发事件的原因。学生在课堂内和课堂外的不良行为常常会相互延伸、相互影响，对教师而言，最为关键的是要矫正学生在课堂上的不良行为。课堂上学生的不良行为会影响到整体的教学纪律和效果，影响其他学生的学习以及对规范的认知和遵守。

学生在课堂上的不良行为，主要有干扰课堂教学秩序的和不干扰课堂教学秩序的违纪行为。前者主要有上课交头接耳、左顾右盼、窃窃私语、传纸条、随便换座位、做怪异动作、与老师和学生发生冲突纷争、发出怪声等，此类行为影响他人或教学活动的开展；后者主要有发呆、心不在焉、看其他书籍、睡觉、迟到、早退、旷课等，此类行为只影响行为学生自身，并不干扰其他学生的学习和教学活动的进行。产生不良行为的可能原因主要分为以下类别：

●学习目的不够明确、混时间，缺乏自觉性和进取性。

●教师教学枯燥，不能吸引学生。

●教学内容过易或过难，无法调动学生学习兴趣。

●心理和情绪消极。

●课堂交往过程中引发的对抗和冲突。

●为引起注意。

●教师不良课堂管理方式或其他不良行为引发。

课堂不良行为需要教师在短暂的时间里处置得当，集中反映了教师的热忱、经验、胆识、修养、能力和技巧，教师可以采取课后深度处理、适当惩罚、目光暗示、提醒性提问、短暂停顿教学等手段，但切记不可用威胁、恐吓、讽刺、奚落以及体罚等措施。针对课堂教学中学生的各类不良行为，教师应在保证教学秩序、不伤害学生的基础上，根据学生不良行为产生原因妥善处置：

●教师应正确看待和对待学生在课堂上的各种行为，不断提升观察力的敏锐性，通过学生的眼神、体态、面部、对教学过程的反应等及时发现学生的变化。

●教师应根据学生的不良行为具体表现迅速作出判断，弄清产生不良行为的缘由，对症下药。对干扰课堂教学秩序的应快速而平稳地解决，包括适当地进行惩罚；对不干扰课堂教学秩序的违纪行为，就不宜公开批评指责，以防止分散或转移其他同学的注意力，可以采用暗示、提问、课后谈话等方式进行教育。

●教师应合理设计教学目标，对学生的要求应适当、可行，保证大多数学生经过一定努力后都能够达到目标。特别是对不同层次学习水平的学生应尽可能进行个性化要求。同时，教师应努力提高授课艺术和课堂管理水平，恰当运用各种教学方式、调动学生的学习兴趣和积极性。

案例诠释

【案例一】

课堂教学中突发事件的处理①

有一天我去上课，刚出现在门口，正在舌战中的学生立即七嘴八舌向我告状，说小倪打了班级里的很多学生，整个教室一片混乱。我一听，心里一惊，小倪虽然腿脚不方便，但其实真的很会惹事，老是要乱走，但他不会打同学，最多只是碰碰他们，因为他也想交朋友。

于是，我当着全班学生的面问小倪："为什么要打同学啊？我们大家都是最好的朋友啊，每天都坐在一起上课的。"小倪当时低着头，不肯说，后来在我耐心的劝解下，终于开口说话了，但是他说的话让我惊呆了："因为他们老是讲话，上课了还在讲话，我让他们不要讲话，他们不听。"听完他的话，我看看其他同学，这时候班级已经鸦雀无声了，我问其他小朋友小倪说的对不对，大家都不敢说话，只有几个小朋友把头轻轻地点了点。到目前为止，我已经把事情的真相知道得一清二楚了，于是，我问小倪："打人对不对？"小倪摇了摇头，我又说："那你向被你打的小朋友道歉。"他向那些小朋友说了声"对不起"。于是，我把小倪送到他的位置上，然后走到讲台前面，问全班小朋友，"你们觉得你们做得对吗？老师希望你们能够想想自己做的是否正确，然后你可以偷偷地来和老师说。现在我们来上课。"通过这件事，这节课班上的小朋友上课上得非常认真，所以教学计划圆满完成。

【思考题】

1. 想一想，你处理课堂突发事件时遵循的基本原则是什么？
2. "杀一儆百"在处理课堂不良行为中有无效应？

【案例评析】

课堂教学的大方向是第一位的。真正懂得爱学生的老师，会非常重视师生关系，做到不过分也不纵容。课堂上为了解决一件事情，而把师生关系破坏了，是非常得不偿失的，这是课堂教学的需要，也是以后更好地开展工作的需要。课堂上的突发事件高度考验教师课堂驾驭能力和耐心，千万不能操之过急。首先要能控制自己的情绪，要提高自己的修养，使自己的心灵像天空一样开阔。如果自己情绪失去控制，

① 节选自《课堂教学中的突发事件的案例交流》，http://res.hersp.com/content/802062.

当众与学生发生冲突，必败无疑。

其次，处理问题要了解学生心理，研究学生，知道学生的真实想法，知己知彼，百战不殆，不能发现问题马上是急风暴雨，学生本来还有一些对所犯错误的惭愧，这时教师一发火，正好抵消。所以我们在处理问题时，要给学生说话的机会，让他们表达自己的想法，再去处理也不迟。学生在成长的过程中，在不同的年龄阶段有不同的心理特点，影响学生心理状态的因素也有很多。教师不是圣人，也不一定能够洞悉一切，计划没有变化快，根据实际情况及时作出调整就更加显得重要了。

【案例二】

学生不良行为矫正①

小毛的妈妈经常为孩子急得哭：小毛迷上了游戏机，一次，一次，又一次，妈妈把小毛从游戏机房拽回来；一次，一次，又一次，小毛挡不住游戏机的诱惑，偷偷溜进游戏机房。急得没法子，小毛妈妈只得每天提前到校接小毛，回家看书做作业；双休日更是形影不离。

【思考题】

你有没有想过：孩子为什么迷恋游戏机房，而没有迷恋我们的课堂？我们的课堂究竟缺了什么？

【案例评析】

如何让我们希望孩子做的事情更有吸引力？

用有吸引力的刺激物吸引孩子，即转移孩子的注意力，如带孩子上公园走走，踢踢足球，买些孩子喜欢的读物，把孩子的注意力从游戏机引开去，不要急着硬逼孩子学习，因为孩子本身就不爱学习，正如你“强按牛头”，牛仍然不会饮水一样。

引导孩子逐渐明确学习的目的和任务，开始时可以提出少量学习任务，以后逐渐提高要求，逐步让学生学会自己提出学习任务，自己完成，自己督促检查。

教给孩子一些调控注意力的方法，学习时间过长，可以听听舒缓的音乐，远眺绿色，休息一会儿，再来学习，另外可在书桌旁贴上由孩子自己撰写的自警语录，如“有志者事竟成”、“战胜自己、挑战自己”等，增强自我控制能力。

---

① 《48篇教育教学案例评析》，http://wenku.baidu.com/view/1361a56caf1ffc4ffe47ac64.html.

推荐阅读

1.〔美〕约翰·杜威：《我们怎样思维·经验与教育》，人民教育出版社 2005 年版。

2.〔加〕马克斯·范梅南：《教学机智——教育智慧的意蕴》，教育科学出版社 2001 年版。

3.〔日〕片冈德雄：《班级社会学》，北京教育出版社 1993 年版。

4.〔美〕琳达·达林—哈蒙德：《高效学习：我们所知道的理解性教学》，华东师范大学出版社 2010 年版。

5. 叶澜：《重建课堂教学价值观》，载《教育研究》2002 年第 5 期。

6. 郭华：《评教学"回归生活世界"》，载《教育学报》2005 年第 1 期。

7. 肖庆华：《论有效教学的限度》，载《全球教育展望》2010 年第 8 期。

8. 王本陆：《优化教学：概念·标准·策略》，载《课程·教材·教法》2004 年第 1 期。

9. 石中英：《教育中的民主概念：一种批判性考察》，载《北京大学教育评论》2009 年第 4 期。

10. 郭华：《师生关系的社会学探讨》，载《教育科学》2006 年第 3 期。

11. http://www.chinaedu.edu.cn/　中国教育信息网。

12. http://www.teacheredu.cn/　中国教师教育网。

第十五章
信言与独见：教师的激励与评价

本章关键词

教育激励　多元评价　自我评价　评价策略

标准基本内容

维度	领域	基本要求
专业能力	（十一）激励与评价	1. 对小学生日常表现进行观察与判断，发现和赏识每一位小学生的点滴进步。 2. 灵活使用多元评价方式，给予小学生恰当的评价和指导。 3. 引导小学生进行积极的自我评价。 4. 利用评价结果不断改进教育教学工作。

学理阐释

教育激励，就是教育工作者激发学生的动机，调动其积极性和创造性，使其朝着所期望的目标努力前进的过程。表扬法、奖励法、鼓励法、评比法、示范法、引导法、参观法、访问法、谈话法、批评法、处罚法等都是常用的教育激励方法。简单地说，评价就是根据某种或某些标准，对某个人或某件事做出评论和判断的行为。而教育评价则是根据一定的教育价值观或教育目标，运用可行的科学手段，通过系统地收集信息资料和分析整理，对教育活动、教育过程和教育结果进行价值判断，为提高教育质量和教育决策提供依据的过程。[①]

（一）多元化视野下的教育激励与评价

当前我国教育实践中，仍存在以甄别与选拔为评价根本目的、以标准化测验与测定分数为主要评价方法的单一、线性评价的现象。20 世纪 80 年代美国哈佛大学著名的发展心理学家加德纳（Gardner）提出了多元智能理论，这一理论以"多元化"为理论核心，认为学习者的能力是多方面的，每个学习者都有各自优势，学生在意义建构过程活动中，表现出来的能力不是单一维度的数值反映，而是对多维度、综合能力的体现，因此对学生学习评价应该是多方面的。

加德纳教授的多元智力理论

自 1983 年美国哈佛大学心理学教授加德纳提出多元智力理论以后，人们对学生学习成果的评价开始有了新的理论和认识。认为不应只重视对学生语言和数理逻辑能力的考核，还应检查他们在音乐、运动、空间、人际关系、自我认识、自然领悟等方面的智力发展状况。学习活动是学生综合运用不同智力分析和解决问题的过程，并且从中获得创造性的"产品"，如新的想法、计划、技巧等。每个学生的智力强项是不同的，学习的起点和途径也是不同的，这就意味着他们在学习中不会有完全相同的表现和收获。所以，统一、狭窄的纸笔考试根本无法全面反映他们的学习状况以及智力的广度。

针对传统考试在提示学习本质方面的局限性，许多教育工作者根据新的心理学理论，开始研究新型的考试方式，使其能够详细地描述学习过程中知识和能力的变化。许多所谓"非传统"的评价，如操作、档案袋、作品集、剧本、日志、项目研究、展览、观察等，便由此而相继问世。

——蔡敏：《美国基础教育学生评价改革述评》，载《中国教育学刊》2003 年第 8 期

多元评价理论从评价功能、评价内容、评价主体、评价方法、评价结果等多方面出发，强调全面评价学生，促进学生健康发展，这对我们具有重要的启示意义。①评价功能全面化。应该由单一评价学生成绩改为对学生综合素质的评定，更多地关注学生在情感态度、价值观等方面的发展。②评价内容多维化。人类的智力

---

① http://wenku.baidu.com；http://zhidao.baidu.com

除了语言和数理逻辑能力，还包括音乐智能、空间智能、身体运动智能、人际关系智能、自我认识智能、自然智能等共八种智能。各种智力之间只有领域的不同，没有优劣之分。在这八种智能中每个人都各有所长，不能单独从一个方面去评价学生技能的高低，要发现学生多元智能中的智能强项和弱项，综合各方面内容对学生进行评价。③评价主体多元化。评价主体是指那些参与教育评价活动并按照一定的标准对评价客体进行价值判断的个人或团体。要从传统的单一评价主体转化为多元评价主体。参与评价活动的人除了教师外，还可以包括专职的评价机构、教育决策机构、学校管理人员、学生家长、学生群体和个体以及学校以外的其他有关人员。充分发挥评价主体的作用，使评价结果更为客观，激发学生的学习积极性。④评价方法多样化。从纸笔测验作为唯一评价手段的做法改为复合型评价方法。评价应能兼顾学生所处环境的差异和个体差异。采用多元化、个性化的评价标准和方法进行评价。依据评价主体不同，有自我评价和他人评价；依据评价内容不同，有量化评价和质性评价；依据评价手段不同，有人工评价和计算机评价。⑤评价结果人性化。在评价学生时，传统评价与真实性评价相结合。真实性评价是评价学生学习和表现的测验类型，能够基于学生将来在校外生活中遇到的相关现实生活的表现和挑战，建构学生的学习和表现。通过两种评价的相结合，使评价结果更人性化、发展化。自我评价是指个人参照一定的评价标准对自己的身心状况进行自我评定。儿童把自己当作认识主体从客体中区分出来，开始理解我和非我、心与物的关系，在别人对自己评价和对别人评价的过程中，逐渐学会自我评价。它是自我意识发展的产物和自我教育的重要内容，也是自我完善的重要途径。人对自己的思想、动机、行为和个性的评价，直接影响学习和参与社会活动的积极性，也影响着与他人的交往关系。一个人如果能够正确地如实地认识和评价自己，就能正确地对待和自理个人与社会、集体及他人的关系。自我评价是一个多元主体共同参与和协商的过程，强调以学生为主体，但离不开教师的引导和关注。

美国学业评价主流思潮

为了提高公立中小学教育的质量，近 20 年来，美国各州在学生的学业成绩评价方面进行了许多有益的改革，传统的评价方式开始发生变化，多重选择题和判断题等客观性测验虽仍被广泛采用，但不再是唯一的方式，而且各州在设计这类题目时更加关注学生的实际生活，注重学生解决问题得出结论的技能和过程。与此同时，一些新的“非传统”的评定方法，如表现评定、简答、设计、扩展书面反应、档案袋、学生作业、展示评定等，开始受到重视。有些专家学者也把这些用不同于传统标准化测验的手段获得学生学习表现的所有方法与技术称为“另类评价”。这些评定方式更能够反映出学生在学校学习的全面真实的情况。因而，基于这些特征的真实性评价广泛运用于美国的教育与教学之中，成为美国当前主要的评价方式。

真实性评价是检验学生学习成效的一种评价方式，要求学生运用所学的知识和技能去完成真实世界或模拟真实世界中一项有意义的任务。因而，与其他评价方式相比，真实性评价尤其重视知识和技能的结合，能更直接、更真实地考察学生的学习成效。

（二）教师在实践中的选择与策略

1. 对小学生日常表现进行观察与判断，发现和赏识每一位小学生的点滴进步

教书育人是教师的职业道德规范，重教书轻育人的教师不能算是一名合格的教师，而激励与评价是教师进行教育教学工作中的一种重要手段和专业能力。

爱心是评价的前提，是教育学生的起点和基础；赏识是评价的基础，是教师对学生的一种认可；激励是评价的核心，它可以改变学生的心态，树立学生的自尊；发展是评价的宗旨，是对学生的美好期望。每个学生都有他独特的个性，我们不能以统一的标准去要求学生，要允许学生有不同的见解，鼓励学生从不同角度思考问题，尊重他们在学习中的独特感受。

教师应该具备的解释、反馈、管理和交流评价结果的技能[①]

美国教师联盟（American Federation of Teachers，AFT）、全国教育测量委员会（National Com–mittee of Measurement Education，NCME）和全国教育协会

① Schafer，W.D.（1991）.Essential assessment skills in professional education of teachers [J].Educational Measurement：Issues and Practice，10（1），3–6

(National Education Association，NEA)在 1990 年颁布了教师在学生评价方面的能力标准，共七条，其中四条包括运用评价结果的能力：教师应具有管理、分类和解释外部评价、课堂评价结果的技能；教师应具有运用评价结果的技能，对个别学生做出具体决策、规划教学、开发课程和改善学校教育；教师应具有与学生、家长、其他非专业的对象和其他教育者交流评价结果的技能；教师应具有辨别不合伦理的、不合法的、不适当的评价方法以及运用评价信息的技能。(AFT，NCME，NEA.(1990).Standards for teacher competence ineducational assessment of students [J].Educational Measurement Issuesand Practice，9(4)，30–32.)

夏弗(W.D.Schafer)提出教师应具有八个方面的基本评价技能：基本概念与术语；运用评价；规划和开发评价；解释评价；描述评价结果；评估和改进评价；反馈和评分；评价伦理。这其中包括了解释评价、描述评价结果、反馈和评分等评价结果处理方面的技能。

教育激励有很强的目的性。在实践中，教师应围绕某个教育目标，对学生的日常行为进行细致的观察与客观的判断，以保证激励的针对性和客观性。学生身上不是没有闪光点，而是缺少发现和赏识闪光点的老师。教育无小事，事事要留心。教师要从细节入手，擅于运用正面鼓励，培养对学生优点赏识的心态和敏锐的感受力，捕捉每一位学生的点滴进步。例如：课堂上，当学生提出有价值的问题或有理有据地表达自己的观点时，当小组成员间能通力合作时，老师的一句表扬、一声鼓励、一个笑脸都能成为学生学习的动力。

课堂评定——学生学业评价的重要方式①

按照美国评价学者安吉洛(T.A.Angelo)和克罗斯(P.K.Cross)的观点，课堂评定与常规学业考试在功能上有很大的区别，它是一种形成性而非终结性的评价方法，其根本目的在于提高学生学习的质量，而不是为评价学生等级或给学生打分提供证据。

1.课堂评定的核心功能有三：一是帮助学生及时看到自己的学业进步和不足，加强对自我学习的监控、评价和调整，成为积极主动的学习者；二是帮助教师持续获得

① 托马斯.A.安吉洛、K.帕特丽夏·克罗斯著，唐艳芳译：《课堂评价技巧》，浙江大学出版社2006年版，第5页；蔡敏：《课堂评定：学生学业评价的重要方式》，载《教育科学》2012年第2期。

教学反馈信息，尽早而且详细地了解学生的日常学习表现、成果和需求，以便有针对性地改进教学内容与方法；三是为课堂教学创设更多的师生对话机会，让学生真正体会到教师时刻关心着每个人的成功，使师生关系更加密切和融洽。课堂评定是开展有效教学不可缺少的环节，与教学活动密不可分，也是每一位教师应当熟练掌握的重要教学技能。这项课堂活动开展得如何，不但标志着教师教学水平的高低，而且也直接影响到学生学习的成效。

2.课堂评定的范围非常广泛，包括学生学习的各个方面。归纳起来，课堂评定可以指向如下内容领域：(1)知识；(2)分析与推理能力；(3)综合与批判性思维能力；(4)问题解决能力；(5)动手实践能力；(6)学习方法与策略；(7)学习情感。

3.课堂评定的常用方法：(1)快速书面反馈；(2)表现性评定；(3)日常学习日志；(4)同伴检查。

2. 灵活使用多元评价方式，给予小学生恰当的评价和指导，利用评价工具，掌握多元评价方法，多视角、全过程评价学生发展

试卷、量规、成长记录袋、概念地图、学习契约、评估表、范例展示等都是常用的评价工具和方式

（1）设计多元评价领域与个性化评价标准

评价者应建构构成各领域的基本和核心能力，即关键能力，如数学领域的关键能力包括数字推理、空间推理和解决逻辑问题；音乐领域的关键能力包括音乐感知力、表现力和创造力等。进而根据各个领域的关键能力，逐层设计更具个性化的评价标准。

（2）提供展示学生问题解决与创造能力的多种情境

首先，评价置于学生真实的日常生活和学习情境之中。其次，评价者应提供多种问题情境和活动材料。

（3）运用多元聚合性的评价方法

首先，评价方法应多元化，评价方法可以包括质性评价的方法，如非结构观察、档案袋法、访谈法、履历分析法、文本分析法等，也可以包括量化评价的方法，如结构观察、测验法、问卷法等。其次，评价方法应具有聚合性。多元聚合性的评价方法是指在评价中采用的不同类型、不同性质的多种方法。

档案袋法

学生成长记录袋或档案袋即是指用以显示有关学生学习成就或持续进步的信息的一连串表现、作品、评价结果以及其他相关记录和资料的汇集。而学生成长记录袋评价则是指通过对成长记录袋的制作过程和最终结果的分析而进行的对学生发展状况的评价。

①明确使用成长记录袋评价的目的。不同的学生成长记录袋是与不同的评价目的联系在一起的。学生成长记录袋主要有三种用途，对应着三种不同的评价目的：一是展示；二是反映学生进步；三是总结性评价的工具。

②确定需收集的材料。要避免“为了收集而收集”的形式主义做法。首先，要与评价目的联系起来考虑。其次，要与评价内容结合起来。再次，既要面向全体，又要照顾个别。最后，要考虑到底应该把谁的评价放进成长记录袋之中。

③设计成长记录袋评分标准。成长记录袋的评分方式宜采用等级制，以便在一定程度上模糊个体之间的差异。对于每个等级都应制定详细的评分标准。

④选择调动学生积极参与的有效方法。

⑤制定评价结果交流与分享的计划：教师要安排和举行成长记录袋讨论，评价结束时应把评价结果及时告知学生本人和家长。

——周智慧：《利用成长记录袋评价促进学生发展的研究》，载《前沿》2010 年第 1 期

（4）评价过程应注重动态化

首先，评价过程弹性化。评价者应根据学生参与兴趣和智力表现的变化，及时调整预设的评价方案。其次，评价过程中多种评价要素多元互动。评价的构成要素主要包括教师、管理者、专家、社区人员、同伴、学生、活动情境等，这些评价要素制约着评价的效果，应促进多种要素互动。

（5）注重评价的恰当性

即对某个学生的评价要符合该生的实际表现，不随意夸大或者否定学生的进步或问题。同时，要根据学生的特点和评价时机选择书面评价或者口头评价的方式，以及采用当众评价或者私下交流评价的形式，具体以不同学生的心理承受特点选择合适的评价方式。对学生的评语树立以人为本的发展观、坚持正向引导、肯定学生的优势和特长，提倡个性化和鼓励性评语，进行发展性评价，关注师生的情感交流。

构建小学生习作多元开放性评价方式的几点尝试

①欣赏欣赏再欣赏：一是指导自我欣赏，在作业修改的评价中倡导学生在自我反思更正的同时，先让孩子学会自我肯定，圈画出自己的得意之笔，欣赏并勇于展示自己的好词、好句和个性化表达体验，积极与同伴分享；二是引导同伴欣赏，在同学之间，展开作文互阅，以欣赏的眼光，发现同伴习作的优点，作圈画标记，写体会旁注，提出改进不足的建议或形成激励性评语，做出针对性评价；三是倡导家长欣赏，遇到学生写得比较成功的习作，让孩子把老师或伙伴们批阅后的习作带回家，与父母亲人共同赏读习作，研读评语，留下寄语，分享成功带来的喜悦，激起家长对孩子习作的更大关注，激发孩子再创造佳作的内在热情。

②从专栏互动到作文专辑：当发现学生习作在语言上的独到之处或在修改中遇到耐人寻味的地方，有供众人推广借鉴或引以为戒的价值时，鼓励学生将习作张贴于墙壁专栏内，并附加征求意见栏，供全班同学平时随时研读、品味，及时写下感悟，积极借鉴；亦可在有条件的情况下，创建班级习作主题网站，在更为广泛的范围进行交流，引起更加广泛的互动，在此基础上，定期整理，将学生的优秀习作和典型修改整理，装订成集，多方评价，持久激励，推动活动走向深入。

③适时来一次习作展销会：组织学生集中展示自己的习作，激发人人主动参与评价的热情，一方面可由学生自主推销，即把自己成功的习作或精彩句段通过有感情的朗读习作卡片、习作海报等方式，推荐给自己要好的同学或自己的小组成员共同品味研讨；另一方面可让全班同学每个人将自己的习作本、日记等放在桌面上，让全班同学自由选择浏览、仔细研读，作出评价。最后，通过投票评比，选出“最具特色作品”和“最受欢迎作品”及“特别进步作品”等。

④人人有棵习作成长树：如在传统的小红花、小星星光荣榜的基础上，指导每一位学生为自己绘制一棵习作成长树，取得进步获得表扬时，可由学生自己选择喜欢的“红花绿叶”，提倡表扬优点时增加红花，发现不足时，修改进步了，添加绿叶。这样，真实、详细、生动地显现学生的习作成长过程，激发学生为自己的进步喝彩的同时，珍惜“犯错”的体验，不断挑战自我，使学生全程亲历自己的习作成长过程，激发起强烈的成就感；同时，为今后更科学地明确习作努力的方向提供可靠依据，让学生将来能更好地扬长避短，把握自己的进取方向。

⑤定期举行阶段评价会：按月或更长时间举行综合性评价活动，从是否留心观察生活，积累素材，是否有较高的习作兴趣，习作过程是否积极主动，是否具有良好的习作习惯、修改习惯，是否表达了真情实感，是否是有创意的表达，引导学生进行自评、互评、小组评价、家长评价、教师评价等。在定性的基础上，采用星级量化，特别重视激励性评语，以营造一种习作表达上追求创新的向上氛围，不断内化学生习作的非智力素质。

⑥坚持让习作在生活实践中闪光：在学生产生内容新颖、语言富有个性、有趣味有真情的佳作时，及时指导其再修改再提高，并迅速帮助其向报纸杂志网络投稿发送，增强学生在习作中追求卓越的动机，期待成功的渴望和获得肯定的自豪，让学

生以更饱满的热情更强烈的期待投入以后的习作生活中。当学生进行具有实用价值的习作时（比如《给 ×× 的一封信》、《建议书》、《表扬稿》等），及时指导学生将其通过邮递、呈送或张贴的方式传递给亲朋、学校、社区或电台报社，将习作运用到实践中，并了解其反馈信息，让学生在成功的实践中体验习作对生活的作用，在失败的实践中反思习作的不足，从而激发起把习作应用于社会实践的热情，树立科学的习作价值观。

——周鸿斌：《构建小学生习作多元开放性评价方式的几点尝试》，载《新作文》2011 年第 5 期

3. 引导小学生进行积极的自我评价

虽然自我评价是一种由学生自己主导的评价活动，但由于小学生的自我评价能力尚处于发展阶段，所以，老师的正确引导是必不可少的。调查显示，有近四分之一的学生从未接受过教师的引导，另外，还有一半以上的学生反映，老师对他们的自我评价结果常常采取否定态度。所以，教师在引导小学生进行自我评价时，应避免两种极端的倾向，一是教师在学生的自我评价中插手过多，教师常常以权威自居，支配学生的个人意愿和发展方向，忽视学生的个性差异和个性需要，伤害学生的自尊心；二是忽视对学生自我评价的指导，放任自流。

具体而言，教师可从这几方面着手：第一，重视自我评价意识的培养，要挖掘自我评价的价值，创设自我评价机会，提供自我评价的范例。第二，加强自我评价过程的指导。教师应告诉学生评价内容、评价标准、评价方法，引导学生以事实说话，避免主观性的空洞评价，注重记录活动和学习过程中的自我的态度、感悟、进步等。第三，采取多种自我评价的形式。美国学者奥博托和卓逊曼的研究结果表明，对平时作业、各种作品、日常行为的自我评判，对自己进步和变化的及时记录和反思都是学生开展自我评价的有效途径。第四，进行自我评价结果的核查。由于小学生自我评价尚未成熟，他们的自我评价往往带有一定的片面性。教师应该对学生敢于自我评价的精神进行鼓励，然后通过教师、同学及家长相互交流和探讨，共同完成对自我评价结果的核查与反思，帮助学生纠正片面的看法。第五，自我矫正。引导学生在正确的自我评价基础上制订切合实际的目标与行动计划，改进学习方法和态度，实现自我完善。

4. 利用评价结果不断改进教育教学工作

评价结果处理是对评价结果的分析和利用过程，包括对所获得的评价信息的分析、解释和判断，向各方反馈与交流评价信息，利用评价信息采取改进和干预措施的过程。评价结果的处理不只是简单地发布与告知，更侧重于对结果的解释与反馈，提出有针对性的教育教学改进建议。评价结果处理能力构成教师和教育管理者评价素养的体现。

对评价结果的处理，包括三个步骤：

（1）对评价结果的质量进行检验

评价结果的质量检验包括两个基本方面，一是评价结果的可靠性（信度），二是评价结果的有效性（效度）。信度即评价结果的精确性、可信性，它主要取决于三个方面：评价者对评价标准把握的准确性、评价工具的精确程度、评价结果的一致性。效度即评价结果的准确性、有效性，实际评价结果反映被评对象的欲评属性的程度，主要取决于三个方面：评价内容指标的全面性、权重确定的合理性、评价工具的有效性。

（2）对评价结果的意义作出解释

①评价结果的意义不是简单地鉴定教师的教学水平，而是为了帮助教师在教学实践中研究与创新，在研究与创新中优化教学过程，不断提高自身的专业水平。教师要把评价结果与日常教学研究结合起来，纳入校本研修内容，以校本研修推进教育教学评价的研究和实施。教师应认真研究备课、上课、作业练习，在先进教育理念的指导下不断提高教学设计和教学活动的水平。

②评价结果的意义，也不仅仅是限于了解学生的表现，更重要的是促进学生的学习。教师通过对评价结果的分析，找出学生学习上的优缺点，对学生后续的学习提出改进建议，指导学生制定适合个人特征的学习改进计划并监督落实的效果。在分析评价结果时要关注学生在学习准备状态、兴趣点和个人认知风格上的差异，这样才能真正了解“学生是机械背诵书本还是已经学会了某种思维方法”、“学生的错误答题是由于粗心大意还是因为没有掌握知识点”。

（3）对评价结果进行反馈与有效利用

做到及时反馈、全面反馈、准确反馈和多种方式反馈。

案例诠释

【案例一】

劳改犯的儿子

我班上有个同学赵明，因其父亲曾经劳改而被同学歧视，从不跟同学一块儿玩，甚至有时不来上学。我经过调查了解到，有些同学当着他的面说他父亲的坏话，并且用非常恶毒的话侮辱他的人格。我及时召开班干部会，要求班干部以身作则，尊重每一位同学，不许歧视任何同学，同学们要友爱相处。经过一段时间的共同努力，那个学生再也没有逃过学，跟同学的关系也有所改善。

【思考题】

1. 同学的歧视对赵明的人格发展产生什么影响?

2. 班主任采用了什么激励手段?

3. 班主任的激励对赵明的进步起到什么作用?

【案例评析】

自尊心是指时刻不忘自己作为一个独立个体的人格、尊严和声誉，自尊心也是一股巨大的力量。儿童一直都在为避免受到谩骂、殴打、讽刺、嘲笑和挖苦而努力着。同学的歧视对赵明的自尊心产生极大的伤害，并使其人格发生一定扭曲，赵明因被同学嘲笑有个被劳改的父亲而抬不起头，觉得低人一等而不敢跟同学一起玩，甚至为避免侮辱而逃学，出现某种程度的自闭症。班主任采用了引导法和谈话法的激励方法，通过消除同学对赵明的歧视和侮辱，使赵明感受到同学之间的尊重与友爱，从而保护、培养了赵明的自尊心。教师培养学生的自尊心就是对学生人格发展的最大激励，班主任的激励对赵明的进步起到积极的推动作用。其实，班主任在激励方面尚大有作为，如亲自找赵明谈话，帮助他正确看待曾经劳教的父亲；找出赵明身上的闪光点并在班上表扬他，让他重拾自尊心；给赵明讲卧薪尝胆的故事，激励他发愤图强，用优异的成绩和进步改变同学们的歧视。

总之，作为一名人民教师，应该深知自尊心是人格健康发展的生命线，自觉尊重学生不但是教师的行为准则和师德规范，而且是教师激励学生进步的基本方法。作为教师，应时常反省自己的日常言行是否有伤害学生自尊心的地方，因为正是这些构成了对学生严重伤害的负激励。

【案例二】

离群的小女孩

我班有个女生黄丽，她上课听讲时，注意力不很集中；课外活动时，总是孤零零的，不太合群。通过家访，我了解到她的家庭比较特殊：父母离婚，她跟父亲一块儿生活。过了不久，她的父亲过世，她只好跟着爷爷、奶奶。对这样一个特殊的孩子，我经常去关心她，找她谈话，鼓励她好好学习，让她感觉到除了爷爷、奶奶外，老师也很爱她。此外，我还引导她参与到集体活动中去。通过一段时间的努力，她的学习有所进步。

【思考题】

1. 老师的激励体现教育激励的什么原则?
2. 教育激励的出发点是什么?

【案例评析】

黄丽变得郁郁寡欢、性格孤僻的根本原因就是生长在一个双亲不健全的家庭，从小缺乏父母的关爱，老师发现了这个问题并对黄丽关爱有加，在一定程度上弥补这个学生亲情之爱的空白，使黄丽感觉到除了爷爷、奶奶外，老师也很爱她，并深受老师关爱的激励，性格变得开朗乐观，学习也有所进步。老师的激励主要体现了目的性原则、针对性原则、有效性原则。老师经常去关心黄丽，找她谈话，鼓励她好好学习，目的就是想用老师的爱补偿黄丽所缺失的父母的爱，从而激励她进步；而用关爱激励一个从小缺失父母亲情的女孩而言，具有很强的针对性。从激励的结果来看，黄丽在老师的关爱和鼓励之下，取得了非常明显的进步，体现了老师激励的有效性。

即使是生长在正常家庭中的儿童，一旦进入学校，他们渴望得到的爱和关怀也不再限于父母长辈，他们更渴望获得老师的重视、关爱与肯定。在日常生活中，我们经常听到父母抱怨自己的小孩不听家长的话，而对老师的要求俯首帖耳，正是由于上述原因。老师的关爱就如阳光雨露般滋润学生的心田，学生因此才会茁壮成长。因此，作为老师的您，怎能忽视对您的关爱嗷嗷待哺的学生呢? 切记，激励的出发点就是爱，爱学生就是对学生的最好激励。

【案例三】

小水珠也会闪光

郝娜老师的班里有一个孩子叫张朗，在大家眼里他是个后进生，但他非常热爱劳动，关心班集体、关心同学，体育方面也不错。学期末，当他拿到评价表后，显得十分惊奇。后来他在日记中写道："今天，我看到我的评价表中有许多项都是'优'，我既高兴又激动，原来我身上也有这么多闪光点，我不再是同学们眼中的后进生了。我要继续努力，争取做得更好!"

学生黄志诚，英语考试成绩总是不很理想，70 分左右。但是，如果只用期末考试分数来评价他一学期的学习成效确实很不公平，因为每节课都可以听到他铿锵有力的发言；虽然他的书写不是最规范的，但却是最认真的；他的口语表达也很好。可见，分数并不是评价学生的唯一标准，相对于笔试成绩好却不敢开口说的学生来说，口语表达好、交流能力强的学生更是这个社会需要的人才。新的评价办法，能使像黄志诚这样的学生看到自己的优势，找出薄弱环节，找准努力方向。

【思考题】

1. 张朗的优缺点是什么?
2. 作为一个后进生，张朗学期末评价表中为什么有许多项都是"优"？
3. 如果将考试分数作为评价黄志诚的唯一标准，会带来什么影响?
4. 与传统唯分数是论的单一评价方式相比，多元评价方式对学生的多样性发展有什么激励作用?

【案例评析】

传统评价方式只注重学生的考试成绩，忽略了学生个性品德、心理、体育、美育等方面的发展，忽略了学习过程及口语表达、交流能力、实践操作技能等方面的评价，陷入一叶障目的误区。它抹杀了学生个性发展和身上的闪光点，打击学生的自信心和自尊心，不利于培养学生的多元智力与综合素质，从而对学生的激励产生负面作用。

如果以单一的标准评价，往往一叶障目，错误地扼杀了在其他方面有无限潜力的学生的发展机会。张朗同学成绩较差，如果用传统唯分数是论的单一评价方式来评价，张朗无疑是毫无亮点的后进生；但如果用多元评价方式来评价，就会发现他的身上也有很多优点，如“热爱劳动，关心班集体、关心同学，体育方面也不错”，而正是这些除学习成绩外的许多优点，才是决定学生是否拥有健康人格，是否具备广阔发展潜力的重要素质。

如果将考试分数作为评价黄志诚的唯一标准，不但会打击他学习英语的信心，考试成绩难以提高，而且还使他口语表达好、交流能力强这个优势得不到发挥，最终失去学习的兴趣，成为学习的失败者和应试教育的牺牲品。事实上，唯分数是论的评价方式，扼杀了许多在某方面有特长的天才。

多元评价方式能灵活运用多种评价方法，多视角、全过程地评价学生发展，使学生在看到自己短处的同时更看到自己的优势和进步，从而更加自信地自由发展自己的爱好特长。在传统唯分数是论的单一评价方式下，只有少数学生是学习的成功者，而多数学生成为自信心备受打击的失败者，即使是学习成绩优秀的学生，有些也是高分低能的书呆子。而在多元评价方式下，每个学生身上的优点和天赋都得以彰显，并受到激励，因此，使学生的多样性发展更有可能。

【案例四】

青少年科技素养多元评价方案①

一、青少年科技素养评价的内容

1. 青少年的科学精神、态度和价值观。评价青少年的科学精神、态度和价值观，主要采用熟悉者的经验判断、STS 的态度调查问卷和访谈分析法。对于低年级学生的科学精神的评价，可采用教师评价和家长评价相结合的方法，对高年级学生而言，科学精神态度和价值观的评价通常由自我评价和教师评价两部分组成。

2. 科学技术知识，指人们在科学实践中获得的关于客观世界的各种事物的本质及规律性的认识和操作本领。科学技术知识是科技素养的基本要素，包括科学常识、自然科学学科知识和技能、科学过程的知识。

3. 科学行为与习惯。评价科学行为与习惯，主要采用行为检测法和问卷调查的方法。低年级学生的评价可以采用教师熟悉的经验判断评价和家长的问卷调查相结合的方法，高年级学生的评价可采用教师的行为检测法和行为自评法。

① 方莺：《区域性青少年科技素养多元评价方案的研究》，载《上海教育科研》2009 年第 6 期。

二、科技素养的多元评价形式

我们将6—12岁青少年分为两个阶段（6—9岁/10—12岁）进行分析，设计多元评价方案。对于6—12岁青少年的科技素养评价主要采用他评方法（主要是科技教师评价、专家评价）。具体分为三个评价部分：观察和经验判断、标准化测试以及表现评价。这样的评价方式得到的评价结果既有定量的分值又有定性的描述，相对传统的纸笔化测试得到的定量分值评价更具人性化。

1. 观察和经验判断。观察和经验判断的主要实施者是科技教师，通过记录青少年在科技学习和活动中的行为表现，包括科技作品或活动成果，如实给出评分。

2. 标准化测验。基于对科学素养的认识与界定，我们在标准化测试中将从三个角度对科学素养进行评估。

第一，科学概念（知识）。对科学概念（知识）的评价，我们主要从生命和健康科学、地球和环境科学、技术科学中选取。值得注意的是，虽然这些概念比较接近于有关物理、化学、生物科学及地球和空间科学，但在测试中我们更着重的是那些将被用于解决现实生活的科学问题，而不仅仅是理论。第二，科学方法。科学方法应包含以下 5 种能力：A. 科学地确定哪些问题具有研究价值的能力；B. 研究中控制变量、观察现象、收集数据的能力；C. 得出或评价结论的能力；D. 汇报交流结论的能力；E. 解释科学概念的能力。

[测试成绩解释]结合国内外有关测验的评价标准，参考公众科学素养的测评标准，小学6—9岁适龄群体科技素养标准化测试成绩的解释，即评价标准为：15道科学与技术知识题目要答对9道；10道基本科学与技术方法题目要答对6道；3道科学、技术、社会、环境的题目要答对1道；9道科学态度、精神和道德的题目要有5道回答的频率比较高如“经常”，或者选择与科技活动相关选项；4道科学技术与生活的题目要答对2道。在对迷信问题的回答是“完全不相信”，满足这6个条件者，才算具备了基本的科技素养。

3. 表现性评价。由于评价对象是6—12岁的青少年，我们将表现性评价的项目设置在现实生活的情境中，而不仅仅局限于学校。并将科学情境选择的重点放在个人和家庭、社区（公共的）、世界生活（全球的）中，希望能够做到尽可能准确地评价学生在科学课程中所获得的科学知识的运用能力。

[实验设计操作]这是一个实验研究类的表现评价情境。几个孩子在野外露营，在野炊的时候，不慎将调味盐打翻在沙地上。将混入沙子中的盐分离出来，能继续在烹饪中使用。

任务要求：在实验室提供的所有物品中选择合适的实验器具将混入沙土中的调味盐

分离出来。

器具提供：烧杯、酒精灯、铁架台、滤纸、蒸发皿、搅棒、漏斗、试管夹、清水。

评定方法：科技教师对每个学生完成的过程及结果进行评分，按照各评分要点权重比例计算总分。最后，结合评定要点的表现记录和有关说明，给出该学生科技素养水平的评语。评语应对每位学生科技素养各要素水平及特点进行详尽的描述。该评价项目还涉及的科技素养测评要素与评定要点，各测评要素的总分为评定要点的原始得分之和。

【思考题】

1. 在此案例中，如何体现多元评价方式的灵活运用?

2. 在此案例中，科技素养的多元化评价方法是哪几种?

3. 在多元化评价中，如何根据评价目的、内容、对象等因素确定合适的评价方法?

【案例评析】

此案例体现了评价内容、评价方法、评价场景等方面的多元化。评价方法根据评价内容及对象的特点灵活运用多种评价方法，评价方法包括：调查问卷、教师的行为检测法、行为自评法观察、经验判断、标准化测试以及表现评价等。评价标准的具体严谨、可操作性强。这样的评价方式得到的评价结果既有定量的分值又有定性的描述，相对传统的纸笔化测试得到的定量分值评价更具人性化。只要设计合理，多元评价方式完全可以灵活而适当，并且达到较高的信度与效度。

推荐阅读

1.〔美〕蒙哥马利：《真实性评价：小学教师实践指南》，中国轻工业出版社 2004 年版。

2.〔日〕田中耕治：《教育评价》，北京师范大学出版社 2011 年版。

3. 张春莉：《走向多样化的评价：小学生学习能力评价的理念、方法与实践》，上海教育出版社 2005 年版。

4. 李玉芳：《多彩的学生评价》，教育科学出版社 2009 年版。

5. 张敏：《学生评价的原理与方法》，浙江大学出版社 2011 年版。

6. 田友谊：《当代学生评价的理论与实践》，华中师范大学出版社 2012 年版。

7. 陈惠英：《班主任对学生的激励与处罚》，吉林大学出版社 2010 年版。

8. 李小融、唐安奎 :《多元化学校教育评价》，浙江教育出版社 2009 年版。

9. 田冰冰 :《小学生激励性评语 600 例》，文心出版社 2006 年版。

10. 蔡敏 :《美国基础教育学生评价改革述评》，载《中国教育学刊》2003 年第 8 期。

11. 周智慧 :《利用成长记录袋评价促进学生发展的研究》，载《前沿》2010 年第 1 期。

12. 方莺 :《区域性青少年科技素养多元评价方案的研究》，载《上海教育科研》2009 年第 6 期。

第十六章
敬业与乐群：教师的沟通与合作

本章关键词

沟通　合作　学生　同事　家长　社区

标准基本内容

维度	领域	基本要求
专业能力	（十二）沟通与合作	1. 使用符合小学生特点的语言进行教育教学工作。 2. 善于倾听，和蔼可亲，与小学生进行有效沟通。 3. 与同事合作交流，分享经验和资源，共同发展。 4. 与家长进行有效沟通合作，共同促进小学生发展。 5. 协助小学与社区建立合作互助的良好关系。

学理阐释

沟通是人与人之间、人与群体之间信息、思想与感情的传递和反馈的过程。合作则是指个人与个人、群体与群体之间为达到共同目的，彼此相互配合的一种联合行动、方式。小学中的沟通与合作，主要包括教师和学生的沟通与合作、教师和同事的沟通与合作、教师和家长的沟通与合作以及学校和社区的沟通与合作等。

学生的成长与发展，是校内外多种因素影响、多种教育力量配合的结果。为了把校内外的各种因素、各种力量整合起来，每一位教师在发挥自身的主导作用和调动学生的自我教育作用的同时，一方面要加强与在同一个班级、同一个年级、同一个教研室的同事甚至学校中的管理干部、后勤人员等的交流与合作；另一方面，还要加强与学生家长、学校周边各单位各部门人员的交流与合作，从而在校内形成全面、全程和全员育人的整体力量，并使学校教育与家庭教育、社会教育达到协调统一，确保育人工作的质量和效果。

（一）教师应使用符合小学生特点的语言进行教育教学工作

学校教育教学的任务主要是通过教师的语言来完成的，语言是教师开展教育教学活动最重要、最常用、最普通的手段和工具。教师语言的合理有效运用对学生的心理发展、品德形成和知识理解等方面起着极其重要的作用。教师在教育教学中语言表达和运用，一方面要力求准确、规范、真实、严密、精练，具有严格的科学性，保证知识传授的正确性和思想性；另一方面，通俗生动、活泼、富有幽默感，增加讲授内容的形象性、生动性和鲜明性，使自己的语言表达适应小学生的需要，符合小学生的年龄特征及其接受能力，避免他们的理解和教师的本意之间产生差异，教育教学才能顺利进行并达到优良效果。

那么，教师应该怎样使用符合小学生特点的语言进行教育教学工作呢？

1. 教师的语言在强调规范性、科学性和教育性的同时，要突出艺术性

教师的教育教学语言首先要具有规范性、科学性和教育性。规范性是指教师在教育教学时，必须使用规范化的现代汉语（即普通话），做到语音规范、用词规范、语法规范。科学性则是强调教师的教育教学语言要表现出准确性、逻辑性、精练性和系统性，要确切表达教育教学内容，做到准确无误，有层次有条理，言简意赅，通顺流畅。而所谓教育性，就是教师的教育教学语言必须内容健康，情感丰富，少批评多鼓励，能给学生积极进步的影响，有助于学生良好思想品质的发展。规范性、科学性和教育性是教师语言运用最基本的要求。除此之外，教师的教育教学语言还要突出艺术性。这是由教育教学规律特别是小学生的特点所决定的。小学生正处在儿童时期，他们的观察力、想象力、思维能力等发展很快，情感和情绪也很丰富，因此，教师的语言在科学、规范、准确、严谨的基础上，还应从小学生心理特点出发，不但要善于说理，而且要寓于情趣，把抽象的问题具体化，深奥的道理形象化，枯燥的知识趣味化，这样才能娓娓动听、引人入胜，唤起学生的求知欲和学习热情，让学生在轻松和谐的语言环境中学到知识、受到教育，达到教书育人的目的。下面的

例子说明小学教师语言运用的特点及其意义。

有位教师在教学《春光染绿我们双脚》时，与学生的一段对话就给我们现代意义上的对话教学提供了很好的范本。课一开始这位教师亲切地问大家："现在是什么季节，你从哪里可以看出来？"学生们有的说："我从小草钻出了嫩芽看出春天来了。"有的说："春天来了，空气变得暖和起来了。"这时一个胖墩墩的男孩站了起来说："燕子也从南方飞回来了！"教师疑惑地发出了一声"哦"，接着马上提出了自己的疑问："你是从哪儿看到的，我怎么没有看到呢？"那位小男孩非常自豪地回答："我外婆家的屋里就有一个燕子窝。"这时，教师才说出了课堂上其他孩子的心里话："你的运气真不错，我可真羡慕你。"在这里，对话真正成为沟通学生和教师、学生和学生心灵的渠道。

——陈成：《关注课堂教学"对话"，促进沟通与合作》，载《小学教学参考（综合版）》2011 年第 9 期

2. 教师语言的运用必须根据小学生的特点，因时、因境采用灵活的表达方式

小学生的感知觉、注意、记忆、思维、想象、兴趣、爱好等与中学生、成年人是不同的，比如，小学生的感知觉发展迅速但比较笼统，注意力还不容易集中，主要以机械记忆、形象思维为主，模仿力较强，兴趣爱好广泛，情感非常丰富。因此，在小学阶段，教师的教育教学语言要力求具体形象、生动活泼、趣味盎然，要多用鼓励性、启发性、示范性的语言。此外，对不同性格、不同状况的小学生，教师的语言也要因时因境而异。如对自尊心强、有逆反心理、脾气暴躁、感情易冲动的学生，宜采用平等商讨的语言；对善于独立思考、自我意识强、感受力较强的学生，宜采用暗示、旁敲侧击或警句格言的点拨式语言；对性格内向、孤僻、有自卑心理的学生则要用有层次、有步骤、逐渐深入学生心灵的渐进式语言等。

3. 教师的教育教学语言要贴近小学生的生活和社会实际，做到与时俱进

语言的时代感是当今教师值得注意的问题。教师是社会文化的传播者，要始终站在时代前列，善于总结和挖掘时代语言特点，运用新思维、新观念和语言表达的新方式，增加语言的新气息，通过语言的新颖刺激，满足学生对新事物的追求并达到情感的共鸣。现在的小学生，成长和生活在开放时代、信息社会，他们

不仅从学校从课堂获取知识和营养，还从网络、电视、报刊等获得大量知识和信息。如果教师语言贫乏死板，十瘪尢味，运用的事例很陈旧，翻来覆去总是那几个词，说来说去就那几个句式，就难以调动学生热情，激不起学生学习兴趣，师生之间就易产生代沟。反之，如果教师能“学而不厌”，与时俱进，教育教学既有专业知识的深度，又有涉猎相关科学知识、新兴学科的广度，能从教学实际、生活实际和当今热门的形势中旁征博引，举一反三，学生会比较感兴趣，教育教学效果会大大提高。

（二）教师要善于与小学生进行有效沟通

教师的教与学生的学是在师生相互沟通与交流中进行的，有效的沟通与交流是开展教育教学工作并力求取得优良效果的基础和前提。作为教师，只有加强与学生的有效沟通，师生情感和谐融洽，学生才能“亲其师，信其道”，进而“乐其道，学其道”。特别是小学生，他们乐于亲近老师，喜欢说话和表达，教师倾听他们的心声，多与他们进行有效的沟通与交流，一方面可深入了解他们的思想和表现，消除师生之间的摩擦与误会，增进彼此的相互理解和尊重，密切师生关系，实现教学相长；另一方面，也有助于提高学生的表达能力、思维能力、人际沟通能力以及养成善于倾听他人说话，分享他人的思想、观点和见解，与他人平等地进行有效沟通与交流的良好素质。为了与小学生进行有效的沟通，教师应当注意以下几点：

1. 教师要善于倾听和换位思考

倾听是教师与学生沟通的基本技巧，也是在沟通中认识与了解学生的关键。倾听学生的表达等于尊重他、欣赏他，给他信心和勇气。同时倾听还能增加对学生的了解，减少教师与学生的误会和冲突，增加实现教师与学生各自愿望的机会，及时获得学生的反馈，加深与学生的感情。教师在倾听小学生说话和倾诉时，一定要专心认真，不要随意插话，不要轻易给学生下断语。此外，教师要善于换位思考，站在小学生的立场和角度看问题。由于年龄和认识能力的差异，师生之间对问题的看法往往不容易一致，这是正常的。但教师不能一味强调自己的观点，忽视学生的感受，这样做容易让学生产生逆反心理，甚至疏远和拒绝老师。而如果教师能设身处地地从学生的角度去观察和分析，了解学生的心情，找出与学生产生不同看法的原因，让学生感到老师是理解自己的，学生就会接受老师、喜爱老师，师生沟通就能有效地继续。

2. **教师要和蔼可亲，平等地对待和尊重小学生**

小学生虽然小，但也是有自尊心的“人”，师生在人格上应当是平等的，不能因为他们是小学生，教师就可以居高临下地对待他们，反之，教师应坚持“人人平等”的原则，以友好、平等的态度，给予小学生应有的尊重。平等和尊重是师生能够彼此沟通、相互信任的基础，也是解决师生矛盾、融洽师生关系的前提。苏霍姆林斯基说过：“要成为孩子的真正教育者，就要把自己的心奉献给他们。”因此，教师平素不能搞师道尊严，不能摆架子，不能以高高在上的态度、家长式的作风对小学生发号施令。当一个学生有缺点或出现过失时，教师对其进行帮助、教育以至严肃的批评，都是必要的，但必须尊重学生的人格、情感和个性，有礼貌地对待他们，只有这样，学生才会接受老师的批评教育，才会向老师敞开心扉，把心里话告诉老师。

3. **教师要注意与小学生沟通交流的方式方法**

师生沟通的方法和途径很多，可谓无处不在，无时不有。从场所上看，教室里、教室外甚至学校外，只要师生双方愿意都可以相互沟通。从时间上看，课前、课中和课后，甚至放学前后，教师都可以与学生个别或集体进行沟通交流；而从沟通的方式方法看，既有较为传统的谈话式沟通、书信交流沟通、周记和作业沟通，也有较为现代的电话沟通、短信沟通、网络沟通（如电子邮箱、QQ 聊天、BBS）等。教师要善于选取符合现代小学生需要的让他们喜闻乐见的沟通方式和方法来彼此交流与沟通。教师不宜在公共场所公众面前找小学生谈话，尤其不要动不动就把学生叫到办公室来训话，或者当着同学、家长、老师的面批评教育学生。要尽可能选择有助于学生自由表达和交流的时间和场所，采取学生容易理解和接受的沟通交流方式。

（三）教师之间应加强交流与合作，谋求共同发展

教育是一种集体性的工作，学生的成长和发展，需要教师集体共同作用，携手合作。在学校里，在班级中，教师之间彼此交流、密切合作，大家心往一处想、劲往一处使，形成合力，才能共同完成育人工作。因此，教师相互之间应加强交流与合作，平等相待、相互尊重、彼此信任、共同进步。那么，教师如何与同事合作交流呢？

1. **教师要与班主任经常交流，通力合作**

在班级授课制下，通常每个班级都设有班主任。班主任是班集体的组织者、管理者和指导者，负有教育班级学生的主要责任，但并不是说班级学生的教育和管理

就只靠班主任。学生的进步和成长应是全体老师集体智慧的结晶，教书育人是每一位教师的职责。因此，任课教师和班主任必须形成合力，共同完成教书育人这一神圣的使命。为此，一方面，班主任应该主动联系各任课教师，重视教师群体对学生的影响力，充分发挥“群体塑群像”的功能。另一方面，任课教师也要经常与班主任互通情况，及时将学生在课堂上的表现、作业情况、学习态度和该学科学习进度等反映给班主任，与班主任切磋方法，统一要求，成为班主任的得力助手、良伴知己。

2. 教师之间要互相学习，共同发展

孔子说，“三人行，必有我师焉”。在学校里，教师之间互相学习，相互帮扶，共享教育教学资源，分享教育教学经验，共同探讨教育教学疑难等，是教师提升专业水平，更快更好发展的重要途径。众所周知，不同的教师有不同的学术背景、认知结构、思维方式、教学经验等，即使教授同一个年级、同一门课程的教师在教学整体设计、教学内容处理、教学方式方法的选择等方面也有很大的差异，这种差异本身就是一种宝贵的学习资源。教师之间在教育教学活动中开展专业对话、沟通、交流、协调和合作，共同分享经验，可以实现资源共享和经验互补，使自己原有的认知结构得到改善，从而有利于自己教学水平的提高。因此，教师之间要经常沟通、交流与协作，彼此可把自己成功的事例和体会，失败的教训和感想，看到过的书、观点以及心得体会等与同事分享、交流。这种相互学习、交流与合作，不仅可以在同类学科的教师之间进行，也可以在不同学科、不同年级甚至不同学校教师之间进行。

3. 教师之间要处理好合作与竞争的关系

合作是共同的教育目标的需要，而共同的工作目标又必然导致竞争的产生。随着现代社会竞争机制的普遍发展，教师之间由于各方面的因素，竞争也是比较激烈的。但教师之间的竞争应是合作中的竞争，是建立在共同的教育目标的基础上的竞争。教师之间的合作应该是教师交往的主体，教师之间的竞争应是一种良性的、友好的、公平的竞争，在竞争中达到共同前进、共同进步的目的。

（四）教师要和家长进行有效的沟通与合作

学生的健康成长是学校、家庭和社会三方面共同教育影响的结果。为了使学校教育和家庭教育形成合力，教师和家长必须经常沟通、通力合作，才能带给学生最好的教育，才能共同促进学生的成长与发展。特别是小学教育阶段，学生不仅在学校学习和生活，而且有很多时间在家里与父母长辈相处，他们在接受教师的教育的同时，还受到家长的影响。由于家长自身素质、舐犊情结等原因，家庭教育在科学性、全面性等方面常常存在缺陷和不足，学校及教师加强与家长的沟通并给予指导，力求家庭教育与学校教育的密切合作，才有助于学生的身心健康发展。因此，加强学校与家庭、教师与家长的沟通与合作显得至关重要。

教师应如何与家长进行有效沟通合作从而共同促进小学生的发展呢？

1. 教师要尽量尊重和理解家长

家长一般是指未成年人的父母或者其他监护人。家长尤其是孩子的父母，是孩子的第一位老师，他们对孩子的教育影响是终身性的，甚至在很多方面是教师不可替代的。教师与家长的关系是一种以学生或孩子的教育为中心，建立在彼此理解、信任和支持基础上的人际关系。因此，教师在与家长交流和沟通时，要保持平等尊重的态度，不损害家长的自尊心。教师在与家长谈话时，要尊重家长，讲究礼节，不可居高临下，盛气凌人，不能一见面就告状，埋怨数落家长。教师要努力站在家长的立场上去了解对方，去感受家长的感受、信念和态度，去理解家长的希望、期待和要求，并在一定程度上将这些感受和理解传递给对方，让家长感到得到理解和尊重，让他们产生温暖感和满足感，乐意接受老师的建议和看法，从而营造出良好的沟通氛围。

教师和家长交流必须坚持“六要五不要”原则

一要坦诚相待，不要盛气凌人，这样家长才会敞开心扉，才能赢得家长和学生的尊重和信赖。二要实话实说，不要“添油加醋”，将“恨铁不成钢”的怨气转嫁给家长，达到体罚学生的目的。三要一分为二，不要以点概面。“金无足赤，人无完人”，对一个学生的评价要一分为二，不要以点概面。四要留有余地，不要把话说死。孩子们正在成长，可塑性很强，要用发展的眼光看问题，学会讲“只要……你的孩子就会……”五要褒奖教师，不要推卸责任。教师之间应该互相配合，树立对方在家长心目中的美好形象，从而赢得家长的信任和尊重。遇到麻烦时，千万不要相互推卸责任。六要“多报喜，巧报忧”。切记，表扬学生就是表扬家长，批评学生就是在打家长的脸。

——孙立平：《与家长沟通的技巧》，载《班主任之友》2008 年第 12 期

2. 教师要给家长必要的指导和帮助

在孩子的成长过程中，由于大部分家长不是教育方面的专家，缺乏教育理论的

指导，缺乏对青少年生理、心理特点和年龄特征的研究，面对着自己唯一的孩子又缺乏相关的教育经验，仅仅凭着对孩子的爱进行教育，往往会出现许多偏差。教师作为专门的教育者，要耐心地向家长介绍教育的一般方法和技巧及需要注意的地方，指导和帮助家长能够正确地教育孩子，使孩子得到健康发展。值得注意的是，教师在指导和帮助家长时，要选择合适的时间和地点，比如家访前应间接地向学生了解其家中情况，以便决定是否适合家访。另外，切忌到家长的单位造访，或在公众场合下向家长讲其子女在学校的缺点。

3. 教师与家长沟通合作必须讲究方法

教师与家长沟通是一门艺术，需要讲究方法。教师与家长沟通的方式和途径很多，除了传统的一些沟通手段，如口头沟通、书面沟通、电话沟通、家访、家长会、家长信箱外，如今随着通讯手段的发展和提高，手机短信、电子邮件、QQ群、博客圈和BBS论坛等也在发挥着重要的作用。教师要善于利用各种方式与家长保持联系和沟通，随时了解学生在家中的心理、行为和学习状况以及家长采取的教育措施，并及时向家长报告学生在学校中的学习状况、行为表现以及学校的教育措施等。但与家长的沟通中究竟运用哪一种方式比较好，教师应当针对具体情况，灵活掌握，有效运用。

（五）教师要协助学校与社区建立合作互助的良好关系

学校不是孤立的、封闭的，而是与校外各种教育力量紧密地联系在一起的。每个学校与周边社区都有着不可割裂的联系，都或多或少地受到来自社区的作用和影响。特别是在当今比较开放的学校教育背景下，来自社会的对儿童的作用和影响越来越明显，学校只有与社区建立良好的合作互助关系，才能确保学校教育与社会教育的和谐统一，也才能使学校教育融入社会生活，让学生了解社会，开阔眼界，增长见识，学以致用。为了促进学校与社区建立合作互助的良好关系，教师应注意在以下几个方面做些力所能及的工作。

1. 教师应充分利用社区教育机构对学生进行教育

学校周边的社区一般都有一些社会教育机构，如儿童图书馆、儿童阅览室、儿童公园、儿童剧院、少年宫、少年科技馆、少年业余体校、少年之家等，这些机构具有开放性、应用性、综合性的特点，会经常组织多种多样的活动，是配合学校实现教育目的的重要教育场所。教师要尽可能地利用这些社会教育机构，取得它们的配合与协助，通过开展学生喜爱的各种活动，把儿童的学习和生活很好地组织起来，促进学生身心健康发展。

2. 教师应多采取“走出去、请进来”的方式开展教育教学活动

现代学校即便是小学，其教育教学也不应是封闭的、象牙塔式的，反之，应扩大对社区、社会的开放，充分利用各种教育资源的正能量、益作用。为此，教师可根据教育的需要、学科教学的需要，有目的有计划地组织学生到附近的工厂、农村、企事业单位参观、调查、实习，让学生了解社会真实状况，接触社会现实生活，扩大视野增长见识、身体力行受到教育。教师也可以邀请社区的先进人物、各界人士，来学校给学生作报告、听课评课、参观校园、与师生座谈等，这一方面可让学生与先进人物、各界人士接触交流中学到知识、受到教育，另一方面也有助于学校能得到社会各界的关注、关心、支持和帮助。

3. 教师应积极主动地协助学校加强与社区的联系与合作

社区的各部门、各单位、各团体，如街道办事处、政府办公室、党委宣传部、妇联、文化馆、工会等，都是配合学校搞好教育工作的可以依靠的力量，学校需要与这些部门保持联系，加强沟通，争取他们的支持和配合。教师在这方面可以借助于自己的人脉和影响力，发挥力所能及的桥梁和纽带作用。教师应亲自或带领学生多参加社区举办的公益劳动、环保活动、科普活动、拥军优属活动等，为学校与社区良好关系的建立铺路架桥。

案例诠释

【案例一】

该不该批评？①

那天是五月十一日上午，眼看就要上课了，我抱着书往教室走去，刚到综合大楼门前，几个学生匆匆跑来告诉我，说罗某又和同学打架了。我一听，火冒三丈，心想我都够忙了，还给我添乱。这几天也不知为什么，常听到罗某犯事。来到教室里，我一看，罗某坐在座位上瞪着眼，板着脸，俨然一个愣头青，于是我把他叫到教室外面狠狠地训了一顿。上

① 易敏：《浅谈师生沟通的重要性》，载《新课程（小学版）》2009 年第 4 期。

课了，罗某歪着头，脸朝天，一副天不怕地不怕的样子，老师提问，他站起来仰着头不吭声；朗读课文，他扯着嗓子低一声高一声乱喊。我也很来气，难道说你打架我还批评错了？好好的一堂课就这样在学生和老师的较劲中匆匆过去了。

下课铃声刚响，罗某一溜烟跑出了教室门，我连忙叫一学生跟了出去，学生回来告诉我，说他上厕所了。我越想越气，站在教室外打算等他回来狠狠地训他一顿，第三节上课铃声响的时候，他终于回来了，因为是数学课，我还是耐着性子让他进了教室，并让班长下课后带他来我办公室。罗某来后，我深深吸了几口气，装着心平气和的样子问他怎么回事，到底是孩子，见我这么一问，眼泪竟吧嗒吧嗒一下子流了出来，这反而让我心软了。原来，今天是母亲节，班上张某等几个平时很活跃的孩子商量要给自己的母亲一个惊喜，还不停地拽着罗某问他给妈妈准备了什么。提及妈妈，这个从小就没母亲的孩子非常气恼，一时控制不住就打了起来，他说，其实他心里也很后悔。听他这么一说，我原先的火气早已消失得无影无踪，反倒同情起他来，好好安慰了一番，并对他说了很多道理。孩子终归是孩子，得到了老师的抚慰，再上课时他就显得安静多了，课也能听进去了，起来发言还略带一丝羞涩。

事后，我一直难以平静。我想，如果自己课前能与学生聊聊天，多沟通一下，深入了解学生的思想动态，发现问题及早化解，不在上课前对学生的不当提出过激的批评，小心保护学生的良好情绪，也许就不会有那堂令人不愉快的语文课了。

时至今日，面对学生的不当行为，我再也不敢仓促地处理。我想，作为教育者的我们，应多与学生形成良好的沟通，站在学生的角度看问题，以学生的眼光去看世界，以学生的心态去推理一切，然后将这些感受有效地传递给对方，从而使学生感受到教师对他的理解与尊重，产生温暖感和满足感。反之，如果我们缺少对学生的沟通与理解，对学生冷漠无情，甚至对他们感到厌烦，动不动就严加训斥，学生就会紧闭心灵的大门，就会造成师生关系紧张，使教育活动受阻甚至中断，最终导致教育的失败。

【思考题】

1. 你认为这位老师批评教育打架同学的做法是否妥当？为什么？
2. 假如你是这位老师，在碰到这种情况时会采取什么样的方式方法与学生沟通？

【案例评析】

教与学是在师生相互沟通中进行的，成功的教育，取决于多种因素，一个重要的因素就是教师与学生之间的沟通质量。良好的师生关系是产生教育效果的首要条件，只有加强与学生的沟通，师生情感和谐融洽，学生才能“亲其师，信其道”，进而“乐其道，学其道”。

沟通的方式很多，其中最重要的是情感沟通。古人曾说：得人心者，莫过于情。在我国，自孔子以来，历代学者也都非常强调情感的感染作用和教育作用。如明代学者王守仁说：“今教童子，必使其趋向鼓舞，心中喜悦，则其进自不能已。”这些都表明了情感沟通具有感染力的特点。对于学生来说，教师的情感感染力不仅是一种间接的、无形的情感情境，而且也是一种培养学生情感、沟通学生思想、完成双向交流的心理力量，因此，在教育活动中，我们应该多采取有效的途径，加强师生间的情感沟通。首先，应注意与学生情感沟通和交流的方式、时间、场合。有些情感沟通可以面向全体；有些需要个别沟通，比如有的学生自尊心特强，平时学习好，常受到老师的表扬。若他偶尔犯错，你当着全班同学的面批评他，他感到没面子，自尊心也会受到伤害。其次，多使用鼓励性语言，增进师生间的情感沟通，因为每一个人都希望受到表扬、肯定，所以教师要多使用鼓励学生的语言，看到学生的点滴进步都要给予及时的肯定和鼓励。

【案例二】

心灵的交流①

上学期的家长会上我曾说过：希望下一次你们能牵着孩子的手一起来。可是因为考虑到安全问题、教室太小、还有很多孩子要上特长班，今天有几个同学家长可能是请假来参加这个家长会的。不过，我想他们待会在家长会上的表现，不仅会给我们一个惊喜，也让他们自己收获多多。虽然今天你们没有和孩子一起来，可是他们已经准备了一份礼物送给你们。现在请把手伸到抽屉里——拆开孩子们送给你们的礼物吧。这个礼物他们准备了一个星期，因为我要求他们必须对爸爸妈妈保密，所以很多孩子都把下课、放学路上、写作业的空闲时间利用起来了。用他们自己的话说——这一个星期挤出了不少时间。单单这准备礼物的过程也是一笔不小的财富吧！他们把最想跟爸爸妈妈说的话写下来了，也有亲手制作的小玩意儿。

这就是今天的家长会，我要说的第一个词——感恩。

有位哲人说过，世界上最大的悲剧或不幸，就是一个人大言不惭地说没有人给我任

① 节选自曹长德主编：《教育学案例教学》，中国科学技术大学出版社2008年版，第105-107页。

何东西。让孩子学会感恩，从而让孩子以友善之心对待他人，尊重他人的劳动，也更加尊重自己。

《爱的教育》的主人公安利柯的父母是这样教育安利柯的：你应当永远怀着感恩的心感谢生活的全部赐予。感谢早晨的第一道阳光，感谢春天的每一朵花开，感谢陌生人的每个笑脸，感谢前辈对你的每一次提携。你要学会感恩，懂得感恩的人会永远处在一种宗教般安详明净的心态中。所以我让孩子们给你们准备了这个礼物，把最想跟你们说的话写下来，告诉他们这个世界上最爱他们的是父母。

我也想趁这个机会感谢各位这一年来对我们班级工作的大力支持，感谢你们把这些可爱的孩子送到我们班。本来我今天想说说孩子们的表现，可是似乎每个孩子我都能说出一大串的话，还是罢了，这样岂不要开一整天的会？以后有机会我也会以心灵交流的方式表达我对他们的希望。

我的博客上开辟了“我请家长上讲台”这个栏目。上学期有三位家长来我们班上课，分别是刘若楠的爸爸——安徽中天人律师事务所的刘祥律师，对孩子们进行了行为规范教育；吉莉的爸爸——安庆电视台节目制作人，为孩子们揭开了电视节目制作的神秘面纱；程然爸爸——安庆第一家跆拳道馆的开创人，让我们领略了跆拳道不屈不挠的精神。借此机会再次感谢三位家长，因为有你们的参与，我们的班级活动才开展得有声有色。谢谢！知道大家的工作非常的忙碌，所以本学期这个活动我们将采用新的方式，既不耽误大家工作的时间，又能给孩子们上一堂生动的课。想在这里征求一下大家的意见——刚才你们收到了孩子们给你们准备的礼物，“来而不往非礼也”，咱们就从心灵交流开始吧！您也可以把想要告诉孩子的话，以书信的方式表达出来，在每个星期的班会上由我朗读给所有的孩子们听。我期待着你们的参与！

这是我本学期家长会上的一部分讲话内容。拆开孩子们亲手制作的小礼物的那一刻应该是家长们最幸福的时刻。很多家长会后留下来兴奋地握着我的手说：“老师，你的做法真好，做人比学习更重要啊！”“我们家孩子比较内向，在家从来都不主动跟我们交流，刚才我看了他写给我的信，才认识到一个真实的他。回家我也要把我想跟他说的话写下来。”有时候口头不好表达的意思，用书信的方式交流不失为一个好办法。

隔几天就来了第一封家长回信，是吴健波爸爸写的。一位深爱国学，看似不苟言笑，却是心细如发的爸爸。他来信中谈到的主题是——超越自己，让我们一起去阅读吧！（此处省略原文中的信）

一个多月过去了，已经相继收到五位家长的来信。他们在信中或表达自己对孩子的期望，或以话家常的方式对孩子们进行品德教育，或表扬孩子最近的点滴进步……心灵交流让家长和孩子们的心又靠近了一步，潜移默化的教育种子正静静发芽，孕育着下一季的鲜花灿烂，硕果累累。

【思考题】

1. 你认为上述老师召开的家长会与一般老师召开的家长会有何不同或创新之处？

2. 这次家长会在沟通老师和家长、家长与孩子等方面有什么意义？

3. 从上述家长会可以看出这位老师具有哪些值得我们学习的品质？

【案例评析】

应该说，这是一次有创意并富有情感的家长会，其创意在于此次家长会摆脱了以往开家长会即是班主任老师向家长数落学生缺点的宣告会和批判会的俗套，而是关注了孩子与家长之间的情感交流和沟通这一敏感主题，并采用书信的方式促使家长与孩子进行心灵交流，从而达到相互理解。我们知道，当前学生与家长之间难以沟通，甚至产生代沟已成为普遍现象和不争的事实。在这种情况下，关注孩子与家长之间的情感培养，以求得相互之间的理解和支持，无论是对于孩子的成长、家庭的幸福，还是教育活动的开展都是非常有必要的。

其实，这一举措正是班主任班级管理工作中利用家长资源，协调沟通家长以配合学校教育和管理的体现。与家长沟通协调，召开家长会是班级管理工作形成教育合力的一个重要方面。与家长的良好沟通有利于统一教育要求促进学生健康成长；有利于提高家长的教育素质，更好促进家庭教育与学校教育的配合；有利于形成尊师重教的社会风气；有利于增强家长对学校、对教师的信任，从而更好地支持学校教育。因此，家长会召开得好不好对于学校教育的影响非常重大。

从本案例可见，本次家长会召开得是比较成功的。其成功就在于形式新颖，内容有意义。因为，通过家长会不仅学生动手能力得到锻炼，更重要的是获得了情感表达和体验，而且家长也从中重新认识了自己的孩子，使家长看到自己的孩子有成才的希望。另外，本案例给我们所带来的另一个值得关注和思考的信息，那就是该老师的勤于思考，勇于创新，并懂得深刻研究和挖掘家长和学生的需要。这也是本次家长会为什么能取得较好效果的原因。

推荐阅读

1. 林崇德 :《教育的智慧——写给中小学教师》，开明出版社 1999 年版。

2. 肖川 :《教育的智慧与真情》，岳麓书社 2005 年版。

3. 李镇西 :《做最好的老师》，文化艺术出版社 2011 年版。

4. 屠荣生、唐思群 :《师生沟通的艺术》，教育科学出版社 2007 年版。

5.〔美〕迪尔奥著，潘琳译 :《师生沟通的技巧》，北京师范大学出版社 2006 年版。

6.〔美〕格拉瑟著，杨诚译 :《了解你的学生 : 选择理论下的师生双赢》，首都师范大学出版社 2011 年版。

7.〔美〕安奈特 · 布鲁肖、〔美〕托德 · 威特克尔著，方雅婕译 :《给教师的 101 条建议》，中国青年出版社 2011 年版。

8. 任海勤 :《教师课堂语言特色》，载《读与写杂志》，2011 年第 10 期。

9. 钟凤文 :《架起师生沟通的桥梁》，载《基础教育研究》2009 年第 7A 期。

10. 郭德侠 :《互助与合作 : 教师专业成长的有效策略》，载《教育理论与实践》2007 年第 11 期。

11. 饶从满、张贵新 :《教师合作 : 教师发展的一个重要路径》，载《教师教育研究》2007 年第 1 期。

12. 蔡华 :《班主任如何处理好与任课教师的关系》，载《才智》2012 年第 31 期。

13. 李飞、杨坤 :《教师和家长沟通的策略》，载《中国教师》2006 年第 8 期。

14. 孙立平 :《教师与家长沟通的技巧》，载《班主任之友》2008 年第 12 期。

15. 刘丽琴 :《小学教师与家长沟通的宜与忌》，载《教学与管理》2006 年第 12 期。

第十七章
进德与正命：教师的反思与发展

本章关键词

反思意识　反思能力　专业发展　终身学习　生涯规划

标准基本内容

维度	领域	基本要求
专业能力	（十三）反思与发展	1. 主动收集分析相关信息，不断进行反思，改进教育教学工作。 2. 针对教育教学工作中的现实需要与问题，进行探索和研究。 3. 制定专业发展规划，积极参加专业培训，不断提高自身专业素质。

学理阐释

中小学教师是教师队伍的重要组成部分，其专业素养直接影响着基础教育教学质量的高低和课程改革的发展。自20世纪80年代以来，各国都在改革和寻求新的教师学习与成长模式。特别自《卡内基报告》和《荷姆斯报告》以来，西方先后出现了教师发展模式的多元化格局。如教师能力本位运动（CPTE）、教学效果本位运动（PBTE）和学校本位教师发展运动（SBTE）等，注重教师自身的反思性发展是其鲜明的特色，并由于其独特优势而受到推崇。20世纪90年代后期，我国教育界逐渐认识到“对教学经验的反思”是“缩小新教师与专家教师之间差异”的有效途径,因此,《基础教育课程改革纲要(试行)》要求教师“对自己教学行为”进行“分析与反思”,教师要成为反思性实践者，在教学反思中提升学习能力、研究能力，促进教师的专业发展。

教育部颁布的《小学教师专业标准(试行)》(以下简称《专业标准》)对教师的“反思与发展”这一能力领域的提出，是对全球教师专业化发展背景下的教师专业发展内在要求的回应。教师专业化的本质就是发现教师自身，让教师意识到自身在专业成长中的力量和自主发展的角色，进而在各项专业发展活动中体现出积极的自我反思意识、专业发展规划意识和能力，主动对教育教学进行探索和研究活动。

(一)反思型教师:教师专业发展的时代诉求

反思是中小学教师专业发展和自我成长的有效途径。美国著名学者波斯纳提出了教师成长公式:成长=经验+反思。我国著名学者林崇德教授也提出:优秀教师=教学过程+反思。基础教育新课程改革认为反思是“教师专业发展和自我成长的核心因素”。由此可见，反思是在教师专业发展中起着重要作用。

1.教师反思是教师积累教学经验的有效手段

反思是指教师在教育教学实践中，对自我行为表现及其行为之依据进行异位、解析和修正，进而不断提高自身教育教学效能和素养的过程，是促进专业发展和自我成长的杠杆。教师对自己的教学进行有意识的总结和反思，能较快地提高教师的教学水平和能力。美国心理学家波斯纳指出:没有反思的经验是狭隘的经验，至多只能形成肤浅的知识。如果教师仅仅满足于获得经验而不对经验进行深入的思考，那么，即使是有“20年的教学经验，也许只是一年工作中的20次重复。除非……善于从经验反思中吸取教益，否则就不可能有什么改进”。他永远只能停留在一个新手型教师的水准上，其发展将大受限制。因此，反思成为教师专业发展的关键因素。通过反思可以帮助教师挖掘或梳理出日常教学经验中蕴含的原理，使经验升华为理论，让教师不仅知其然而且知其所以然。同时，对教育教学经验的反思可以帮助教师构建一套属于自己的理论体系，形成独具个性的专业理念，而这些又是指导教师今后从事教育教学的理论基础。

2.教师反思是提升教师专业化水平的需要

提升教师专业化水平，已经成为当代教育改革的时代要求。而教师反思是推动教师专业发展的重要途径之一。教师应把自我的发展与职业的要求结合起来，把教学的成功与持续不断地学习结合起来，认真思考教育教学中的经验与教训。通过反思培养良好的专业意识，促进教师专业信念的发展；通过反思，教师不断地认识、质疑自己的教学专业知识，完善自己的知识结构，促进专业知识发展；通过反思，教师积累自己在教学过程中的所得、所悟，自觉地由单向地学习课堂教学知识、技巧和技能，转向对自己的教学方法和教学内容进行反思，进而研究更广阔的教育问题，推动教师专业自我意识的形成；通过反思，改变教师的习惯性思维，扬弃“旧我”所包含的教育理念和行为，促进自身专业实践活动的成长；通过反思，培养教师的反思能力、研究能力，成为教育的实践者、反思者和自身教学行动的研究者，使自己向研究型教师转变，实现自身专业化的发展。

3. 教师反思是适应新课程改革的需要

新课程改革确立了教师的主体地位，倡导教师成为“课程的开发者”、“学习的促进者”、“教学的研究者”、“反思的实践者”，在不同程度上调整了教学目标、教学结果、教学对象、教学内容、教学方法、教学过程和教学评价，这些都增加了教学的不确定性。教师在课程实施过程中必然遇到各种各样的新问题，单凭过去的经验和理论是难以妥善应对和处理的，教师不能被动地等待别人的研究成果，更不能不假思索地把这些成果套用到教学中。唯有以反思者的眼光审视和分析教学理论与教学实践中的各种问题，不断地对自己的教学过程进行反思，在“是什么”“怎么样”“为什么”的不断自我追问中改善自己的教学取向，提出自己的、新的、独特的教学思路，这是落实新课改的必要条件。另外，新课程改革为教师提供了更多的创造新形式的机会，为教师发挥个性教学提供了新的空间，也鼓励教师更新教育理念，通过教学反思对教材进行个性化处理。

总而言之，反思是提高教师的专业化水平的重要途径，造就反思性教师是教师教育发展的方向。教师应把自我的发展与新课改的要求结合起来，认真思考教育教学中的经验与教训，通过反思，促进自身的成长，把反思贯穿于教师职业生涯的始终，使自己从经验型教师向研究型、专家型教师转变，不断将教书育人的事业推上新的台阶。

（二）学会反思：教师改进教育教学的有效方略

教师的反思主要是针对教育教学工作中的现实需要与问题，进行探索和研究。因此，教师首先要有反思意识，知晓如何反思，掌握一定的反思方法才能进行有效反思，解决教学中存在的问题，并在解决问题的过程中使教学过程更优化，取得更好的教学效益。

1. 教师的反思意识与反思能力

反思是教师职业发展的重要基础，教师是否具有反思的意识和能力是区别经验型教师和专家型教师的主要指标之一。反思意识是教师对自我教育教学工作的回顾、检索的一种意识方式。反思能力指教师在教育教学过程中把自我和教学活动本身作为意识的对象，不断地对自我及教学进行积极、主动的计划、检查、评价、反馈、控制和调节的能力。反思能力分为自我监控能力和教学监控能力两部分。反思意识是培养反思能力的基础，反思能力的培养只能落实在教育教学实践中。基础教育课程改革提出了全新的课程理念，课程目标、课程内容、教学方式、教材使用、课程评价方式等方面发生了很大变化，一些教师在教学中常常难以适应，出现“穿新鞋走老路”的现象。认真审视新课程改革中产生的这些问题，我们发现，许多问题的产生并不是基于教师学科知识储备不足、教学技能不娴熟，而是缺乏反思意识和反思能力造成的。反思来自于教师自我意识的觉醒，而自我意识的觉醒产生于旧有理念导向下的实践的困惑和迷茫。如果对困难和问题缺乏反思，就难以领会新课程改革的宗旨，最终导致新课改停滞不前或又回到原点。因此，我们提倡反思，就是要求教师有主动的问题意识；能提出“为什么”“怎么做”的问题，在教学形式与内容的变革中学会反思。反思自己的职业属性和价值追求，反思各种教育教学理论，反思教育的内容、形式、过程、结果等等。通过彻底而全面的反思，摆脱一些职业的惰性和局限，在反思性教学中找到行动的方法和方向，成为充满自觉意识和创造活力的专业群体。面对新课程对教师素质提出的严峻挑战，教师应有自我激励、自我反思、自我专业发展更新的意识，通过日常的教学反思转变观念，改进教学策略，在反思中学习、在探索中提高，使反思成为教师学习的重要方式。

2. 教学反思的内容

（1）对教育观念的反思

教育观念是人们对教育的基本看法和观点。教师的教育观念是统率其职业活动的总的思想意向，是教师的教育教学行为的内在依据。教育观念人人皆有，但正确的经过整合的教育观念，却需要在一定的专业教育和专业实践基础上进行加工、筛选和提炼。基础教育新课程改革实质上是一次自上而下的教育观念的转变。观念是行动的先导，教师用什么样的教育观念去推行新课程，是必须正视的又一个新的课题。适应新课程改革，中小学教师应当主动更新和完善教育观念，用正确的教育教学观、课程观、学习观指导教育教学活动，实现自我的超越。正如一位教师在教学质量自我分析中谈道：

以前，我对学生的能力多持怀疑态度，许多知识是“掰开了揉碎了”讲，“嚼”了又“嚼”，再给学生。知识点讲清，注意的问题说清，复习的内容列清，学生等着“吃现成饭”。这样就很容易出现老师讲得头头是道，而学生未经思考，考试时仍旧不知所云的情况。如果把学生学知识比作过河，老师总是习惯背着、抱着学生走。认为让学生试着下水自己蹚一蹚，还不如老师背过去省事。久而久之，学生的潜能得不到发挥，学习能力得不到训练。

在反思自己教学的理念时，教师认识到了自己的“包办代替”反而影响了学生潜能的发展，因此，她认为教学过程应该：

让学生自己下来，亲自蹚河前行。由“抱”到“放”，需要教师在教学过程的各方面有所转变。首先，作为教师要深入钻研教材，并根据学生情况，精心设计教学过程。也就是搞清河中哪些地方水浅、平坦，可让学生大胆自己过；哪些地方水流湍急，老师要扶一把或学生互帮一下。其次，还要根据教学目的和学生的实际水平，在教学过程中给学生设置疑难情境，激发他们积极思维的兴趣。再次，在课堂上要努力营造宽松和谐、自由公平的课堂气氛，最大限度地关注人本身的发展，渗透人文精神，使学生对知识的学习不是简单地、被动地接受间接经验，而是依据知识形成过程，在探究中获取。[①]

这位教师的经验反思告诉我们，教学成功的首要条件是教育观念的更新与完善。

（2）对教学目标设计的反思

教学目标对教学内容和教学过程起指导和规范作用，明确的教学目标往往是成功的教学基础。教师要根据整节课的教学实践及学生掌握知识的情况，反思自己所定的教学目标是否符合学生的发展实际，是否全面、是否符合新课改的理念。一个优秀教师在设计教学目标时，会反思自己过去的教学经验，对教材、教法和学生以及它们之间的关系进行全面考虑、统筹安排，从而做出符合课堂教学实际的高质量的教学设计。我们观察下面一个案例：

---

① 节选自张菁：《在反思中促进教师专业成长——“教师发展学校”中教师的反思》，载《教育研究》2004 年第 8 期。

两位教师执教同一课《乌鸦兄弟》，对于同一未完的结尾，两位教师给出的结论大相径庭。教师A慷慨陈词："懒惰的乌鸦兄弟必然会冻死。"而教师B则以"'乌鸦一定会死吗?'你们可以发挥自己的想象力，把故事给写下去"引导学生思索。两种情况下，乌鸦的命运便截然相反。前者被无情地处以"极刑"，而后者却给学生留下了想象的空间，拥有了一个美好的未来——改正了错误，幸福地生活。学生的收获也迥然不同，前者机械地接受知识，毫无学习兴趣。而后者却主动地建构知识，激发学生学习兴趣，增强了学生的创新能力。①

教学目标是教育教学活动的指南，新课程改革强调教学目标应是工具性与人文性的统一。教师的职责不仅仅是教书，更重要的是育人。在教学目标的设计中教师不能只关注知识目标，忽视情感目标的重要性，应尊重学生的主体地位，把问题的思考权、解决权还给学生，把积极的人生观、价值观传递给学生，把真善美传递给学生，让课堂焕发生命的活力。

（3）对教学过程的反思

教学过程是整个教学活动的中心环节，反思教学过程可以帮助教师发现蕴涵在教育行为过程中的教育意义，质疑支撑教学行为的理念，丰富完善教师个体的知识结构。对教学过程的反思围绕以下几个方面进行：

首先，对教学内容的反思。教学内容涉及教师"教什么"和学生"学什么"的问题。教师应反思教学内容是否已根据学生的知识基础、认知规律和心理特征进行编排，是否突出了教学重难点，抓住了教学关键。同时，教师要反思是否已根据教学目标、课程标准和学情精心地处理和补充好教材内容。

其次，对教学方法的反思。教学方法是解决"教师怎么教"和"学生怎么学"的问题。在教师常用的教学方法中，无论是教授法、谈话法、讨论法，还是读书指导法、演示法、参观法，其本身并没有优劣之分，关键看运用是否得当，即是否符合教学任务、学生的年龄特点以及教师自身情况。

最后，对教学有效性的反思。提高教学有效性是每位教师追求的目标，是教学的起点，也是落脚点。教师应反思学生的学习质量高不高，课堂上学生是否发挥了主动性、独立性、探究性、创新性和合作性，是否营造了能引导学生积极主动参与学习的环境，教师是否对学生的学习状况和进步予以了积极而恰当的评价，是否激

① 摘自徐智：《中小学教师教学反思研究》，广西师范大学2005年研究生学位论文。

励学生不断地深究和持续地求知等。要多反思自己教了什么、学生学会没有，把自己认为的有效性真正转变成促进学生发展的有效性。

3. 教师反思的策略

教师反思能力的培养，不能仅仅依靠外部力量的各种干预，更重要的是让教师认识到反思意识的重要价值以及反思能力对自身成长的意义。与此同时，教师掌握一定的反思策略，有助于教师反思能力的培养。

（1）教师反思的类型差异

处于不同发展阶段的教师，其教学反思的指向、内容是不同的。

①新手型教师的反思。新手型教师刚参加工作，对教学不熟悉，经验不足。从知识结构看，新手型教师所具有的知识主要是教师职前教育中所接受的学科知识与教育学、心理学等陈述性知识，对课堂导入、语言、板书、讲解、提问、演示、练习指导、课堂组织、结课等程序性知识的把握尚缺乏具体实例的支撑，对教学技能的系统认知和有意识调用教学技能的水平都比较低。因此，对新手型教师而言，教学技能的迅速提高是过渡到合格教师的关键因素。可通过听课、微格教学、观看优秀教学录像等途径，加强新手型教师对自身教学技能的反思能力，以尽快适应教育教学工作。

②适应型教师的反思。适应型教师是指教龄在 5 至 10 年的教师群体中的大部分人。他们已掌握并能熟练运用基本的教学技能，但这种运用多为长期练习的结果，条件反射的成分较大。缺乏的是条件或背景性知识，亦即在新的教学情景中综合各种教学要素与条件，更多关注于学生的个别差异，灵活运用各种教学策略的条件性知识不足。因而教学设计无法超越教材，教学经验也有一定的闭锁性。因此，此类型教师反思的重点应是课堂教学策略，具体包括非言语策略、交流策略、组织策略、评价策略和帮助策略。可以通过案例反思、个人反思、同伴互助交流等途径提高对教学策略把握的自觉性。

③成熟型教师的反思。成熟型教师是指教龄在 10 至 20 年之间的教师群体的一部分，该群体已形成适合于自身个性特征的固定的教育教学方式，在实践中积累了丰富的教学经验，对教材的处理有独到的见解，能关注学生的个别差异，有较好的教学效能感。但与此同时，由于教师个体特殊的教学经验没有上升为一般的理性认识，对其教学实践中蕴涵的教学理念没有自觉意识，也开始出现教师专业成长过程中的“高原期”，制约了教师专业发展的进程。因此，此类教师反思的焦点可以指向

自身的教学理念。可通过教学病理分析反思、教育理论学习、专家指导、同伴互助等方式帮助这些教师尽快突破发展瓶颈，重新找到前进的动力，推动教师的专业成长。

④专家型教师的反思。专家型教师是指教龄在20年以上的教师群体中的小部分教师。这类教师具有优良的知识结构；能高效率并创造性地解决问题，有很强的洞察力，完善的教学监控能力，较强的个人教学效能感，不仅能对自身的教育经验、教学策略进行反思，而且能形成自身的教学风格。专家型教师除了对个性化教育经验进行总结、提高外，还需要对教育、教学活动的普遍规律进行理性的反思。对专家型教师的反思能力培养应通过文本写作、理论学习与行动研究相结合的途径来实现对“已有经验”的超越和发展。

（2）教师反思的途径与方法

①“理论学习式”反思。教育职业同其他职业不一样，是一种“学习”的职业。教师只有不断系统地学习理论，才能在较高层次上更新知识结构，提升专业能力。美国学者舒尔曼指出，“教师知识结构=原理规则的知识+教育案例知识+实践智慧知识”。其中，教师的知识结构以原理知识为主，包括学科的原理、规则，还有一般教学法的知识。教师对教育教学基本理论的认识及掌握程度是制约自身发展的重要因素。因此，教师要想对教育教学问题进行有效的反思，要做到反思意识的觉醒、能力的增强，必须树立终身学习的观念，养成终身学习的习惯，主动、系统地学习这些理论知识，提升自身的理论素养。

②“写作式”反思。以写作为载体的教学反思，不仅有益于教师对自己教学的思考和认识清晰化、条理化，而且有益于形成对教育教学本质比较系统的深刻认识。教师对课堂教学实践的认识与感受通过文本写作的方式予以记录和表达，对教学实践进行回顾、批判、分析与重构，从而提高教学实践的合理性，重建新的教学观、学生观。日积月累，就会形成丰富的经验，促进自己专业的成长。教师进行“写作式”教学反思的方式有很多，既可以是对教学实践总结式的教学反思日记，也可以是对教育事件的叙述，还可以是对理论文献的解读。

③“互助交流式”反思。反思不仅仅以个人反省的方式存在，还存在于同伴之间的互相交流、学习之中。同事是业务问题上的知音，他们最清楚也最了解教学中的问题，通过同事的评判，可以检查、重构和扩展自己的实践理论；通过专家的指导，可以找到教学实践的理论依据，提高教学反思的理论素养；通过学生的反馈，教师

可以更好地了解教学；摒弃自己的“霸权假定”，从而切实改进自己的教学。在这样的“学习共同体”中，教师实现了理论、知识和实践的整合，丰富了教师实践智慧，缩短了成为专家型教师的周期。

④“微格教学式”反思。作为反思教学的一种途径，微格教学是把执教者的教学活动进行录像，然后重放录像，执教者和有关人员边看边评议，分析问题，设想解决问题的办法。与其他教学反思的途径相比，微格教学具有准确全面、反馈及时、镜像效应三个特点。

⑤“行动研究式”反思。行动研究是指由教育情境的参与者（教师）为提高对所从事的教育实践的理性认识，为加深对实践活动及其依赖的背景的理解所进行的反思研究。教师的行动研究不是一种独立的研究方法，而是一种集实践、反思、研究于一体的研究方式，是教师为研究教育问题而运用的多种有效的研究方法的综合与深化，既可以是对课堂教学实践的研究、对教育理论的解读，还可以是以研究者、反思者的身份参与到校本教研中。行动研究要求教师从“研究者”的视角看待教育情境，研究自己的教育思想、教学内容和方法、研究自己的教育对象、研究自己的教学艺术和教学风格，在对教学实践进行系统的研究中来解决实际教育问题。教师通过行动研究掌握科学研究的过程和方法，提高对行动的反思和分析解决问题的能力，有力地促进了教师的专业成长，实现了个人价值。

（三）终身学习：教师专业发展的不竭动力

现代社会，知识更新周期越来越短，新知识层出不穷，教师作为知识的传播者和创造者，只有通过不断学习、终身学习，才能把握国内外中小学教育改革与发展的经验和做法，更新、优化自身的知识结构，跟上教育理论和知识学习的发展步伐，才能使自己在教育教学活动中更具主动和优势，有效促进学生的发展。

教师的终身学习主要体现在主动发展的意识和不断反思、制订发展规划的能力。但是在现实生活中，不少中小学教师在思想上缺乏职业规划的意识，在行动上缺乏自觉的发展设计，在方法和策略上缺乏构建的能力，没能把教师职业作为自己的专业，而是做一天和尚撞一天钟。哈佛大学曾对一群智力、学历、环境等客观条件都类似的年轻人，做过一个长达 25 年的跟踪调查。结果发现：3%的有清晰且长远目标规划的人，他们几乎都成了社会各界顶尖的成功人士；10%的有清晰短期目标者，大都生活在社会的中上层；60%的目标模糊的人，几乎都生活在社会的中下层；余下 27%的那些没有目标的人，几乎都生活在社会的最底层。[①] 由此可见，中小学教师要想在当今教育改革中真正发挥教师的主体作用，使其成为学生终身发展的引导者和开发者，必须制定以教师专业发展为核心的职业规划。

中小学教师职业生涯规划是指中小学教师从自身优势和特点出发，根据时代、社会的要求和所在学校的共同愿景而做出的能够促进教师有计划地可持续发展的预期性、系统性的自我设计和安排。[②] 教师职业生涯规划是教师自我发展、自我实现的“路线图”，可以让教师预期到自我发展、自我实现的前景和成果，减少教师自我发展的盲目性，防止教师在自我发展的路途上走弯路，提高教师自我发展的效能感、成就感和幸福感。因此，中小学教师的职业规划设计越早越好。在制定职业生涯规划时，教师要准确把握自己所处的专业发展阶段及特点，尽量与所在地区和学校的整体规划和要求相一致，适当参考专家和别人的意见。职业规划的写作格式虽各有不同，但写作步骤基本一致，包括自我评估、确定目标、确定内容和形式、制订行动计划、实施行动计划、评估与反馈等六个方面。我们不妨观察下面一位教师的职业规划设计。

语文教师×××的职业规划[③]

一、自我分析

从 2005 年踏上工作岗位至今，学校给了我们年轻教师发展机会，使我积累了一些个人教学经验。我热爱教育事业，工作认真踏实，但是在专业素养和专业知识上有许多不足，罗列如下：

1. 在教学科研方面缺乏探讨研究的积极性，教学科研能力较差；

2. 课堂教学能力尚可，但还有巨大的发展空间，在教学方法手段上缺乏新意。

二、发展目标

通过自身的不懈努力，不断提升语文教学业务水平，争取在五年内成为区级优秀教师。

1. 养成良好的阅读习惯，并能有自己的阅读心得或是教育随笔、论文等在市或市级以上教育期刊发表。

2. 树立终身学习的观念，在不断的综合学习中提升自己的语文素养，成为有

① 王大庆：《35 岁以前成功的 12 条黄金法则》，新华出版社 2004 年版，第 26 页。
② 金连平：《中小学教师职业生涯规划：概念、问题及对策》，载《上海教育科研》2010 年第 9 期。
③ 节选自陆露：《中小学教师职业规划的实践研究》，华中师范大学 2008 年研究生学位论文。

内涵的教师。

3. 自己的班级管理能有特色、有成效。为学生营造和谐的学习氛围，成为一个有思想的班主任，成为学生喜欢、家长放心、领导省心的教师。

4. 锻炼好自己，让自己的专业知识、专业能力以及做人方面都达到一个全新的高度，做一名真正的教育者。

三、2008—2013 年五年职业规划

2008 年具体目标：

1. 认真学习新的教育理念，提高课堂教学水平；

2. 通读教育理论著作，充实自己的教育理论储备；

3. 积淀自己的文学素养。

实践措施：

1. 研读语文新课程标准，通读教材；

2. 观看名家课堂教学实录，熟练掌握 40 篇课堂教学案例；

3. 坚持每天读书一个小时以上，勤写读书笔记，撰写读书心得。

预期成果：

1. 有 2 篇论文在县级获奖；

2. 有教育专题研究课题。

2009—2011 年具体目标：

1. 能对教育教学中遇到的问题进行经常反思，提高自己对教育教学的反思能力；

2. 能独立备课，形成自己的教学风格；

3. 苦练教学基本功，提高自身素质。

实践措施：

1. 阅读与课堂教学、课改步伐一致的书籍、刊物；

2. 能对教材进行认真研究、解读，对教学过程进行精心设计，在实践中提高自己的教学水平；

3. 每教完一篇课文，及时进行小结、反思，在反思中提高自己的教学业务水平。

预期成果：

1. 有 3 篇论文参加评比；

2. 参加课件比赛；

3. 研究课题取得成效。

2012—2013 年具体目标：成长为区级优秀教师。

实践措施：

1. 认真研读教育理论著作，并做笔记，形成自己的教育思想；

2. 在实践中总结教育经验，多听取别人的意见；

3. 细化课堂教学，提高课堂实效性。

预期成果：

1. 参加市级优质课评比；

2. 写 1 万—2 万字自己的教育经验总结。

该教师在从事教师职业 3 年后分析了自身优缺点，为自己做了今后 5 年的职业规划，制定在 5 年内成为区级优秀教师的目标，并将该目标分解到每一年，且每一年有具体的措施及预期成果。这份规划目标明确，措施可行，能按照预期成果对自己进行评估与反馈，是一份实实在在的职业规划。可见，教师职业生涯发展必须以远大的愿景为引领，以具体清晰的目标规划为落脚点，积极参加各种培训，不断自主学习，才能超越旧我，实现专业发展的质的飞跃。

案例诠释

【案例一】

把课堂还给学生①

窗外，春意盎然，课堂内其乐融融。我抬头望了望墙上的钟，时间已不多，于是决定请两个同学上台表演“小山羊”和“小熊”，以便把时间挤出来进行下一个环节。

待他俩表演一结束，我连忙说：“表演得不错！谁再来试试？”望着一只只高举的小手，我暗自欣喜，一切都按照我预先的设计顺利地进行着。忽然有个声音冒了出来：“蔡老师，‘小山羊’表演得不对！”我一愣，立即把目光转向那个“插嘴者”——他一脸的认真。我不忍心训斥他，只好耐心地问：“‘小山羊’哪里错了？”“‘小山羊’，个子小，叫起来咩咩咩，声音应该是又轻又细的，不应该很响的。”对呀，我怎么只顾教学节奏，而不去琢磨每一

① 节选自朱平华：《中小学教师教学反思活动的问题研究》，华东师范大学2008年研究生学位论文。

个细节呢？这可是个契机啊！于是，我连忙引导学生再仔细读读课文，互相讨论“小山羊”和“小熊”这两个角色到底该怎样演。顿时，教室里热闹起来了。孩子们情绪高涨，两人一组，四人一群朗读着、讨论着、交流着。

在大家的共同分析与讨论下，重新演时，冻得瑟瑟发抖、可怜的小山羊与没有同情心的小熊形象栩栩如生了。“滴铃铃”下课铃声响了，学生们意犹未尽，个个都显得兴奋异常。虽然，整堂课的教学并没有照我预期设计的那样如期完成。但那一张张小脸、那一双双眼睛中所流露出的喜悦与兴奋，让我体会到了学习的快乐，让我看到了教学的成功。

课后，这位教师写了如下教学反思：

这短暂的七八分钟使我受到了强烈的冲击，这看似不起眼的一个教学片段让我陷入了沉思：

1. 作为新课改的实践者，我努力想构建以学生为主体的教学，所以平时也舍得花时间钻研教材，认真撰写教案，但有时效果却不尽如人意。现在细细想来，原来是被教案束缚了。

我们应该根据学生的课堂表现及时调整教学过程，当教师思路不适应学生发展时，要顺着学生的思路进行导学，要融入学生的学习活动中去，使整个教学过程形成师生互动的局面。同时，在课堂上不能只关注自己的教学，更要关注每一个学生的发展，让每一个学生都能主动参与学习的全过程，相信每一个孩子的潜能，给每一个孩子创造一份自信与成功。这样，课堂才会焕发生命力。

2. 新课改倡导“自主、合作、探究”的学习方式。的确，学生的学习不仅是独立的个体活动，也是相互合作的群体活动。教学中，正是学生相互间一次次的讨论与交流，一次次的修改与实践，才使得那只冻得瑟瑟发抖、可怜的小山羊更加形象逼真，那头不懂礼貌、没有同情心的小熊更加栩栩如生。这些都归功于大家的集思广益，归功于伙伴间的相互合作。因此，我们既要为学生开辟独立自主的学习天地，也要为学生创设同桌合作、小组合作、群体合作的空间；既要提倡师生互动，也要倡导生生互动，让教师与学生、学生与学生共同分享彼此的见解与知识，交流彼此的情感与体验，以求得新的发现，实现教学相长。

【思考题】

1. 教师对教学的反思包含哪些内容？

2. 从这位青年教师的身上你学到了什么？

【案例评析】

这是一篇课后教学反思。从教学反思情况来看，这位青年教师善于通过课堂观察，发现备课教案中的不足，并结合教育理论对教学预设的片面性及学生相互合作活动的有效性进行反思。可见，该教师不仅具备教学反思的意识，而且具有一定的反思能力，能运用教育教学理论进行反思。

教师的教学反思应该贯穿于整个教学过程。包括对教学准备过程的反思，即在备课的过程中对教案、学生及自身教学特色的反思；对课堂教学实际情况随机应变的反思，即教师对自身课堂驾驭及调控方面的反思；对教学效果的反思，即教学是否达到预期的效果，是否利于学生的发展及改进等的反思。这种对课堂教学过程的反思是反思的起点，也是最终的落脚点。案例中这位青年教师结合新课程改革的教育理念，对自己课堂教学的全过程认真反思，能意识到“被课前教案预设束缚”的不足，在教学过程中耐心听取学生的意见并主动改进，尽管“整堂课的教学并没有照我预期设计的那样如期完成”，但实际上却是一次非常成功的教学。该教师在反思性教学中完成了一次教育观念的巨大转变，真正体悟到教学的真谛在于以学生为本，教师的教应该服务于学生的学。这是教师主动寻求专业发展的积极表现，值得大家学习。

推荐阅读

1. 吴非：《不跪着教书》，华东师范大学出版社 2004 年版。

2. 程振响：《教师职业生涯规划与发展设计》，南京师范大学出版社 2006 年版。

3. 申继亮：《教学反思与行动研究：教师发展之路》，北京师范大学出版社 2006 年版。

4. 赵国忠：《教师的秘密书架——名师与读书不得不说的秘密》，南京大学出版社 2012 年版。

5. 吕洪波：《教师反思的方法》，教育科学出版社 2006 年版。

6. 乔东生：《优秀教师实现自我发展的 101 个“途径”》，吉林大学出版社 2010 年版。

7. 王木春：《身为教师——一个特级教师的反思》，教育科学出版社 2012 年版。

8. 高金岭：《杏坛上的舞者——教师发展理论与案例诠释》，接力出版社 2006 年版。

9. 傅道春：《教师的成长与发展》，教育科学出版社 2001 年版。

10. 赵明仁：《教学反思与教师专业发展：新课程改革中的案例研究》，北京师范大学出版社 2009 年版。

11. 魏智渊：《教师阅读地图》，文化艺术出版社 2011 年版。

12.〔印〕克里希那穆提著，张南星译：《一生的学习》，深圳报业集团出版社 2010 年版。

第三编　实施建议解读

第十八章
行动与方向：政策实施纲领

一、“实施建议”基本框架观察

严格意义上，《小学教师专业标准》（以下简称《专业标准》）文本中的“实施建议”部分不属于教师专业标准的必然组成部分，而是《专业标准》的颁行者对该标准的社会执行提出的要求与建议，是标准颁布时的附属内容。

《专业标准》以政策的权威性确立了现代教师的专业素质结构与素质标准，意味着我国教师队伍建设将迈入制度化、秩序化、有规可依、有章可循的新阶段。“实施建议”提出了新时期围绕《专业标准》进行教师队伍建设的行动纲领。

该部分针对教师队伍建设的四个有机主体——教育行政部门、教师教育机构、中小学校以及教师提出了贯彻与执行《专业标准》政策的行动建议。

其一，《专业标准》政策文本对教育行政部门提出实施建议。要求各级政府教育行政部门将《专业标准》作为教师队伍建设、教师队伍管理制度制定、教师教育规划与行动的基本依据。如建议中提出以《专业标准》为引领和导向，建立教师质量保障体系和督导机制，制定教师准入标准，制定教师聘任（聘用）、考核评价、退出等管理制度。以标准的出台为新起点，政府将会出台一系列更为具体明确、可利操作的教师队伍建设与管理的政策、制度和措施。

其二，《专业标准》政策文本对教师教育机构提出实施建议。要求各类教师教育机构将《专业标准》作为改革完善教师教育行动的主要依据，教师职前培养和职后培训的专业性和职业针对性将会得到加强。还对教师教育机构提出四项建议：一是提出以标准为主要依据加强专业建设，并特别指出要加强教育学科建设；二是完善教师培养和培训方案、科学设置教师教育课程体系、改革教育教学方式；三是在培养与培训过程中重视教师职业道德教育、社会实践和教育实习，后两者尤其指向于教师的职前培养过程；四是建立科学的教师教育质量评价制度。

其三，《专业标准》政策文本对中小学校提出实施建议。要求中小学校要将标准作为教师管理的重要依据。学校既是教师专业素养展示的主阵地，也是其自身专业成长的主平台。教师管理的基本任务和具体工作大多在学校组织空间中进行与完成，《专业标准》将会成为学校进行教师管理的有效政策工具。“实施建议”对学校提出了三方面要求和建议，一是制定教师专业发展规划，该规划应是学校和教师合作实施、共同行动的过程。教师专业发展规划既要遵循《专业标准》的要求，又要切合学校教师队伍的实际；二是开展校本研修，构建学习型组织；三是完善教师岗位职责和考核评价制度，《专业标准》是国家统一的基本性标准，学校应在遵循《专业标准》要求的基础上，结合学校的具体情况，制定并完善教师岗位责任制以及考核评价制度。

其四，《专业标准》对中小学教师提出实施建议。《专业标准》的出台将会成为中小学教师自身专业发展的基本依据。“实施建议”对中小学教师提出三项基本要求，一是制定自我发展规划，增强专业发展的自觉性；二是鼓励教师教育教学实践创新；三是主动参与教师培训活动和自主研修。

二、“实施建议”重点内容解读

（一）关于教师教育质量保障体系及其构建

充分发挥《专业标准》引领和导向作用，深化教师教育改革，建立教师教育质量保障体系，不断提高小学教师培养培训质量。

——实施建议（一）

加强小学教育学科和专业建设。完善小学教师培养培训方案，科学设置教师教育课程，改革教育教学方式；重视社会实践和教育实习。

——实施建议（二）

开展校本研修促进教师专业发展。

——实施建议（三）

教师教育是对教师职前培养和职后培训的统称，是在终身教育思想指导下，按照教师专业发展的不同阶段，对教师实施职前培养、入职培训和在职研修等连续的、可发展的、一体化的教育过程。

教师教育是教师队伍建设最重要的基础与保障。构建教师教育质量保障体系，其直接目的就是提升中小学教师培养与培训的质量，而最终目的是提升我国基础教育教师队伍的质量，以推动我国基础教育的改革与发展。教师教育质量保障体系的构建涉及教师教育政策体系、教师教育组织与实施体系、教师教育财政保障体系、教师教育管理制度体系等一系列环节和内容，是一个宏大的政策、组织、制度和行动体系。该体系构建的第一责任主体应是政府，是政府、社会、教师教育机构、中小学、教师共同营建的内涵丰富、规模宏大、持续发展的质量保障工程。

1. 师范教育改革是教师教育质量保障体系构建的重要基础

改革开放特别是党的十六大以来，党中央和国务院高度重视教师教育，积极推进传统师范教育向现代教师教育战略转型，加强和改革教师教育，促进教师教育现代化发展。教师教育进入以走向开放、提高层次、深化改革、完善制度、提高质量为主要特征的发展时期。重组教育资源，调整布局结构，逐步提高层次重心，构建教师教育新体系，为建设高素质专业化教师队伍提供了强有力的支撑和保障。首先从教育理念、组织形态、教育模式层面经历了从“师范教育”向“教师教育”转型的过程，该过程并不是简单的概念替换，而是标志着教师培养进入到一个新的历史阶段，是教育发展的内在要求，是终身教育理念在教师职业领域中的反映。它既标志着教师专业发展的连续性、终身性，也标志着教师职业的社会开放性。“教师教育”较“师范教育”的内涵更为丰富，更为适应当今世界科技知识的更新加速和教育普及程度的提高，体现与时俱进。由“师范教育”向“教师教育”的转变直接关系到我国基础教育师资培养的制度、模式、方法、标准、课程设置、权利责任，关系到我国基础教育的发展水平，是一项复杂而又意义重大的系统工程。

从师范教育向教师教育的转型，首先是教育培养培训理念的转型。终身学习、终身教育理念成为教师培养培训连续化、一体化机制构建的指导思想；其次，是教师培养培训机构的转型。根据1999年《面向21世纪教育振兴行动计划》提出的“依托普通高校和高等职业技术学院，建设职业教育专业教师和实习指导教师培养培训基地”和2001年《国务院关于基础教育改革与发展的决定》提出的“完善以现有师范院校为主体、其他高等学校共同参与、培养培训相衔接的开放的教师教育体系”

的要求，调整师范院校布局结构，支持和鼓励综合性大学举办教师教育，实现了教师教育体系从相对独立封闭向灵活开放的转变。在传统师范类院校从三级体系向二级、一级体系转型，并提升其教师教育优势的同时，综合性大学利用其自身的学科优势，以各种方式主动参与教师教育的行列，壮大了教师教育的队伍，教师教育的格局发生重大变化；再次，教师培养制度创新迈出新步伐。2007 年起，国务院决定在 6 所教育部直属师范大学实施师范生免费教育试点。采取这一示范性举措，就是要进一步形成尊师重教的浓厚氛围，让教育成为全社会最受尊重的事业；就是要鼓励更多的优秀青年学生投身到教育事业中来。

2. 政府与社会共同实施的教师培训系列工程，是教师教育质量保障的重要行动

为了提升中小学教师培训质量，政府和社会加大了教师培养和培训的改革力度，加快教师教育一体化进程，开拓并形成了多类型、多层次的教师培训模式，以教师专业发展和终身学习为导向，推进政府、高等学校、中小学校以多种方式积极参与中小学教师的在职培训工作，组织实施了一系列的教师培训工程。1999 年，教育部颁布《中小学教师继续教育规定》，标志着我国中小学教师培训工作全面展开。从 1999 年《面向 21 世纪教育振兴行动计划》所确立起的中小学教师国家级培训计划的实施开始，各级政府开始首先加大中小学骨干教师的培训。其中，2010 年以来，教育部启动了中小学教师“国培计划”，包括中小学教师示范性培训项目、中西部农村骨干教师培训项目和幼儿园教师国家级培训计划等 3 项内容。同时，各省区也相继启动了“省培计划”。由各级政府组织实施的骨干教师培训行动如雨后春笋般涌现出来。同时，各级政府积极推动中小学教师全员培训和校本培训行动，建立健全中小学教师全员培训制度。1999 年，教育部颁布《中小学教师继续教育规定》，明确提出参加培训是中小学教师的权利和义务，教师培训实行每 5 年为一个周期的管理制度，一个周期内原则上每位教师应参加不少于 240 学时的培训。同时，还对教师培训的内容与类别、组织管理、条件保障、考核与奖惩等方面作出规定。2011 年，教育部印发《关于大力加强中小学教师培训工作的意见》，推动各地通过多种有效途径，有目的、有计划地对全体中小学教师进行分类、分层、分岗培训，并将教师每 5 年参加培训的时间提高到不少于 360 学时。2012 年颁布的《国务院关于加强教师队伍建设的意见》提出，“建立教师学习培训制度。实行 5 年一周期不少于 360 学时的教师全员培训制度，推行教师培训学分制度。采取顶岗置换研修、校本研修、远程培训等多种模式，大力开展中小学、幼儿园教师特别是农村教师培训”。《规定》等培训制度的建立与实施将教师培训推向了制度化、规范化、科学化的轨道。各级政府和各类学校积极参与构建教师全员培训的教育平台，如在教育部推动下，教师进修学校与教研、电教等机构进行资源整合，形成上挂高师院校，下联中小学校，具有“多功能、广覆盖、大服务”特点的县区级教师学习与资源中心。教师教育一体化有效改善了过去教师培养与培训相分离的低水平、低层次和低质量的状况，极大地提高了教师培训质量和效益。

3. 深化教学模式和课程改革，全面提高教师培养质量是构建教师教育质量保障体系的核心内容之一①

为了主动适应新一轮基础教育课程改革的需要，各级各类教师教育机构围绕优秀教师的培养目标，积极创新教师人才培养模式，不断加强教师教育类学科专业建设，深化课程教学改革，强化教育实践环节，全面提高教师培养质量。

一是以教师专业化为导向，积极探索多元化教师培养模式。许多师范院校以提高师范生创新能力和实践能力为核心，建立教师教育改革创新实验区，建设了一大批稳定的师范生教育实习基地，构建起了高校、地方政府和中小学联合培养师范生的新模式。二是推进教师教育类专业建设，提升教师培养质量，2007 年，教育部实施了《高等学校本科教学质量与教学改革工程》，在师范院校中建设 289 个国家级师范类特色专业建设点，为师范院校相关专业建设和改革起到示范和带动作用。三是积极推进课程教学改革。教师教育课程教学是提高教师培养质量的关键环节。1998 年教育部启动“面向 21 世纪高师课程体系和教学改革计划”，该计划生成了教师人才培养方案、课程方案、优质教材等一系列重要项目成果，并广泛应用于师范院校师范生培养过程中。2011 年，教育部出台《关于大力推进教师教育课程改革的意见》和《教师教育课程标准(试行)》，各有关高校积极贯彻落实，按照学习领域、建议模块和学分要求，制定有针对性的中小学教师教育课程方案，保证新入职教师基本适应基础教育新课程的需要。四是优化教师教育课程结构。打破教育学、心理学、学科教学法“老三门”的教师教育课程框架，改革课程教学内容，将学科前沿知识、教育改革和教育研究最新成果充实到教学内容中。加强信息技术课程建设，提升师范生信息素养和利用信息技术促进教学的能力。五是改进教学方法与手段，采取模

---

① 参见 http://teacher.eol.cn/jiao_yu_ren_cai_zi_xun_52/20121022/t20121022_858842_2.shtml

拟课堂、现场教学、情境教学、案例分析等多种方式，提高教学效果。六是加强教师职业道德教育和养成教育，着力培养师范生的社会责任感、创新精神和实践能力。七是强化教育实践和社会服务能力。教育实践是提高师范生实际教育教学能力的核心环节。2007年，教育部颁布《关于大力推进师范生实习支教工作的意见》，推动落实师范生到中小学教育实践不少于一个学期制度，大力提高师范生教育教学实践能力。一批师范院校加强师范生职业基本技能训练，加强教育见习，建设长期稳定的教育实习基地，选派优秀高校和中小学教师共同担任师范生实习指导教师。创新师范生教育实践形式，开展师范生实习支教和置换培训，将教育实习与促进农村教育发展相结合，不仅增强了师范生的社会责任感和使命感，也提高了农村中小学师资水平。

4. 建立健全教师教育标准体系是构建教师教育质量保障体系的重要内容

国家颁布的《教师教育课程标准》、《教师专业标准》是教师教育标准体系中的重要组成部分，国家还将继续研究制定《中等职业学校教师专业标准》、《特殊教育学校教师专业标准》、《师范类专业认证标准》、《师范院校本科教学质量标准》等，逐步健全教师教育质量保障制度。

教师培养和培训专业化，这就需要对教师培养和培训机构进行认可和评估。可以说，教师教育的认可和评估是教师教育专业的产物，也是保证教师教育质量的有力手段。

建立教师教育质量保障体系。一般来讲，它是由四个部分或四个步骤组成，即建立教师资格证书、建立教师资格认证、制定教师资格认证标准和确立教师资格论证考试制度。教师资格证书制度是教师营业化、教师职业化的必要条件，也就是说，要想从事教师职业必须通过教师资格认证并获得教师资格证书。为了获得一种质量保证，需要建立、更新教师资格证书制度。无论是获得教师资格证书，还是更新教师资格证书，都必须达到教师资格论证标准，为此需要参加教师资格考试。教师资格论证标准和教师资格考试成为教师资格论证的两个重要手段。质的需求的转变是由两部分需求决定的，一是教师认可制度的建立，教师认可制度包括教师职业资格制度的认定和颁发、教师教育机构和教师教育者的认可制度、教师聘任制度、教师教育的课程审定制度和检查制度；二是高学历资格的需求，包括小学教师的学历层次由高中学历和大专学历向本科学历过渡，中学教师由大专学历向本科学历和研究生学历过渡，大学教师教育者的博士学历化等。建立教师学历教育制度和教师资格证书制度的培训制度。

——北京师范大学朱旭东 http://www.eol.cn/20011023/3006178.shtml

（二）关于教师准入标准、聘任（聘用）、考核与退出制度体系及其构建

制定小学教师准入标准，严把小学教师入口关；制定小学教师聘任（聘用）、考核、退出等管理制度，保障教师合法权益，形成科学有效的小学教师队伍管理和督导机制。

——实施建议（一）

完善教师岗位职责和考核评价制度，健全小学绩效管理机制。

——实施建议（三）

教师准入标准、教师聘任（聘用）、考核与退出制度构成了教师入口管理、过程管理、出口管理的基本制度体系。

“准入”，意指允许进入。“准入标准”，则是指具备什么条件和资格才能允许进入。准入标准问题还涉及如何认定这个资格、谁来认定这个资格、资格是否具有有效期。

教师职业准入制度所确定的教师入职条件、资格以及认定程序和相关法规影响着教师培养的质量标准和教师队伍的构建模式，直接关系到一个国家能否建设一支满足国家和人民需要的高素质的教师队伍。《国家中长期教育改革和发展规划纲要（2010—2020 年）》提出：“完善并严格实施教师准入制度，严把教师入口关”，“建立教师资格证书定期登记制度”，“完善教师退出机制”。《国务院关于加强教师队伍建设的意见》（国发〔2012〕41 号）提出：“严格教师资格和准入制度。修订《教师资格条例》，提高教师任职学历标准、品行和教育教学能力要求。全面实施教师资格考试和定期注册制度。完善符合职业教育特点的学校教师资格标准。健全新进教师公开招聘制度，探索符合不同学段、专业和岗位特点的教师招聘办法。继续实施并逐步完善农村义务教育阶段学校教师特设岗位计划，探索吸引高校毕业生到村小学、教学点任教的新机制”。“完善教师专业发展标准体系。根据各级各类教育的特点，出台幼儿园、小学、中学、职业学校、高等学校、特殊教育学校教师专业标准，作为教师培养、准入、培训、考核等工作的重要依据”。温家宝 2012 年9月7日在全国教师工作暨“两基”工作总结表彰大会上的讲话中指出，要根据各级各类教育的特点，建立健全教师专业发展标准体系，严格准入制度，全面实施教师资格考试和定期注册制度，建设高水平专业化的教师队伍。

1. 中小学教师资格制度是教师准入制度的重要内容

关于中小学教师任职资格，1993年颁布实施的《中华人民共和国教师法》以法律的形式做出了基本界定。如"国家实行教师资格制度"；"中国公民凡遵守宪法和法律，热爱教育事业，具有良好的思想品德，具备本法规定的学历或者经国家教师资格考试合格，有教育教学能力，经认定合格的，可以取得教师资格"；"取得小学教师资格，应当具备中等师范学校毕业及其以上学历；取得初级中学教师，初级职业学校文化、专业课教师资格，应当具备高等师范专科学校或者其他大学专科毕业及其以上学历；取得高级中学教师资格和中等专业学校、技工学校、职业高中文化课、专业课教师资格，应当具备高等师范院校本科或者其他大学本科毕业及其以上学历"；"不具备本法规定的教师资格学历的公民，申请获取教师资格，必须通过国家教师资格考试"；"国家教师资格考试制度由国务院规定。中小学教师资格由县级以上地方人民政府教育行政部门认定"；"具备本法规定的学历或者经国家教师资格考试合格的公民，要求有关部门认定其教师资格的，有关部门应当依照本法规定的条件予以认定"。依据《教师法》，国务院于1995年颁布了《教师资格条例》，《条例》以行政规章的形式进一步明确了教师资格条件、教师资格考试、教师资格认定等规范。如："中国公民在各级各类学校和其他教育机构中专门从事教育教学工作，应当依法取得教师资格"；"教师资格条件依照教师法第十条第二款的规定执行，其中'有教育教学能力'应当包括符合国家规定的从事教育教学工作的身体条件"；"取得教师资格应当具备的相应学历，依照教师法第十一条的规定执行"；"不具备教师法规定的教师资格学历的公民，申请获得教师资格，应当通过国家举办的或者认可的教师资格考试"。

为了进一步加强教师队伍的建设，完善教师管理制度体系，2010年教育部启动教师资格准入制度改革试点，实行教师资格考试，建立教师资格定期登记制度。该制度改革目标非常明确，一是推进以教师资格制度为核心的教师管理制度的创新。建立"国标省考县聘"的教师资格准入制度和管理机制，即由国家制定教师资格考试标准，省一级教育行政部门统一组织教师资格考试和教师资格认证，县一级教育行政部门组织教师公开招聘，最终形成"国标、省考、县聘、校用"教师准入和管理制度。二是逐步实行城乡统一的中小学编制标准，对于农村边远地区实行倾斜政策。建立统一的中小学职务序列，在中小学设立正高级教师职务。同时，在县域内同类义务教育学校岗位结构比例城乡之间大体平衡，促进县域内义务教育率先实现均衡配置，同时逐步在更大范围推进。《国务院关于加强教师队伍建设的意见》（国发〔2012〕41号）进一步明确了该项目标：“加快推进教师职务（职称）制度改革。分类推进教师职务（职称）制度改革，完善符合各类教师职业特点的职务（职称）评价标准。建立统一的中小学教师职务（职称）系列，探索在职业学校设置正高级教师职务（职称）。研究完善符合农村小学和教学点实际的职务（职称）评定标准，职务（职称）晋升向村小学和教学点专任教师倾斜。城镇中小学教师在评聘高级职务（职称）时，要有一年以上在农村学校或薄弱学校任教经历。支持符合条件的职业学校和高等学校兼职教师申报相应系列教师专业技术职务。”三是建立与教育质量标准相配套的教师教育标准体系。包括已颁布的《教师教育课程标准》、《中小学教师的专业标准》以及正在研制过程中的《教师教育机构资质标准》、《教师教育质量评估标准》，形成一个完整的教师教育质量保障体系。通过中小学教师资格考试改革试点，建立国家教师资格考试标准，改进考试内容，强化教师职业道德、心理素质、教育教学能力和教师专业发展潜质，改革考试形式，加强考试管理，完善考试评价，引导教师教育改革，同时结合推进新任教师公开招聘制度改革。

记者从2013年1月31日安徽省教育工作大会上获悉，新教师准入制度将提高门槛，教师入职考核更为严格。教育厅相关负责人在会上指出，安徽省今年参加教育部中小学和幼儿园教师资格考试改革试点，将执行国家教师资格考试标准，提高教师职业准入门槛。实行教师定期注册制度，注册周期为5年，打破教师资格终身制。提高中小学教师资格认定学历层次。提高中小学教师招聘层次，按照“省考、县管、校用”的原则，今年出台有关政策，2014年起对新任中小学教师实行全省统一公开招聘考试。目前，安徽省的中小学教师招聘工作是由各地市教育主管部门分别组织进行。教育厅还将制定具体制度，建立“人员能进能出、职务能上能下、待遇能高能低”的机制，积极推行中小学教师“无校籍管理”，促进教师的均衡配置。使教师既充分感受到教师崇高的社会地位、稳定的职业并享受较高的经济待遇，进一步树立荣誉感，又认识到当上教师不容易、当好当稳教师更不容易，增强职业的责任感和敬畏感。（陈婉婉）

——http://ah.anhuinews.com/system/2013/02/01/005430748.shtml

需要特别指出的是，根据《国务院关于加强教师队伍建设的意见》规定，教师准入“国家标准”正式颁布后，教师将类似其他行业，定期进行资格考试，所有教师的教师资格今后都须接受每五年一次的定期注册考核，考核内容包括师德、业务考核以及教学工作量考核，其中，师德考核将作为首要内容，实行一票否决。《意见》特别指出："把教师职业理想、职业道德、学术规范以及心理健康教育融入职前培养、准入、职后培训和管理的全过程。研究制定科学合理的师德考评方式，完善师德考评制度，将师德建设作为学校工作考核和办学质量评估的重要指标，把师德表现作为教师资格定期注册、业绩考核、职称评审、岗位聘用、评优奖励的首要内容，对教师实行师德表现一票否决制。对有严重失德行为、影响恶劣者按有关规定予以严肃处理直至撤销教师资格。"该规定与《国家中长期教育改革发展规划纲要》精神完全一致，《纲要》提出：国家制定教师资格标准，提高教师任职学历标准和品行要求。建立教师资格证书定期登记制度。将师德表现作为教师考核、聘任（聘用）和评价的首要内容。

2. 教师聘任（聘用）制度是教师管理制度体系的有机组成部分

教师聘任制，是在符合国家法律制度的情况下，聘任双方在平等自愿的前提下，由学校或者教育行政部门根据教育教学岗位设置，聘请有教师资质或教学经验的人担任相应教师职务的一项教师任用制度。《教师法》明确规定，学校和其他教育机构应当逐步实行教师聘任制。该法同时还规定，"教师聘任制应当遵循双方地位平等的原则"。

《新西兰注册教师职业道德规范》规定，作为一名注册教师，需要担负对学生、对家长、对社会以及对本职业四方面的责任。注册教师最主要的专业职责是对学生负责。教师要培养所有学生的思考能力和独立行为能力，并鼓励学生对民主社会的基本价值观有明确的理解和认同。在教师的社会责任方面，规范指出，公众赋予了教师信任和责任，同时，在最广泛的意义上，也期望能够与教师一起为学生的人生做好准备。规范还强调，鉴于教学职业的服务质量对国家及其国民有着重大的影响，教师应该尽其所能地维持、提高职业标准。

2012 年颁布的《国务院关于加强教师队伍建设的意见》提出了教师聘任考核制度的改革意见，在中小学全面推行聘用制度和岗位管理制度。根据分类推进事业单位改革的总体部署，按照按需设岗、竞聘上岗、按岗聘用、合同管理的原则，完善以合同管理为基础的用人制度，实现教师职务（职称）评审与岗位聘用的有机结合，完善教师退出机制。鼓励普通高中聘请高等学校、科研院所和社会团体等机构的专业人才担任兼职教师。《意见》同时提出了由县级教育行政部门统一聘任的规定。《意见》提出的"合同管理"原则即由国家规定的特定主体（政府或学校）与教师签订聘任合同，明确规定双方的权利、义务和责任。聘任合同以教师和学校在教育教学过程中的权利和义务为基本内容，教师按合同履行义务，学校按合同为教师提供教育教学、科学研究、进修等方面的条件，并支付工资。实行聘任制的学校要对受聘教师的业务水平、工作态度和成绩进行考核，并作为提职、调薪、奖惩和能否续聘的依据之一。

3. 教师考核与评价是贯穿教师管理全过程的基本工作

教师准入环节需要考核，教师任职过程中需要考核，教师退出机制中也包含了考核环节。作为测量教师教育教学德能勤绩的主要手段和途径，教师考核与评价制度体系的构建，关系到教育质量的提升。《国务院关于加强教师队伍建设的意见》提出"健全教师考核评价制度。完善重师德、重能力、重业绩、重贡献的教师考核评价标准，探索实行学校、学生、教师和社会等多方参与的评价办法，引导教师潜心教书育人"；"严禁简单用升学率和考试成绩评价中小学教师"。随着绩效工资制在中小学的逐步实施，以及教师退出机制的实行，教师绩效评价将与教师权益联系进一步加强。因此，构建科学、公平、合理的教师考核评价标准和具体方法将成为政府、学校在教师管理领域面临的重大挑战。对此，《国务院关于加强教师队伍建设的意见》已有所关注："强化教师工资保障机制。健全符合教师职业特点、体现岗位绩效的工资分配激励约束机制。进一步做好义务教育学校教师绩效工资实施工作。"但是如何利用绩效考核机制，激励与调动教师工作的积极性，对政府和学校而言，仍然任重而道远。

后 记

《国家中长期教育改革和发展规划纲要（2010—2020年）》提出“严格教师资质，提升教师素质，努力造就一支师德高尚、业务精湛、结构合理、充满活力的高素质专业化教师队伍”。据此目标，国家制定并颁布了幼儿园、小学和中学《教师专业标准》。标准的颁布标志着我国中小学教师队伍建设进入了一个制度化、秩序化的新时期。《专业标准》是教师队伍建设的基本准则，是教师专业化的重要保障，在教师队伍建设中具有基础性、先导性和全局性的作用。《专业标准》明确了一名合格中小学教师的道德坐标、知识坐标与能力坐标。“是教师专业发展的指南针，它明确了教师专业素质的基本要求；是教师专业活动的坐标系，它规范了教师教育教学的基本行为；是教师专业水平的测量仪，它制订了教师专业发展的基本准则；是教师专业成长的助推器，它是教师培养、准入、培训、考核等工作的重要依据。”

为帮助广大中小学教师以及立志进入基础教育战线的未来教师更全面、准确地理解和把握《教师专业标准》的精神要旨，拓展教师和学生在该政策领域的认知视野，在教学和学习过程中有的放矢地修正和完善自己的教育教学素养，受广西师范大学出版社之邀，我们编写了本书。

全书共分三编，第一编为《专业标准》的整体解读，第二编为《专业标准》“基本内容”的解读，第三编为《专业标准》“实施建议”的解读，其中第二编按“基本内容”中所划分的“领域”设计各章。

本书撰写者：高金岭（教授、博导）第三、十八章；唐荣德（教授、博士）第一、二、四章；杨丽萍（副教授）第五、十七章；耿涓涓（教授、博士）第六、七章；张薇（副教授、博士）第八、九章；谢登斌（教授、博士）第十、十一章；陈振中（教授、博士）、蒋文宁（副研究员）第十二、十五章；陈菊（教授）第十三章；刘继萍（副教授、博士后）第十四章；马佳宏（教授）第十六章。

另尹春杰、钟靖、李施燕、邓运发、林羽、王广华、周云、韦东、范灏、黄毓、黄佳梦、黄玉东、韦兰琴、张昀珠、邓婵娟、文秋鸾等同志也参与了本书稿内容讨论、修改并提供资料等前期工作。

全书框架设计、标题拟定和统稿由高金岭完成。因撰者水平所限，加之时间紧促，书稿或有诸多瑕疵，敬请各位读者慧眼识见，并予相告，以待日后修正。

感谢广西师范大学出版社的盛情邀请，并对书稿所引用文献的著作者以及各位读者表达由衷的敬意与谢意。

编　者

2013 年 5 月于桂林